Austérité et rigueur dans les finances locales

Le GRALE (Groupement de Recherche sur l'Administration Locale en Europe) est un groupement d'intérêt scientifique (GIS), rattaché au CNRS, et fondé sur un contrat de quatre ans renouvelable associant au Centre national de la recherche scientifique plusieurs institutions ou entreprises : les universités Paris-I - Panthéon-Sorbonne, Reims-Champagne-Ardenne – CRDT, et Lille-II - Droit et Santé – CERAPS, l'Institut d'études politiques d'Aix-en-Provence, Électricité de France, le Centre national de la fonction publique territoriale, la Mutuelle nationale territoriale et d'autres institutions ou entreprises, en fonction des projets.
Le GRALE, qui réunit une quarantaine de centres de recherches et institutions scientifiques nationales et internationales, a pour mission de promouvoir des recherches sur les collectivités locales, l'action publique territorialisée et des problèmes juridiques qui s'y rapportent. Il trouve sa raison d'être dans le réseau dense et diversifié des équipes de recherche ou associations scientifiques des diverses disciplines qu'il contribue à entretenir et à stabiliser. Ce réseau forme la base de l'Observatoire national de la décentralisation mis en place par le GRALE en 2004 en partenariat avec le ministère de l'Intérieur, et qui continue son activité de manière indépendante.
Le GRALE est également au centre d'un réseau international associant des chercheurs de plus de trente pays.

Contacts :
Université Paris-I – 9 rue Malher – 75181 PARIS CEDEX 04
Tél. : 01 44 78 33 44 ; Mel : grale@univ-paris1.fr, site : http://grale.univ-paris1.fr

Nicolas Kada, Directeur des publications du GRALE
Maud Lesueur, Chargée des publications

Dernières parutions

– Sébastien Bédé et Jacques Spindler (dir.), *Les contrats de destination*, un outil d'attractivité et de valorisation des territoires, 2017.
– Pierre-Yves Chicot (dir.), *Mutation des communes. Quelle intercommunalité de projets ? Pour quel développement des territoires locaux ?*, 2016
– Marie-Christine Steckel-Assouère (dir.), *La recomposition territoriale : La décentralisation entre enjeux et obstacles*, 2016
– Laurent Rieutort, Jacques Spindler (dir), *Le tourisme de mémoire, un atout pour les collectivités territoriales ?*, 2015.
– Jean-Claude Némery (dir.), *Quelle organisation pour les grandes régions en France et en Europe ?*, 2015
– Gérard Marcou, Anne-Christine Eiller, François-Mathieu Poupeau et Carine Staropoli (dir.), *Gouvernance et innovations dans le système énergétique. De nouveaux défis pour les collectivités territoriales*, 2015
– Jean-Luc Pissaloux (dir.), *Planification, développement durable et action publique locale*, 2015
– Matthieu Houser, *Le droit de la péréquation financière*, 2015
– Thomas Alam et Marion Gurruchaga (dir.), *Collectivités, territoires et santé. Regards croisés sur les frontières de la santé*, 2015

Sous la direction de
Guillaume Gourgues et Matthieu Houser

Austérité et rigueur dans les finances locales

Une approche comparative et interdisciplinaire

L'Harmattan

5-7, rue de l'Ecole-Polytechnique, 75005 Paris

http://www.editions-harmattan.fr

ISBN : 978-2-343-12371-4
EAN : 9782343123714

Sommaire

Partie III

L'austérité dans la fabrique de la ville

Auteurs

ALBERT Jean-Luc	Professeur des Universités en droit public, Aix-Marseille Université, Centre d'études fiscales et financières (CEFF).
ALLÉ Camille	Docteure en science politique, Institut d'études politiques de Paris, Centre d'études européennes, Laboratoire Interdisciplinaire d'Évaluation des Politiques Publiques (CEE-LIEPP).
BÉAL Vincent	Maître de conférences en sociologie, Université de Strasbourg, Sociétés, Acteurs et Gouvernement en Europe (SAGE).
GERMAIN Jérôme	Maître de conférences en droit public, Université de Lorraine, Institut de Recherche sur l'Évolution de la Nation et de l'État (IRENEE).
GOURGUES Guillaume	Maître de conférences en science politique, Université de Bourgogne - Franche-Comté, Centre de Recherches Juridiques de l'université de Franche-Comté (CRJFC).
GUIGUE Alexandre	Maître de conférences en droit public, Université Savoie Mont Blanc.
HOUSER Matthieu	Maître de conférences en droit public (HDR), Université de Bourgogne - Franche-Comté, Centre de Recherches Juridiques de l'université de Franche-Comté (CRJFC).

NAVARRE Françoise	Maître de conférences, École d'Urbanisme de Paris, Lab'Urba.
PETITHOMME Matthieu	Maître de conférences en science politique, Université de Bourgogne - Franche-Comté, Centre de Recherches Juridiques de l'université de Franche-Comté (CRJFC).
POLLARD Julie	Maître d'enseignement et de recherche en science politique, Université de Lausanne, Institut d'études politiques, historiques et internationales.

Mise en pages : Maud Lesueur, SG GRALE.

Introduction

DE QUOI L'AUSTÉRITÉ LOCALE EST-ELLE LE NOM ?

Guillaume GOURGUES
Maître de conférences en science politique
Université de Bourgogne - Franche-Comté
Centre de Recherche Juridiques de l'université de Franche-Comté (CRJFC)

Matthieu HOUSER
Maître de conférences en droit public (HDR)
Université de Bourgogne - Franche-Comté
Centre de Recherche Juridiques de l'université de Franche-Comté (CRJFC)

Le 11 juillet 2016, le conseil municipal de Grenoble est annulé, suite à son interruption par des manifestants revendiquant la suspension de ce qu'ils estiment être la « politique d'austérité » conduite par l'équipe municipale[1]. Le point de départ de ce mécontentement est l'annonce par le maire écologiste, quelques semaines plus tôt, d'un « plan de sauvegarde des services publics ». Ce plan est présenté par le maire comme une réaction à une situation financière critique : Grenoble atteint déjà des taux d'imposition et d'endettement très élevé[2], et subit par conséquent les conséquences de la « baisse inouïe des dotations » de l'État, atteignant « moins 17 millions d'euros

1. F. CARREL, « Grenoble : l'austérité, écueil d'un labo politique », *Libération*, 14 juillet 2016.

2. Avec 1 687 euros de dette par habitant, la municipalité affirme, graphique à l'appui, que « Grenoble est une des villes où le niveau de la dette par habitant est le plus élevé », *Plan de sauvegarde des services publics locaux (2016-2018). Une étape dans la refondation*, Dossier de presse, p. 4.

en 2017 pour Grenoble par rapport à 2013 ! »[3] Mais que trouve-t-on exactement dans ce plan ? Si l'on se fie au dossier de presse diffusé par la municipalité, le plan engage près d'une cinquantaine de décisions que nous pouvons regrouper en trois grandes catégories.

D'une part, on trouve des décisions cherchant à maximiser l'existant (dépenses d'exploitation) : ces mesures vont de l'augmentation du temps de travail des éducateurs physiques et sportifs (« de deux à trois soirs en périscolaire »)[4] à la réorganisation/reconversion/relocalisation des équipements (théâtres, crèches, CCAS, comité des œuvres sociales) *via* « un appel à projets pour de nouvelles affectations sur certains bâtiments municipaux », en passant par la mutualisation métropolitaine de certains organismes et dépenses et le fonctionnement de la mairie (horaires, services internes, matériels) qui doit passer au crible d'un vaste projet de dématérialisation (services aux usagers, procédures, télétravail). D'autre part, la municipalité engage la production de ressources nouvelles (recettes) : augmentation du prix d'un certain nombre de services publics (piscines, musées, périscolaire, stationnement, restauration dans les foyers-logements personnes âgées, centre de vaccination, restauration des agents municipaux) tenant compte de certains critères sociaux, vente de certains équipements (base de loisirs, parc automobile, bâtiments inutilisés), ou encore diminution des gratuités (matériels sportifs, fluides des bâtiments municipaux, mise à disposition des équipements municipaux). L'ensemble de ces mesures accompagne « l'optimisation de la fonction financière au sein des services municipaux » et un objectif de « maîtrise de la masse salariale de la collectivité ». Enfin,

---

3. *Idem*. Dans son éditorial d'introduction, Éric Piolle signale qu'à cette baisse « s'ajoutent également les 3 millions d'euros de dépenses supplémentaires liés à la revalorisation des grilles et l'augmentation légitime de la valeur du point d'indice des fonctionnaires, annoncée par Marylise Lebranchu, mais non compensée par l'État », *ibid*., p. 2.

4. Les citations mobilisées ci-dessous proviennent toutes du document suivant ; *Plan de sauvegarde des services publics locaux*, *op. cit.*

les mesures les plus reprises par les détracteurs du plan, concernent des baisses concrètes de dépense (coupes ciblées) : réduction du nombre d'assistantes sociales dans les écoles, « reconversion » de l'aide municipale d'habitation, fin de la restauration collective dans certains foyers-logements, « baisse mesurée » des subventions aux associations, fermeture de trois bibliothèques, fin de la gestion municipale de deux centres sociaux. S'ajoute à ces trois catégories une seule mesure fiscale : la « suppression des niches d'exonérations de taxe foncière sur les propriétés bâties (TFB) et de taxe d'habitation (TH) ».

L'argument moteur de ce plan est bien celui de l'efficience : la baisse de dépenses n'affectera pas la densité des services publics (les chiffres de couverture de la population en matière de santé, de culture, de dépendance sont constamment rappelés) et la municipalité accompagnera ceux qui se trouvent directement concernés par des coupes budgétaires (publics des bibliothèques, associations), qui sont par ailleurs systématiquement justifiées (vétusté des équipements, rationalisation, recentrage des missions). On pourrait donc faire mieux avec moins. Faute d'austérité, on assisterait davantage à un plan de « rigueur », impératif budgétaire ancien dont l'échelon local français serait pourtant, au final, peu soucieux (Guengant, Josselin, 2009). Rien de neuf, finalement, hormis une reformulation d'un problème ancien : celui de la rationalisation des choix budgétaires (Perret, 2006 ; Bezes, 2009) ramenant cycliquement, sous des formes variées, l'idée de mieux encadrer et contenir les dépenses publiques, notamment locales.

La polémique suscitée par ces annonces rappelle toutefois que l'exercice de style, aussi sophistiqué soit-il, consistant à minorer les effets d'une baisse des dépenses locales sur la qualité du service public, ne peut aucunement éviter l'épreuve d'un débat sur l'austérité. L'exemple de Grenoble permet ainsi de poser les bases d'une controverse persistante qui agite depuis quelques années les acteurs et les observateurs des finances locales et de l'action publique territoriale : la décentralisation est-elle, oui ou non, marquée par un mouvement d'austérité ? Autrement dit, assiste-t-on à un retrait des financements publics, nationaux et locaux, en mesure de diminuer l'intensité et la qualité des services rendus au public par les collectivités territoriales ?

C'est à ces questions que l'ensemble de cet ouvrage se consacre. Nous souhaiterions, dans cette introduction, poser brièvement les éléments principaux de notre réflexion, avant de présenter l'ensemble des contributions et leur articulation.

I. Circulations et réalités du thème de « l'austérité locale »

Évoquer l'austérité du point de vue du droit ou de la science politique impose de ne pas s'en tenir à une commodité de langage, liée à la circulation et aux usages du terme. L'austérité doit être conçue et abordée comme une politique macroéconomique définissable, résultant d'un choix public, et pouvant être présentée comme suit :

> L'austérité est « une forme de déflation volontaire dans laquelle se pratique un ajustement économique *via* la réduction des salaires, des prix et des dépenses publiques pour restaurer la compétitivité, et qui est (supposément) mise en œuvre le plus efficacement par une réduction du budget de l'État, de ses dettes et de ses déficits » (Blyth, 2013).
>
> « En économie, l'austérité désigne une politique gouvernementale qui cherche à réduire le déficit budgétaire et couper les dépenses en réduisant ou gelant les coûts du travail, en augmentant les taxes, en privatisant, en reconfigurant le service public et l'État-providence ou en combinant tout ceci » (Whitfield, 2013).

L'austérité se présente donc comme une option politique parmi d'autres, soutenue par différentes théories économiques à travers l'histoire, et actuellement défendue par la théorie de « l'austérité expansionniste » (*expansionary fiscal austerity*), dont l'économiste italien Alberto Alesina (voir notamment Alesina, De Rugy, 2013) constitue une des figures de proue. Pour simplifier la théorie qui sous-tend l'austérité, nous pourrions dire qu'elle consiste à considérer que la consolidation fiscale est en mesure, à court terme, de stimuler l'investissement privé, prenant le relais des investissements publics supprimés et interprétant cette baisse comme une prévision d'un allégement de l'impôt. Outre le fait qu'elles s'exposent à d'importantes remises en question scientifiques[5], les politiques d'austérité sont également accusées d'être à l'origine d'une dégradation générale du niveau de santé et de bien-être des populations (Stuckler, Basu, 2014) du fait de l'arrêt de la prise en charge de risques collectifs (santé, éducation, travail) *via* l'interruption des financements publics que les mécanismes de marché ne parviennent pas à compenser.

Le premier élément commun de ces définitions est de situer l'austérité à l'échelle des États : ce sont eux qui baissent leur dépense, réduisent leur budget et engagent une forme de déflation. Rien d'étonnant à cela, puisque ces derniers possèdent encore une souveraineté légale en matière macroéconomique (ils sont en cela des *« politicy takers »*) bien supérieure à celle des autorités locales. S'engager dans une analyse de l'austérité à l'échelle locale impose donc de tenir ensemble deux aspects. D'une part, l'échelle locale peut être tributaire d'une baisse des investissements publics nationaux : la décentralisation, envisagée comme une politique publique (Le Lidec, 2011a) est alors impactée par des choix austéritaires nationaux que les autorités locales *subissent*. D'autre part, les autorités locales peuvent, lorsqu'elles sont confrontées à une crise de leurs ressources (au-delà de la dotation publique nationale), prendre des décisions allant dans le sens de l'austérité : la priorisation de la baisse des dépenses publiques par tous les moyens peut relever d'un *choix d'action local*. S'il est très difficile de démêler *a priori* ces deux logiques, il convient de maintenir ces deux niveaux d'analyse tant le transfert de l'impopularité et du blâme lié à la gestion des finances publiques est un exercice familier des élites politiques de tous niveaux (Le Lidec, 2011b).

5. L'ouvrage de Marc Blyth (2013) constitue un bon exemple d'une entreprise d'invalidation des théories des économistes prônant l'austérité. Signalons également la prise de position de Paul Krugman, prix Nobel d'économie en 2008, contre ces théories : « The austerity delusion », *The Guardian*, 29 avril 2015.

Pris sous cet angle, certains travaux de recherche n'hésitent pas à évoquer l'existence d'une austérité locale dans différents contextes. Ainsi, aux États-Unis, comme l'évoquent Vincent Béal ou Matthieu Houser dans leurs chapitres respectifs, la crise financière de 2008 a eu pour implication la mise en place d'orientations très clairement austéritaires dans de nombreuses villes (Donald *et al.*, 2014). La compétition entre territoires, largement encouragée par les États (Brenner, 2004 ; Peck, 2014) a ainsi particulièrement exposé certaines d'entre elles : alors que leurs bases fiscales se fragilisent, du fait d'un retrait des financements publics de l'État fédéral, les municipalités particulièrement engagées dans des montages financiers risqués ne parviennent plus à faire face à l'explosion de la misère engendrée par la crise des *subprimes* (comme dans les cas de Détroit, Buffalo, Baltimore ou Las Vegas). On assiste alors à l'apparition à l'échelle urbaine de « régimes d'austérité » (Ronald, Gray, 2013), sorte d'*alter ego* des « régimes de croissance » (Logan, Molotch, 1987), reposant sur des coalitions locales naturalisant l'idée d'une contraction de l'État, ne laissant aucune autre alternative que des coupes budgétaires ciblées et claires. L'apparition de « gouvernements techniques » urbains, comme à Détroit, rappelant la situation d'un pays tel que l'Italie en 2011 (Ortoleva, 2012), vient en quelque sorte parachever la reconnaissance de ces régimes. S'il est encore difficile de mesurer avec exactitude les conséquences des coupes budgétaires sèches résultant des choix austéritaires urbains, des travaux récents (Knieling, Othengrafen, 2015 ; Schönig, Schipper, 2016) pointent notamment l'idée selon laquelle la concentration territoriale des conséquences de la crise dans certains quartiers et/ou certaines populations peut décupler l'impact de l'arrêt du financement public de nombreux services publics.

Dans d'autres contextes, c'est moins la faillite et le choix d'une interruption nette des dépenses qui est observée au titre de l'austérité, que l'engagement volontaire des acteurs locaux dans une diversification des ressources. Dans le cas anglais, l'intériorisation d'un impératif de baisse des dépenses publiques a pu déboucher sur l'émergence de nouveaux « *business models* » comme, par exemple, dans les politiques de transport (O'Brien, Pike, 2015). La libéralisation de la gestion des infrastructures urbaines de flux et de réseaux (Lorrain, 2011) permet à l'État central britannique de promouvoir auprès des villes un recours à l'emprunt s'appuyant sur une prévisibilité des revenus générés par les infrastructures. Cet encouragement à s'engager dans des « activités d'investissement risquées, spéculatives, complexe et potentiellement plus important en volume » (O'Brien, Pike, 2015, p. 2) se fait toutefois dans un climat ambigu : pressé par le choix de l'austérité, le gouvernement central n'assume pas toujours ces incitations, et fait parfois machine arrière et refusant à certaines villes leur proposition d'innovations financières. Le thème de l'innovation est très présent dans cette littérature : le vide créé par les choix austéritaires locaux et nationaux pousse les autorités publiques et les populations à inventer des modes de fonctionnement alternatif (Paddeu, 2012 ; Nunes, Buček, 2014), interprétés alors comme une forme d'une résilience, pourtant incapable d'effacer à elle seule les conséquences sociales de la raréfaction de la dépense publique.

Ces contextes internationaux, sur lesquels reviennent plusieurs contributions de cet ouvrage (Vincent Béal, Alexandre Guigue, Jérôme Germain, Matthieu Houser, Matthieu Petithomme) apportent des éclairages concernant l'identification d'une politique macroéconomique locale et/ou nationale d'austérité. Mais qu'en est-il du cas français ? Avant de répondre à cette question du point des finances publiques, du droit et de la science politique, comme le proposent les chapitres de Camille Allé, Françoise Navarre et Julie Pollard, la mobilisation *a minima* d'une sociologie du « problème public » (Neveu, 2015) de l'austérité s'impose : le terme est en effet saisi par des « entrepreneurs de cause » qui construisent des récits causaux en lutte pour réclamer une intervention publique. Ces récits causaux sur l'austérité ne sont pas de pures constructions rhétoriques sans fondement, mais ne signifient pas non plus que la situation problématisée par ces acteurs corresponde strictement aux définitions que nous apportions au début de notre propos.

En effet, la particularité du terme d'austérité est d'avoir été captée par un discours militant visant à la présenter soit comme l'origine de tous les problèmes, soit comme une formidable opportunité. Cette capture est particulièrement visible en France, mais elle est observable ailleurs. En France, si la dénonciation des politiques d'austérité est devenue une figure imposée de différents mouvements politiques de gauche, elle s'est particulièrement développée à l'échelle locale à partir du conflit opposant les collectivités locales et l'État autour du montant de la dotation globale de fonctionnement (DGF). La baisse rapide et conséquente de la DGF – voir *infra* – a été qualifiée de « politique d'austérité » par des associations d'élus tels que l'Association Nationale des Élus communistes et Républicains (ANECR). Dans le même temps, la couverture médiatique de cette baisse a elle aussi relayé le terme, davantage par commodité de langage et sensationnalisme[6] qu'en raison de son adhésion à l'analyse des élus communistes. Si l'Association des Maires de France, acteur de premier plan de la décentralisation française (Le Lidec, 2001), n'emploie pas directement le vocable d'austérité, sa mobilisation contre les baisses de dotation flirte avec la thématique, à tel point que Jean-Claude Junker, président de la Commission européenne, interpellé sur cet enjeu lors du congrès de l'AMF, se défend de promouvoir une « austérité stupide »[7]. Dans le même temps, une partie de la presse libérale se réjouit de cette même austérité : « Les autorités locales [anglaises] se transforment en machine à innover à mesure que l'austérité répand une vague de pensée entrepreneuriale parmi les conseils municipaux anglais à court d'argent[8]. » Si les partisans explicites de l'austérité sont moins apparents en France, la plupart des responsables et mouvements politiques se dédouanant d'un terme

6. Citons, parmi différents titres de presse : *La Dépêche*, « Budget 2015 : austérité accrue pour les collectivités locales », 30 septembre 2014 ; *La Croix*, « Cure d'austérité sans précédent pour les communes », 17 septembre 2015 ; *La Tribune*, « Baisse des dotations : les communes contraintes à l'austérité », 1er juin 2016.

7. *Courrier des maires et des élus locaux*, 31 mai 2016.

8. *Financial Times*, « Austerity spurs wave of innovation », 20 juillet 2015.

connoté négativement, il n'en demeure pas moins que les objectifs de « consolidation fiscale » sont défendus au sein et autour des autorités publiques, aussi bien nationales que locales.

Évoquer l'austérité locale dans un cas comme celui de la France nécessite donc, plus que jamais, de ne pas se faire emporter par le flot des entrepreneurs de cause. Sans chercher à nous soustraire intégralement à ce débat, contrairement à d'autres (voir Kickert *et al.*, 2015), l'objectif de cet ouvrage est bien de poser différents constats, points de vue, analyses permettant d'aborder les dimensions juridiques et politiques rendant possible une mise en débat de l'austérité locale.

II. Éléments de réflexion sur la dégradation de la situation financière locale

Le point de départ d'une interrogation sur une hypothétique dégradation des finances publiques locales en France résiderait dans l'effet cumulé de plusieurs mécanismes en termes de ressources, même si, comme le rappelle la Cour des comptes dans son rapport de 2016[9], cette diminution a été partiellement compensée par un certain dynamisme de la fiscalité locale[10]. Cependant, afin d'éviter un examen tronqué, il convient de s'interroger sur les causes d'une éventuelle détérioration financière (A), ce qui facilite l'analyse de la situation financière locale (B). De cette analyse qui démontre la particularité de la France par rapport à d'autres pays (Allemagne, USA, Royaume-Uni), trois axes d'études apparaissent pertinents : l'évolution des modes de financement des collectivités territoriales (C), le contrôle des finances locales par l'État (D) et, l'essor des inégalités (E).

9. Cour des comptes, *Les finances publiques locales*, 2016.
10. *Ibid.*, p. 105.

A. Les causes d'une hypothétique dégradation financière

Le débat sur l'austérité en finances locales française se cristallise en premier lieu sur une baisse des ressources, qui serait l'origine de beaucoup de maux. Dans ce débat, les dotations ont toujours représenté une part importante des ressources des collectivités[11], expliquant pendant de nombreuses années l'existence d'un contrat de stabilité prévoyant l'évolution des ressources de l'État d'une année sur l'autre. Progressivement, cette logique de « dynamisme » a été remise en cause avec la stabilité, puis la baisse des dotations d'État aux collectivités territoriales amorcée en 2014, qui s'amplifie en 2015 et se poursuit jusqu'en 2017. Malgré l'absence de précision après cette date, dans un scénario optimal, les dotations seraient gelées. À titre de rappel, dès 2014, les dotations baissent de 1,5 milliard d'euros, puis de 3,67 milliards en 2015 et 2016. Pour 2017[12], la diminution devrait être de l'ordre de 2,071 milliards d'euros, avec une réduction de la baisse pour les communes de 1,035 milliard d'euros au lieu de 2,071 milliards d'euros; pour les départements et les régions, la baisse serait identique à celle de 2016, à savoir respectivement de 1,148 milliard d'euros et 451 millions d'euros[13].

Toutefois, la dégradation de la situation financière des collectivités s'explique par d'autres éléments que la seule baisse des dotations : l'effet cumulé de plusieurs mécanismes, avec notamment la baisse des variables d'ajustement et la montée en puissance du Fonds de péréquation des ressources intercommunale et communale (FPIC) participent également à ce mouvement de réduction des marges de manœuvre. Dans ce cadre, le tableau 1 ci-dessous décrit la baisse des variables d'ajustement impactant les collectivités territoriales.

---

11. Voir *supra*.

12. Loi n° 2016-1917 du 29 décembre 2016 de finances pour 2017, *JORF* du 30 décembre 2016.

13. Voir « Projet de loi de finances pour 2017 ».

Tableau 1

Évolution des variables d'ajustement, à périmètre courant (en millions d'euros)

	2012	2013	2014	2015	2016
Montant des variables d'ajustement	1 237,1	1 037,1	837,7	554,4	455,0
Évolution par rapport à l'année précédente	-	- 200,0	- 199,4	- 283,4	- 99,3

Source : Sénat, Projet de loi de finances pour 2017. Rapport général n° 140 (2016-2017) de M. Albéric de Montgolfier fait au nom de la commission des finances, *déposé le 24 novembre 2016.*

Concernant toutes ces baisses de ressources, le Conseil constitutionnel s'est prononcé concernant la loi de finances pour 2016[14] en estimant que la baisse de DGF ne représente que 1,6 % des recettes des collectivités territoriales : il n'y a donc pas d'atteinte à la libre administration ; quant au second argument invoqué par les requérants concernant l'effet cumulé de plusieurs mécanismes, le Conseil a préféré ne pas répondre à ce point. D'autres effets se manifestent pourtant sur le plan local avec la particularité liée aux conseils départementaux touchés par une forte hausse des dépenses sociales[15].

B. Analyse de la situation financière locale

Les thèses « déclinistes » sont légion en finances locales, défendant l'opinion selon laquelle, les collectivités territoriales ne peuvent plus dispenser l'intégralité des missions d'intérêt général dont elles ont

14. Loi n° 2015-1785 du 29 décembre 2015 de finances pour 2016, *JORF* du 30 décembre 2015 p. 24614 ; Décision n° 2015-725 DC du 29 décembre 2015, *Loi de finances pour 2016.*

15. Voir *supra.*

la charge. Pour autant, une telle déclaration ne peut être suffisante, par elle-même, pour qualifier la situation existante de dégradée. Il convient en effet de s'interroger sur un certain nombre de points avec en premier lieu l'étude de la situation locale au regard de l'austérité, compte tenu de la place des finances locales au sein des finances publiques (1). Puis, une fois cette étape accomplie, il convient d'examiner l'évolution des dépenses publiques locales (2). Si cet examen ne révèle pas une situation austéritaire telle qu'elle a pu être définie précédemment (voir *supra*), en revanche, le taux d'endettement des collectivités territoriales et l'épargne brute révèlent une situation qui se fragilise rapidement (3).

1. La place des finances locales françaises au sein des finances publiques

La plupart des pays ont réagi de la même façon à la période économique couvrant les années 2008-2010 avec une hausse importante des dépenses publiques pour éviter un effondrement global de nos modes de fonctionnement. Toutefois, depuis 2010, une tendance générale se manifeste avec la baisse des dépenses publiques (graphique 1)[16] et la mise en place de nouveaux outils pour contraindre les États et les niveaux infranationaux à réduire leurs dépenses.

16. Dans ce cadre, l'OCDE a adopté un texte de référence intitulé *Restoring public finances*, OECD, *Working Party of Senior Budget Officials Public Governance and Territorial Development Directorate*, 2011.

Graphique 1

Évolution des dépenses totales et des recettes totales, 2005-2015

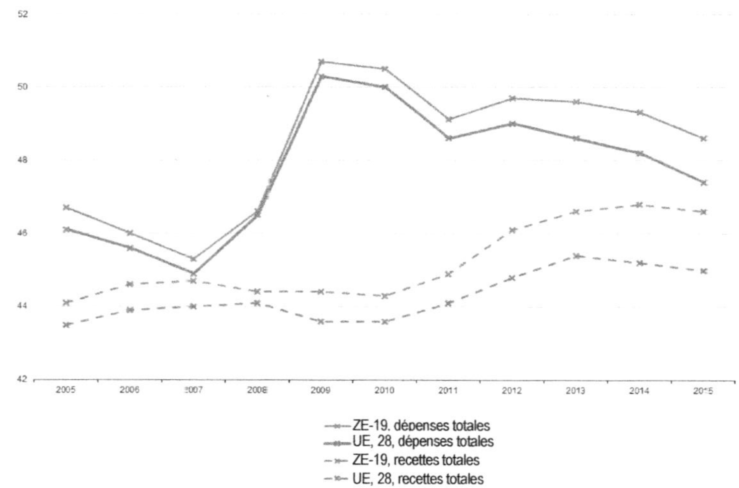

Source : Eurostat (code des données en ligne : gov_10a_main).

Ainsi, l'Union européenne a renforcé son cadre budgétaire en adoptant le Traité sur la stabilité, la coordination et la gouvernance dans la zone Euro (TSCG) et plusieurs directives et règlements (*six-pack*; *two-pack*) pour contraindre les États membres à revoir leurs pratiques financières. C'est dans ce contexte que certains niveaux infranationaux connaissent des évolutions affectant leur niveau de dépenses (graphique 2). L'ampleur des mécanismes dépend de la place des finances locales au sein des finances publiques globales de l'État.

Graphique 2

Dépenses des administrations publiques locales

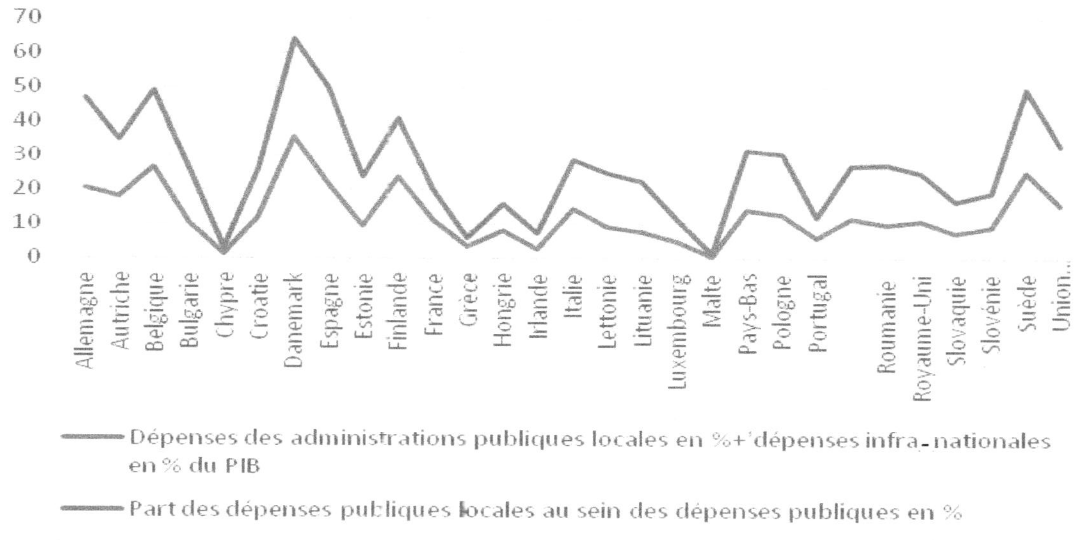

Source : Document réalisé par M. Houser à partir des données du rapport de l'Observatoire des finances locales, 2016.

Si la part des dépenses publiques locales françaises au sein des finances publiques démontre effectivement que la France n'est pas le pays avec des dépenses locales les plus élevées qui soient, cette analyse doit être nuancée lorsqu'on étudie la part des dépenses d'investissement public local au sein des dépenses publiques d'investissement tous secteurs confondus. On constate alors (graphique 3) que les finances locales se révèlent extrêmement importantes.

Graphique 3

Part des gouvernements infranationaux dans l'investissement public direct (2012)

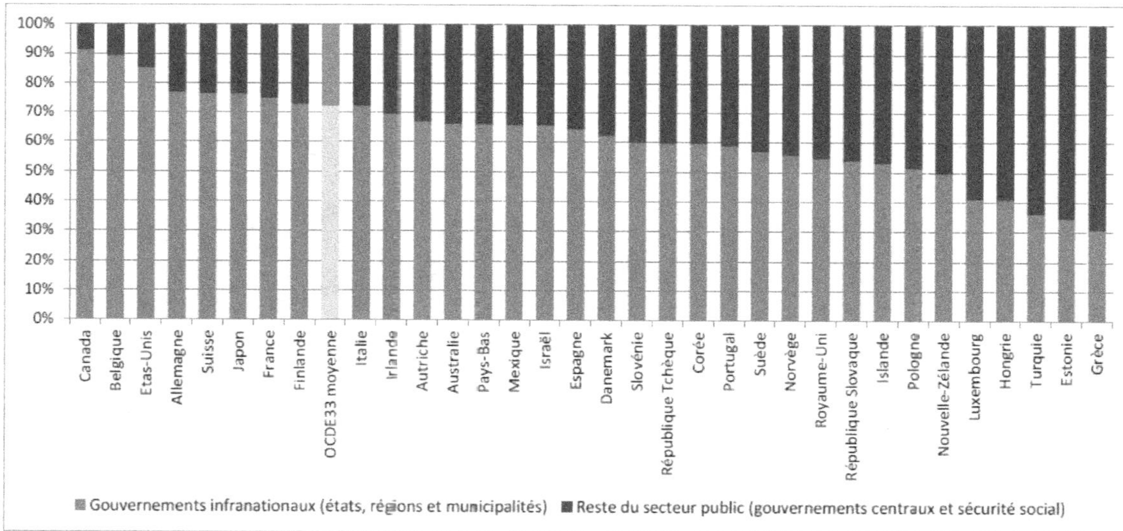

Source : OCDE, Principes de l'OCDE pour un investissement public efficace entre niveaux de gouvernement, *2012.*

Dans ce cadre, a été voté en France un objectif chiffré d'évolution de la dépense publique (ODEDEL) par la loi de programmation des finances publiques pour 2014-2019 définissant le rythme d'évolution des dépenses locales, qui d'ailleurs envisageait une baisse de l'investissement public local. Aussi, la réduction des dépenses publiques locales (tableau 2) correspond avant tout à une volonté des États centraux de réduire les dépenses publiques. C'est dans ce cadre qu'il convient d'analyser plus spécifiquement l'évolution des dépenses publiques locales.

Tableau 2

Évolution des dépenses d'investissement au regard de l'objectif d'évolution de la dépense publique locale (OEDL) (en milliards d'euros)

	2015	**2016**	**2017**
Dépenses d'investissement	48,6	47,7	46,9
Évolution	-7,61 %	-1,89 %	-1,58 %

Source : Rapport de la Cour des comptes sur les finances publiques locales, *2016.*

2. L'évolution des dépenses publiques locales

Concernant le volume des dépenses publiques locales, la qualification d'une situation financière locale en termes d'austérité doit être écartée pour une raison simple : les dépenses des collectivités ne cessent de s'accroître ainsi que le démontre le tableau 3.

Tableau 3

Évolution des dépenses de fonctionnement

Année	**2011**	**2012**	**Taux d'évolution 2012/2011**	**2013**	**Taux d'évolution 2013/2012**	**2014**	**Taux d'évolution 2014/2013**	**2015**	**Taux 2015/2014**
Dépenses de fonctionnement	153	158	3,27 %	162,8	3,04 %	166,9	2,52 %	169,7	1,68 %

Source : Document réalisé par M. Houser.

Cependant, un ralentissement de cette évolution peut être constatée, avec en arrière-plan une interrogation persistante : s'agit-il d'un effort de gestion nécessaire, compte tenu de la hausse régulière depuis plusieurs années ou s'il s'agit d'une conséquence liée à la baisse des dotations ? Plus précisément, si l'on doit s'interroger sur l'évolution des dépenses de fonctionnement (graphique 4), il convient de rappeler que le mode de fonctionnement des finances locales a contribué à créer un système constamment haussier, reposant sur un certain dynamisme de la fiscalité et des dotations plutôt généreuses, notamment à l'égard des intercommunalités. Bien évidemment, la réponse à ces questions implique de s'interroger sur plusieurs points, à savoir l'impact sur les dépenses d'investissement et la dégradation de la capacité à investir.

Graphique 4

Comparaison de l'évolution comparée des dépenses et des recettes de fonctionnement

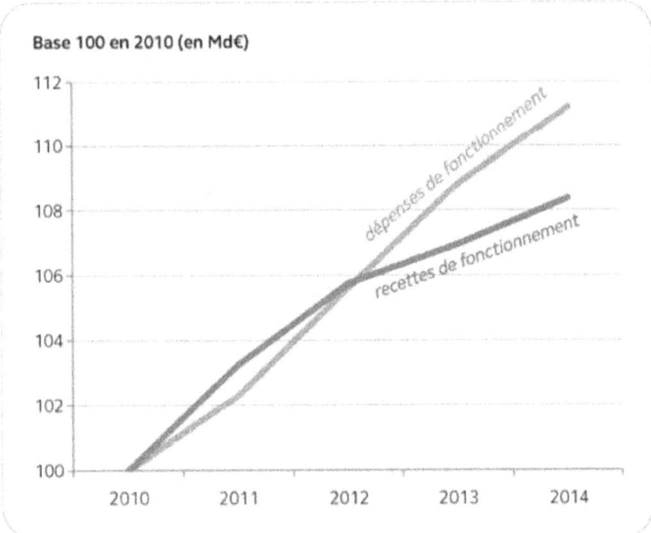

Source : Cour des comptes, données Insee.

3. La dégradation de l'épargne brute et de la capacité de désendettement

L'effet le plus marquant du ralentissement du secteur local se concrétise au sein des dépenses d'investissement. En effet, celles-ci ont diminué de 6,5 % en 2014 et de 6,6 % en 2015. Pour 2016, d'après les premières tendances notamment produites par la Banque postale, celles-ci devraient augmenter de 1,3 %[17]. Toutefois, les analyses de cette baisse divergent. En effet, pour certains il s'agirait des conséquences conjoncturelles du cycle électoral – il est courant en début de mandat d'observer une baisse des dépenses d'investissement – alors que pour d'autres, on serait en présence d'une tendance plus structurelle liée à la dégradation financière. Derrière cette querelle d'interprétations, deux données financières illustrent la dégradation financière des collectivités (graphiques 5 et 6) : la diminution de leur capacité à investir et surtout l'accroissement de leur stock de dette. D'autres tendances démontrent l'entrée des collectivités territoriales dans une nouvelle ère, qui se dessine, avec dans le même temps, l'évolution de leur mode de financement.

17. Banque postale, *Note de conjoncture 2016 sur les finances locales. « Entre mutations institutionnelles et contraintes financières, des collectivités locales résilientes ».*

Graphique 5

Taux d'épargne brute de l'ensemble des collectivités et de leurs groupements

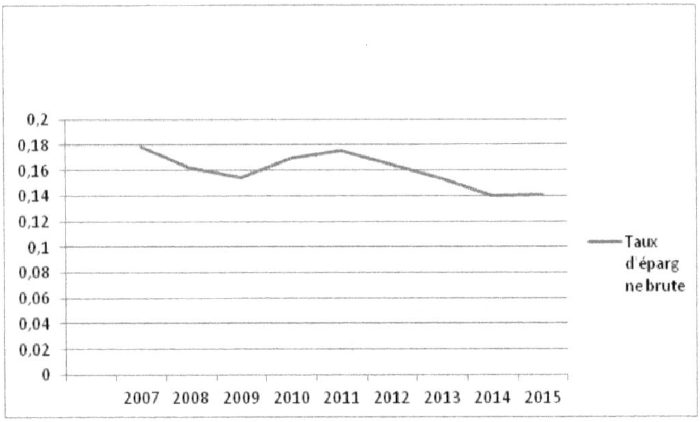

Source : Document réalisé par M. Houser.

Graphique 6

Encours de la dette au 31 décembre (2007-2015)

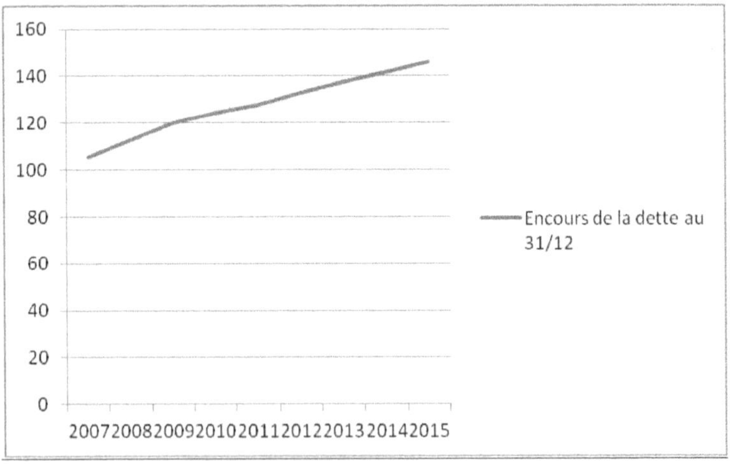

Source : Document réalisé par M. Houser.

C. L'évolution du mode de financement des collectivités territoriales

Même si la situation financière des collectivités françaises semble loin de celle de ses homologues étrangers, des évolutions structurelles sont cependant à l'œuvre. Si le recours accru à l'emprunt constitue une de ces manifestations, une autre irrigue l'ensemble des collectivités : il s'agit de la modification lente et progressive de la nature de leurs ressources (Graphique 7). Ainsi, la baisse des dotations au sein des recettes de fonctionnement constitue un mouvement de longue haleine engagé depuis plusieurs années. Ce faisant, le contribuable national disparaît progressivement au profit du recours croissant à la fiscalité locale (contribuable local), mais également au profit de la tarification (usager).

Graphique 7

Baisse des dotations au sein des finances locales 2005-2015

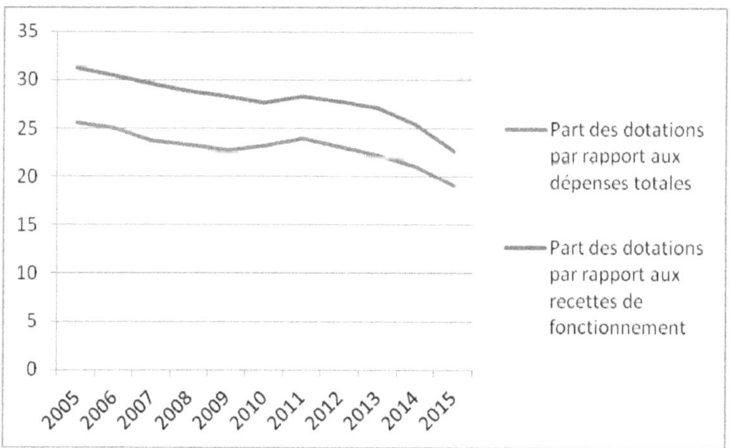

Source : Document réalisé par M. Houser.

Les collectivités disposent désormais de nombreux outils pour augmenter les ressources – citons notamment les redevances pour service rendu, les redevances pour occupation du domaine public ou encore l'instauration de taxes qu'elles utilisent clairement désormais. À titre d'exemple, certaines tarifications ont fortement augmenté (tableau 4).

Tableau 4

Comparaison de l'évolution de certaines redevances

	2010	2011	2012	2013	2014	2015	Évolution 2014/2010 et 2015/2011 pour la TEOM et REOM
Redevances et droit des services périscolaires et d'enseignement (communes)	1 253	1 327	1 408	1 457	1 507		20,27 %
Redevances à caractère sportif et de loisirs (EPCI)	188	209	226	237	245		30,32 %
Taxe d'enlèvement des ordures ménagères (TEOM) + redevance d'enlèvement des ordures ménagères (REOM)		6 497				7 274	11,96 %

Source : Document réalisé par M. Houser.

L'imagination développée par les collectivités pour créer de nouvelles redevances commence même à irriguer le prétoire du juge avec quelques exemples récents : affaires de la « taxe trottoir »[18] ou encore la tentative de certaines collectivités d'imposer les plaques des professions libérales[19]. Cette évolution de la situation financière des collectivités locales qui dessine de nouveaux modes de financement modifie la nature de l'État. Celui-ci, à rebours de la logique décentralisatrice, forge de nouveaux modes d'intervention au sein de la sphère locale.

D. Le contrôle des finances locales par l'État

Saisie depuis les finances publiques, la décentralisation subit des évolutions considérables, modifiant le rôle et les missions des collectivités territoriales, aboutissant selon cette interprétation à une remise en cause de leur libre administration. Si les lois portant nouvelle organisation territoriale de la République (NOTRe)[20] et de modernisation de l'action publique territoriale et d'affirmation des métropoles (MAPTAM)[21] occupent le devant de la scène, donnant l'impression d'un renforcement illusoire de la décentralisation, la réalité financière invite fortement à nuancer ce débat et complexifie les relations entre l'État, les collectivités territoriales et les acteurs privés (entreprises, associations, banques…).

Derrière la thématique de l'austérité locale, un autre débat doit être mené, qui concerne cette fois, la nature même de la décentralisation et le retour de l'État. Ce dernier se trouve dans une situation presque

18. CE, 31 mars 2014, « La confirmation attendue de l'illégalité de la "taxe trottoir" par le Conseil d'État », *AJCT*, 2014.388, 23 juillet 2014.

19. CAA Marseille, 19 mai 2016, *M. de B*, req. n° 14MA03832, *RFDA* 2016, p. 1126.

20. Loi n° 2015-991 du 7 août 2015 portant nouvelle organisation territoriale de la République, *JORF* du 8 août 2015, p. 13705.

21. Loi n° 2014-58 du 27 janvier 2014 de modernisation de l'action publique territoriale et d'affirmation des métropoles, *JORF* du 28 janvier 2014, p. 1562.

schizophrène : la diminution des dotations d'État apparaît nécessaire pour lutter contre l'endettement public, mais l'État a besoin de l'investissement des collectivités pour participer à la croissance nationale. Aussi, pour les forcer à investir, l'État crée régulièrement de nouveaux mécanismes de subventionnement, lui permettant d'intervenir dans l'investissement des collectivités et surtout les choix de celles-ci. La libre administration s'en trouve inévitablement atteinte. Évoquons par exemple le fait que le Parlement ait créé pour 2016 (art. 159) une dotation budgétaire de soutien à l'investissement des communes et de leurs groupements à fiscalité propre de métropole et des départements d'outre-mer. Cette dotation est divisée en deux enveloppes à la suite des modifications opérées par l'article 141 de la loi de finances pour 2017.

a. Une première enveloppe est composée de trois parts :

- une première part est destinée aux projets à inscrire dans les contrats conclus entre l'État et les métropoles en vue de favoriser le développement de ces dernières ;
- une deuxième part est répartie en fonction de la population des régions et du département de Mayotte, appréciée au 1er janvier 2016 et telle que définie à l'article L. 4332-4-1 du Code général des collectivités territoriales pour les régions et à l'article L. 3334-2 du même code pour le département de Mayotte ;
- une troisième part est destinée au soutien des grandes priorités d'aménagement du territoire.

b. Une seconde enveloppe est répartie entre les régions et le département de Mayotte en fonction de la population des communes, appréciée au 1er janvier 2016 et situées à cette date dans une unité urbaine de moins de 50 000 habitants. La population à prendre en compte est celle définie à l'article L. 2334-2 du Code général des collectivités territoriales et les unités urbaines sont celles qui figurent sur la liste publiée par l'Institut national de la statistique et des études économiques.

Peuvent bénéficier d'une subvention au titre de cette seconde enveloppe les pôles d'équilibre territoriaux et ruraux prévus à l'article L. 5741-1 du même code, les établissements publics de coopération intercommunale à fiscalité propre, et les communes. Ces subventions sont attribuées par le représentant de l'État dans la région ou dans le département de Mayotte en vue de financer la réalisation d'opérations destinées au développement des territoires ruraux inscrites dans un contrat signé par le représentant de l'État, d'une part, et l'établissement public de coopération intercommunale à fiscalité propre ou le pôle d'équilibre territorial et rural, d'autre part. Il prévoit notamment des actions destinées à favoriser l'accessibilité des services et des soins, à développer l'attractivité, à stimuler l'activité des bourgs-centres, à développer le numérique et la téléphonie mobile et à renforcer la mobilité, la transition écologique et la cohésion sociale.

Les attributions au titre de cette dotation sont inscrites à la section d'investissement du budget des communes et de leurs groupements à fiscalité propre bénéficiaires. Ce retour de l'État, aboutissant à un choix beaucoup plus prononcé de celui-ci dans les investissements des collectivités, risque par ailleurs de se prolonger à la faveur de l'essor des inégalités entre collectivités territoriales.

E. L'essor des inégalités financières entre collectivités territoriales

Les inégalités financières trouvent principalement leurs origines dans des écarts de niveaux de ressources. Ce constat, malheureusement ancien[22], se réitère toujours à l'heure actuelle. En outre, la réforme fiscale de 2010 a considérablement accru les inégalités. Les politiques publiques naviguent sur certaines certitudes, voire sur certains chiffres qui sont régulièrement avancés pour alimenter divers rapports ; par exemple, en matière d'inégalités financières entre

22. Voir historique *in* Houser, 2015.

collectivités, le rapport remis au Parlement par le gouvernement sur le FPIC fait état, dans sa dernière édition de 2015, du fait que « 42 % des territoires détiennent 90 % du potentiel fiscal agrégé »[23]. Suivant la taille de la commune, le potentiel financier par habitant varie dans les proportions relativement importantes (graphique 8).

Graphique 8

Évolution du potentiel financier en fonction de la population

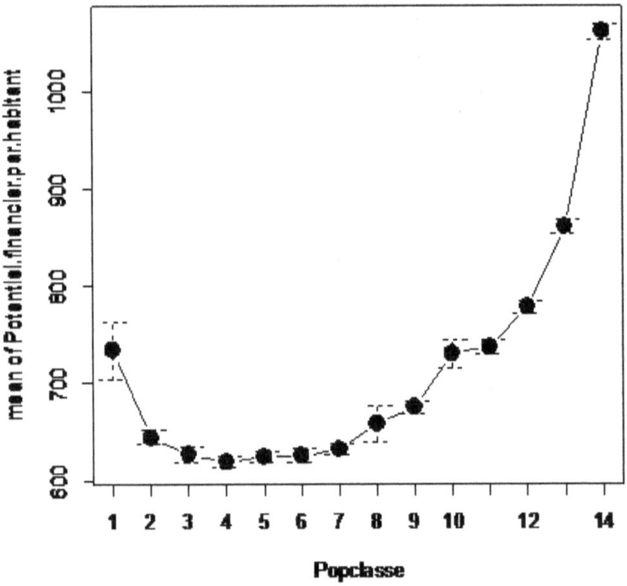

Source : Document réalisé par M. Houser.

23. *Rapport du gouvernement relatif au Fonds national de péréquation des ressources intercommunales et communales (FPIC) en application de l'article 112 de la loi de finances pour 2015*, p. 3.

Les inégalités trouvent également une partie de leur origine dans les dépenses auxquelles sont confrontées les collectivités. À cet égard, pour la Cour des comptes, « 10 % des communes ont ainsi une dépense inférieure ou égale à 483 euros par habitant. À l'opposé, 10 % des communes ont une dépense supérieure ou égale à 1 585 euros »[24]. Cette prise en compte des inégalités de dépenses au sein des finances locales constitue une évolution notable, logique compte tenu de l'essor des dépenses publiques locales par rapport au PIB en trente ans. Ce mouvement affecte d'ailleurs toutes les catégories de collectivités locales. Pour les départements, les inégalités de potentiel financier sont également importantes (Graphique 9).

Graphique 9

Évolution du potentiel financier entre 2012 et 2016 par département

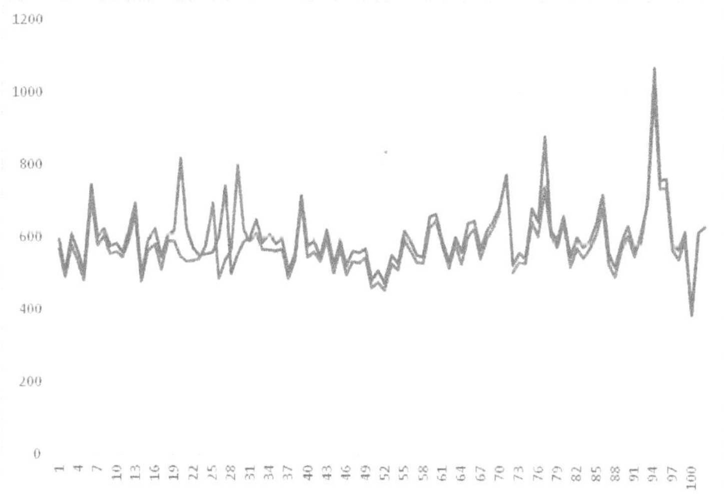

Source : Document réalisé par M. Houser.

24. Cour des comptes, *Dotations et péréquation*, nov. 2016.

Mais, ce qui est très particulier dans le cas des conseils départementaux, ce sont les différences liées à la dépense (graphique 10). En effet, les départements supportent les dépenses sociales, notamment la charge des trois allocations individuelles de solidarité (AIS), qui impactent fortement leurs budgets.

Graphique 10

Analyse du Reste à charge des départements (2016) et des mécanismes de péréquation

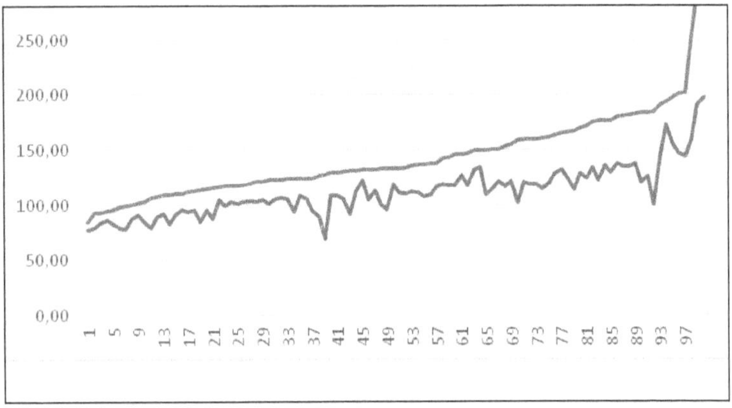

Source : Document réalisé par M. Houser.

L'essor des mécanismes de péréquation témoigne d'une certaine efficacité. À la lumière de la courbe modifiée, les RAC/département entre départements se rapprochent. Cette logique néanmoins peut être qualifiée de pathologique, car l'action publique répare les conséquences et non la cause de l'accélération de ces écarts de dépenses, qui est subie par les collectivités territoriales, plutôt que correspondant à des choix de développement. Aussi, les politiques sociales mises en œuvre, lorsqu'une action est possible du département, varient fortement d'un département à un autre (Houser, 2013). On ne peut à cet égard que déplorer l'action du législateur, qui plutôt que de s'interroger sur la répartition des compétences et leur mode de financement préfère créer des fonds de soutien en fin d'année pour éviter que les départements ne soient en déséquilibre financier.

III. Un parcours dans la nouvelle ère des finances locales

Ce premier éclairage sur la situation concrète des finances locales françaises nous permet de dégager deux postures d'ensemble, qui organise l'ensemble des chapitres qui compose l'ouvrage. Premièrement, entrer dans l'étude des finances locales en posant la question de l'austérité permet de faire émerger des problèmes qui dépassent le seul enjeu de la clarification terminologique (observe-t-on oui ou non une austérité ?). Dans le cas français, une « nouvelle ère » des finances locales semble bien se dessiner autour d'un processus de recentralisation larvé et de maintien des inégalités territoriales, qui peut être également aggravé par le manque de portée re-distributive qui accompagne actuellement la métropolisation du territoire français provoquant une différenciation toujours plus prononcée de certains territoires au détriment d'autres (Davezies, Estèbe, 2014). Ainsi, quand bien même l'austérité locale n'est pas observable à proprement parler, le scénario qui se met progressivement en place laisse à penser que tout nous y conduit.

Deuxièmement, engager une discussion scientifique que la progression de l'austérité locale impose un regard comparatiste, très présent dans les travaux menés sur les choix publics nationaux favorables à l'austérité. Dans leur étude comparée des coupes dans les dépenses ciblant l'administration publique (dépenses d'exploitation), en réponse aux crises budgétaires à partir de 2008 (elles-mêmes provoquées par les crises bancaires puis économiques), dans 14 pays européens, Walter Kickert et son équipe (2015) avancent trois résultats dont nous souhaitons nous inspirer.

D'une part, l'ampleur et la nature de ces coupes varient fortement en fonction de contextes. Si les mesures austéritaires (gel ou/puis réduction des recrutements et des salaires, coupes généralisées ou/

puis ciblées) sont bien effectives dans la plupart des pays – exception faire de la Norvège –, l'attitude des gouvernements et le type de décisions (plus ou moins radicales) divergent. Si certains pays européens, tels que l'Espagne, ont été « si durement touchés par la crise qu'ils ont été obligés de rechercher l'aide extérieure de la troïka » (*ibid.*, p. 613), dans d'autres pays, et principalement l'Allemagne, « les décisions en matière d'austérité ont été reportées après les élections générales, et coïncidaient dès lors avec les délibérations et les négociations entre les différents partis à propos d'un nouveau gouvernement de coalition » (*ibid.*, p. 614). Ainsi, comparativement à d'autres situations européennes, en France, « les décisions en matière d'austérité n'ont été que timides » (*idem*). Les cas, plus rares, de pays appliquant avec zèle des mesures d'austérité censées « rassurer » l'Union européenne (Estonie, Lituanie) rappellent également ce poids des différenciations politiques nationales.

D'autre part, il existe toujours un décalage entre la réalité analytique et de l'austérité et sa perception par les acteurs : ainsi, les hauts fonctionnaires de pays tels que la France, l'Allemagne, les Pays-Bas et l'Italie font état de nombreuses « coupes ciblées »[25] alors même que les données disponibles n'en inventorient pas autant. L'austérité n'est donc pas entièrement objectivable : les acteurs portent des représentations des mouvements qui traversent les finances publiques, dont on peut raisonnablement supposer qu'elles influencent leurs attitudes et leurs choix. L'action publique étant tramée par ses « cartographies mentales » (Zittoun, 2013) qui poussent les acteurs à se projeter dans une lecture subjective des situations (qui décide ? Quelles sont les priorités d'action ?), il importe de croiser leurs comportements avec les données financières objectivables.

25. Les auteurs établissent une différence entre les « coupes généralisées », qui « désignent des coupes d'un montant ou d'un pourcentage équivalent pour l'ensemble des institutions » et les « coupes ciblées » qui « supposent que certaines institutions et certains secteurs subissent des coupes plus importantes que d'autres ». Les coupes ciblées sont plus visibles et plus emblématiques.

Enfin, s'il existe bien des différences de temporalité, les mesures d'assainissement des finances publiques relèvent bel et bien de la même logique. Ainsi, si « les décisions radicales et rapides en matière d'austérité étaient plus souvent l'exception » (Kickert *et al.*, 2015, p. 615), l'engagement dans l'austérité se fait bien par phase, prenant souvent la forme d'une intensification de mesures adoptées graduellement. Si l'équipe de W. Kickert privilégie une explication macroéconomique (plus la crise s'accentue, plus les mesures d'austérité s'intensifient), le présent ouvrage lui préfère une analyse en termes de configurations (nationales, locales, sectorielles).

Cet ouvrage propose donc de revenir sur les déclinaisons territoriales et sectorielles de cette « nouvelle ère » de finances locales avec un double objectif : qualifier, le plus rigoureusement possible, les tendances à l'œuvre ; mettre en relation l'évolution des finances publiques et le positionnement stratégique des acteurs (locaux ou nationaux, publics ou privés). La première partie, intitulée « Mythe et réalités des "politiques d'austérité" en France », propose d'étudier les évolutions profondes de deux aspects impactant directement les collectivités territoriales. D'une part, Camille Allé (chapitre 1) aborde l'adaptation des finances locales aux contraintes financières imposées par l'État, à l'aide d'une analyse historicisée des décisions étatiques auxquelles doivent se soumettre les finances locales. À rebours du discours d'un certain nombre d'institutions, Françoise Navarre (chapitre 2) propose d'interroger sur la fiscalité locale en se demandant si les réformes de l'État visent des objectifs précis. La seconde partie de l'ouvrage a pour objectif de rapporter cette situation française à d'autres situations financières locales à travers le monde, en s'attardant notamment sur des contextes où l'austérité est nettement plus prononcée et ostensiblement utilisée par les gouvernements nationaux et locaux. Alexandre Guigue pour le Royaume-Uni (chapitre 3), Jérôme Germain pour l'Allemagne (chapitre 4) et Matthieu Houser pour les États-Unis (chapitre 5) analysent du point de vue des finances publiques, les situations contrastées de l'intégration de l'austérité dans le droit fiscal et budgétaire. Matthieu

Petithomme (chapitre 6) complète ce panorama sur le cas espagnol en mobilisant une analyse plus ancrée dans la science politique, visant à démontrer que l'austérité a essentiellement amplifié et conforté des inégalités territoriales déjà à l'œuvre et remis l'État en position de force. Enfin, la troisième partie de l'ouvrage est davantage ciblée sur la production des politiques publiques urbaines, autrement dit à la place de « l'austérité dans la fabrique de la ville ». Julie Pollard, pour le cas français (chapitre 7) et Vincent Béal, pour le cas états-unien (chapitre 8) insistent, chacun à leur manière, sur l'illusion d'optique que constituerait une austérité locale exclusivement pensée dans une logique *top-down*, de l'État vers le local. Dans leurs deux chapitres, ciblant des contextes différenciés, une même logique se présente : les acteurs locaux intègrent, détournent ou surinterprètent la norme austéritaire (couper les dépenses publiques), sans que les États aient toujours besoin d'imposer de manière autoritaire ces orientations. Tant dans la politique du logement que la production des services publics urbains, les acteurs politiques locaux utilisent les situations d'austérité pour redéfinir des stratégies d'action impliquant les acteurs privés (promoteurs, associations, entreprises) afin de transformer des contraintes en opportunité d'action.

En conclusion de l'ouvrage, Jean-Luc Albert nous propose une synthèse des échanges du colloque à l'origine de cette publication, en insistant sur quatre enjeux majeurs pour la recherche en droit et en science politique sur les thèmes de l'austérité et de la rigueur à l'échelle locale : un enjeu conceptuel (quand et pourquoi parler d'austérité plutôt que de rigueur ?), un enjeu de cadrage du « problème » des finances publiques locales (s'intéresser autant aux recettes que de dépenses), un enjeu académique et disciplinaire (comment juristes et politistes parviennent-ils à échanger ?), et un enjeu politique (les gouvernements cherchent-ils à dissimuler leur engagement dans l'austérité locale ?). Le présent ouvrage doit être compris comme une première esquisse, forcément parcellaire, d'un travail à poursuivre et à intensifier s'inscrivant dans le sillage de ces questionnements. Il témoigne de notre volonté de nous saisir des tensions politiques et juridiques engendrées par le thème de « l'austérité » comme autant d'objets de recherche afin de les prendre au sérieux et de nourrir, en retour, le débat public qui doit les accompagner.

Bibliographie

- Alesina A. et De Rugy V., « Austerity: the relative effects of tax increases versus spending Cuts », *Working paper*, Mercatus center, George Mason University, 2013.
- Bezes P., *Réinventer l'État. Les réformes de l'administration française (1962-2008)*, Paris, Presses Universitaires de France, 2009.
- Blyth M., *Austerity: The History of a Dangerous Idea*, Oxford, Oxford University Press, 2013.
- Brenner N., *New State Spaces. Urban Governance and the Rescaling of Statehood*, Oxford, Oxford University Press, 2004.
- Davezies L. et Estèbe P., *Les nouveaux territoires de la croissance : vers un retournement historique de la géographie économique ?*, Rapport d'étude pour le compte de l'Institut Caisse des Dépôts pour la Recherche et du PUCA, 2014.
- Donald B., Glasmeier A., Gray M. et Lobao L., « Austerity in the city: economic crisis and urban service decline? », *Cambridge Journal of Regions, Economy and Society*, 7, 2014, p. 3-15.
- Donald B. et Gray M., « The rise of the austerity regime », *Working Paper n° 20-5-13*, Queen's University and Cambridge, 2013.
- Guengant A. et Josselin J.-M., « La contrainte de budget des collectivités locales françaises est-elle relâchée ? », *Revue d'Économie Régionale et Urbaine*, 4, 2009, p. 739-758.
- Houser M., *Le droit de la péréquation*, Paris, L'Harmattan, 2015.
- Kickert Walter J.M., Savi R. et Randma-Liiv T. « La politique d'assainissement des finances publiques en Europe : Analyse comparative », *Revue Internationale des Sciences Administratives*, 81 (3), 2015, p. 595-619.
- Knieling J. et Othengrafen F. (dir.), *Cities in Crisis. Socio-Spatial Impacts of the Economic Crisis in Southern European Cities*, Routledge, 2016.

- LE LIDEC P., *Les maires dans la République : l'Association des Maires de France, élément constitutif des régimes politiques français depuis 1907*, Thèse de science politique, Paris-I, 2001.
- LE LIDEC P., « Décentralisation », *in* A. COLE, S. GUIGNER et R. PASQUIER (dir.) *Dictionnaire des politiques territoriales*, Paris, Presses de Science Po, p. 127-133, 2011a.
- LE LIDEC P., « Chapitre 2. La décentralisation, la structure du financement et les jeux de transfert de l'impopularité en France », *in* P. BEZES et A. SINE (dir.), *Gouverner (par) les finances publiques*, Paris, Presses de Sciences Po, 2011b, p. 149-192.
- LOGAN J. et MOLOTCH H., *Urban fortunes. The Political Economy of Place*, Berkeley, University of California, 1987.
- LORRAIN D., « La main discrète », *Revue française de science politique*, 61 (6), 2011, p. 1097-1122.
- HOUSER M., « Les défis du financement de la dépendance par les départements », *Actualité juridique du droit administratif*, 2013, p. 288-293.
- HOUSER M., *Le droit de la péréquation financière*, Paris, L'Harmattan, 2015.
- NEVEU E., *Sociologie politique des problèmes publics*, Paris, Armand Collin, 2015.
- NUNES SILVA C. et BUČEK J. (dir.), *Fiscal Austerity and Innovation in Local Governance in Europe*, Ashgate, 2014.
- O'BRIEN P. et PIKE A., « The governance of local infrastructure funding and financing », *Infrastucture complexity*, 2 (3), 2015.
- ORTOLEVA P., « Qu'est-ce qu'un gouvernement d'experts ? Le cas italien », *Hermès*, 3 (64), 2012, p. 137-144.
- PADDEU F., « Faire face à la crise économique à Détroit : les pratiques alternatives au service d'une résilience urbaine ? », *L'Information géographique*, 76 (4), 2012, p. 119-139.
- PERRET B., « De l'échec de la rationalisation des choix budgétaires (RCB) à la loi organique relative aux lois de finances (LOLF) », *Revue française d'administration publique*, 2006, 117 (1), p. 31-41.
- PECK J., « Pushing austerity: state failure, municipal bankruptcy and the crises of fiscal federalism in the USA », *Cambridge Journal of Regions, Economy and Society*, 7, 2014, p 17-44.

- SCHÖNIG B. et SCHIPPER S., « Urban austerity: Impacts of the global financial crisis on cities in Europe », *Verlag Theater der Zeit*, 2016.
- STUCKLER D. et BASU S., *Quand l'austérité tue. Épidémies, dépressions, suicides : l'économie inhumaine*, Paris, Autrement, 2014.
- WHITFIELD D., « Unmasking Austerity », Working Paper, Australian Workplace Innovation and Social Workplace Centre, 2013.
- ZITTOUN Ph., *La fabrique politique des politiques publiques. Une approche pragmatique de l'action publique*, Paris, Presses de Sciences Po, 2013.

Partie I

MYTHE ET RÉALITÉS DES « POLITIQUES D'AUSTÉRITÉ » EN FRANCE

Chapitre 1

LA CONTRAINTE BUDGÉTAIRE : MOTEUR DES TRANSFORMATIONS DES FINANCES LOCALES EN FRANCE ?

Camille ALLÉ
Docteure en science politique
Institut d'études politiques de Paris, Centre d'études européennes
Laboratoire Interdisciplinaire d'Évaluation des Politiques Publiques (CEE-LIEPP)

La réduction des dotations de l'État aux collectivités locales mise en œuvre à partir de 2012 et planifiée au moins jusqu'en 2017 en France s'est accompagnée d'un discours de partage de l'effort budgétaire entre toutes les administrations publiques. L'intervention du président de la République lors des « États généraux de la démocratie territoriale », convoqués par le Sénat le 5 octobre 2012, est emblématique de ce positionnement. François Hollande déclare ainsi que « la restauration de nos équilibres financiers appelle donc une contribution de tous les acteurs publics. Cela vaut pour l'État, cela vaut aussi pour les collectivités »[1].

Cette coupe dans les ressources financières locales pourrait traduire une politique d'austérité définie, au plan national, comme une réduction des dépenses publiques dans le but de diminuer l'endettement

1. Intervention du président de la République, François Hollande, États généraux de la démocratie territoriale, Paris, 5 octobre 2012.

et de relancer la croissance[2]. Pour autant, interpréter cette coupe budgétaire comme le signe d'une politique macroéconomique d'austérité conduit à ignorer une lecture concurrente. Cette dernière peut également résulter d'une politique de rigueur au sens d'une gestion des finances publiques locales plus sévère que par le passé, et, de fait, moins favorable aux collectivités locales. Une telle politique s'inscrirait dans une dynamique historique de rationalisation des choix budgétaires à plus long terme au sein d'une société de marché[3] (Weber, 2003 ; Perret 2006 ; Bezès, 2005 ; Le Galès, Scott, 2008).

Nous prenons le parti de dépasser l'opposition entre rigueur et austérité en adoptant la perspective proposée par Wolfgang Streeck. Celui interprète les transformations économiques, budgétaires et sociales qui s'opèrent depuis les années 1990 comme un changement de régime fiscal, au sens de Paul Pierson[4]. Pour Wolfgang Streeck, alors que les pays dits développés évoluaient dans un régime de

2. La logique d'une politique d'austérité est la suivante : l'épargne favorise l'investissement qui favorise la croissance économique. On peut penser, avec Mark Blyth, qu'en période de faible croissance économique, une politique d'austérité n'est pas la plus adaptée. En effet, pour épargner il faut que les individus aient des revenus et que ces revenus soient suffisants pour ne pas être entièrement consommés. Et donc que l'État dépense pour se substituer aux entreprises qui, en période de faible croissance, anticipent une faible demande et donc investissent peu.

3. Suivant Alan Scott et Patrick Le Galès, une société de marché peut être définie « comme une société au sein de laquelle les comportements des organisations et des individus, dans leur vie quotidienne, sont orientés, contraints, alignés sur les principes de l'économie de marché » (2008, p. 307).

4. Selon Paul Pierson, un régime fiscal se définit de la manière suivante : « [a reformed] configuration of political interests, institutions, and policy arrangements that structure conflicts over taxes and spending… a particular political context of institutions, powerful organizations, public policies, and dominant ideas » (PIERSON, 2001), (« une configuration d'intérêts politiques, d'institutions et d'accords politiques qui structure les conflits relatifs aux revenus et aux dépenses, dans un contexte politique particulier » [traduction de l'auteur]).

Debt State depuis le milieu des années 1970[5], un régime d'austérité s'est installé depuis la fin des années 1990 – début des années 2000 – résultant d'une capacité limitée à générer des revenus associés à des besoins de dépenses croissants. Il qualifie ce régime de *Consolidation State* : « Consolidation is to turn the activist-interventionist state of postwar democratic capitalism into a lean state receptive to market pressures » (Streeck, 2015)[6]. Adopter cette perspective présente l'intérêt de ne pas opposer des politiques macroéconomiques de restauration des équilibres budgétaires, qui s'étendent sur du court ou du moyen terme, et des processus plus progressifs et moins spectaculaires de rationalisation des choix budgétaires. Les unes et les autres contribuent en effet au partage de la contrainte budgétaire entre l'État et les collectivités locales, comprise comme l'ensemble des formes de limitation de l'évolution des dépenses et des recettes publiques.

Ce chapitre vise à montrer comment se négocie ce partage de la contrainte, en s'appuyant sur plusieurs sources de données (archives administratives, rapports institutionnels, articles de presse,

5. Selon Wolfgang Streeck, le *Debt State* émerge comme conséquence de l'enchaînement de plusieurs dynamiques : « Over time, insufficient growth gave rise to a sequence of different crisis configurations, with (i) high inflation and low debt in the 1970s followed, from 1980 to 1993, by (ii) low inflation and public and private debt rising simultaneously, and from 1994 to 2007 by (iii) low inflation, receding public debt, and further increasing private debt. Since 2008, we continue to see (iv) low inflation, now combined with slightly declining private debt and exploding public debt » (STREECK, 2013, p. 12). « Au fil des années, une croissance insuffisante fait émerger une succession de crises avec (i) un haut niveau d'inflation et un bas niveau d'endettement dans les années 1970, suivis par (ii) un faible niveau d'inflation et une augmentation simultanée de l'endettement public et privé entre 1980 et 1993, et (iii), de 1994 à 2007, un faible niveau d'inflation, un recul de l'endettement public, et encore davantage d'endettement privé. Depuis 2008, (iv) le faible niveau d'inflation se maintient, l'endettement privé décroit lentement et le niveau de dette publique s'envole », [traduction de l'auteur].

6. « La consolidation budgétaire se traduit par la transformation de l'État interventionniste du capitalisme démocratique d'après-guerre en État stratège réceptif aux pressions des marchés » [traduction de l'auteur].

entretiens). En matière budgétaire, les transformations sont souvent incrémentales et produisent des effets sur le long terme, comme l'ont montré les travaux de sociologie du budget (Wildavsky, 1975). Aussi, pour comprendre les transformations des instruments de finances locales qui ont lieu à partir des années 1990, un retour sur les périodes antérieures depuis les débuts de la Ve République est nécessaire. Ce recul historique permet également d'éviter une surinterprétation de l'actualité en montrant que les politiques de contrainte budgétaire ne sont pas nouvelles (I). Dans un second temps, nous verrons dans quelle mesure les réformes des dotations de l'État aux collectivités locales ainsi que les instruments de fiscalité locale comme la taxe professionnelle peuvent s'expliquer par des stratégies de répartition de la contrainte budgétaire (II).

I. Les grandes transformations depuis les débuts de la Ve République

Trois grandes périodes se distinguent dans l'histoire des transformations des finances publiques locales. La première (des débuts de la Ve République au milieu des années 1970) se caractérise par un niveau d'investissement local élevé encadré et orienté par l'État ainsi que par une fiscalité locale directe héritée des centimes additionnels (A). La deuxième période (du milieu des années 1975 au début des années 1990) est marquée par une plus libre administration des collectivités locales reposant sur un principe de responsabilisation politique (B). La troisième période (depuis le début des années 1990 à nos jours) se distingue par l'importance prise progressivement par la problématique de la dette et du déficit public dans les politiques des finances publiques locales. Progressivement, celles-ci convergent vers un partage de la contrainte budgétaire entre l'État, la Sécurité sociale et les collectivités territoriales dans un « ménage à trois » (Hertzog, 2002) (C).

Les bornes temporelles de cette périodisation ne correspondent pas à des ruptures brutales au sein du système des finances locales. En effet, comme l'ont montré les travaux de sociologie des budgets publics (Wildavsky, 1979 ; Siné, 2006), le changement dominant dans ce domaine est d'ordre incrémental. Les transformations résultent d'une accumulation de mesures à la marge qui produisent des effets à plus long terme. Les bornes sont donc données à titre indicatif pour distinguer différents moments de l'histoire des finances locales et rappeler l'adoption ainsi que l'application de différentes réformes.

A. L'investissement local encadré par le « moteur économique » de l'État (1950-1975)

Des années 1950 au milieu des années 1970, les relations financières État/collectivités locales suivent un modèle où l'investissement local sous contrôle de l'État est le moteur de la politique de modernisation et d'équipement. La Ve République consacre l'administration centrale et la concentration des centres de décision à Paris, l'interventionnisme fort de l'État dans la vie sociétale et économique au travers notamment du Commissariat général du plan (Giuily, 2012), dans un contexte d'après-guerre marqué par des impératifs de reconstruction, l'urbanisation croissante et la nécessité de pourvoir aux besoins d'infrastructures et d'équipements collectifs.

1. Croissance des dépenses publiques de fonctionnement et d'investissement

La croissance des dépenses publiques locales constitue un fait marquant de cette période, comme le souligne Pierre Lalumière, « entre 1959 et 1970, elles ont progressé en moyenne de 12,5 % par an, plus vite que le PIB en valeur (10,7 %), et que les dépenses de l'État (9,8 %). De 1970 à 1976, le rythme d'augmentation est passé à 16 % pour s'abaisser à 12-13 % pour 1977 et 1978 » (Lalumière, 1983). Due en partie à l'augmentation des dépenses de fonctionnement habituelles (charges de personnel et charge de la dette), cette hausse résulte également du gros effort d'investissement réalisé par les collectivités locales. Les investissements locaux représentent ainsi les deux tiers des investissements publics annuels et « le maire fait la quête aux subventions »[7]. À terme, ces dépenses d'investissement génèrent des dépenses de fonctionnement notamment pour entretenir ou mettre aux normes les équipements.

Inciter les collectivités locales à investir présente plusieurs avantages pour l'État et pour les grands élus locaux. Les subventions spécifiques constituent un instrument de financement des politiques publiques pour chaque ministère qui dispose ainsi d'un pouvoir sur les collectivités locales pour mettre en œuvre ses politiques. De plus, comme l'explique l'ancien sénateur Yves Fréville :

> « Dans un système de subventions spécifiques où chaque ministère subventionne l'investissement local (ministère de l'Économie, ministère de l'Intérieur essentiellement pour les communes urbaines, ministère de l'Agriculture pour les communes rurales, ministère de l'Équipement pour les ZUP), les grands élus cumulards ont un accès direct aux bureaux parisiens suivant le modèle de Crozier »[8].

Ensuite, l'État évite le blâme lié à l'investissement qui se traduit généralement par des hausses de fiscalité (Le Lidec, 2001). Enfin, le lien prêt-subvention, mis en place dans le cadre du IIe Plan en 1956, permet d'orienter les investissements selon les objectifs nationaux. En effet, l'octroi d'un prêt privilégié de la Caisse des dépôts[9] est

> « subordonné à l'attribution préalable d'une subvention en capital de l'État. Le lien prêt/subvention organise le rationnement des crédits et devient l'instrument principal de la planification nationale des investissements publics et de la régulation conjoncturelle des demandes dans le cadre des plans de relance ou de stabilisation » (Guengant, 1988).

Du côté des ressources fiscales, seules quelques transformations mineures interviennent jusqu'aux années 1970.

---

7. Entretien avec Yves Freville, ancien député et sénateur UDF, UDC, 2 janv. 2014.

8. *Ibid.*

9. Pour plus de détails sur l'histoire de l'emprunt local et des relations entre la Caisse des Dépôts et les collectivités, voir HERRANT, 1991.

2. Un début de transformation des relations financières central/ local

L'année 1969 marque un tournant dans les relations entre l'État et les collectivités locales. Mises à l'écart dans la République du général de Gaulle, les collectivités locales retrouvent une place plus active dans le régime à partir de l'échec du référendum de 1969 sur le projet de loi relatif à la création de régions et à la rénovation du Sénat : « Cet échec a été compris par la classe politique comme un signe de la force politique des élus locaux » (De Kervasdoue *et al.*, 1976). Les élus locaux se mobilisent par l'intermédiaire du Sénat et de l'Association des Maires de France, et rappellent l'augmentation des charges locales plus rapide que l'augmentation des charges supportées par l'État (Le Lidec, 2001). Ils dénoncent les subventions spécifiques comme instrument d'assujettissement autant économique que politique et réclament leur globalisation. Les demandes répétées des élus locaux facilitent la mise à l'agenda de lois de modernisation de la fiscalité directe. L'ordonnance de 1959 est finalement mise en œuvre en partie, ouvrant une séquence de réformes en matière de fiscalité.

La loi n° 73-1229 du 31 décembre 1973 sur la modernisation des bases de la fiscalité directe locale met en partie en application l'ordonnance de 1959 relative à la fiscalité locale[10]. Elle crée ainsi trois nouvelles taxes – la taxe sur le foncier bâti, la taxe sur le foncier non bâti et la taxe d'habitation – sans modifier la contribution sur la patente. Ces trois nouvelles taxes sont assises sur les valeurs locatives établies au 1er janvier 1970 avec des clauses de révisions périodiques précisées dans la loi du 18 juillet 1974 (Le Lidec, 2001). Les conseils municipaux et généraux ne votent plus des centimes additionnels, mais le volume global des impôts, qui est ensuite réparti entre les quatre taxes directes locales par les services fiscaux suivant des cri-

10. Ordonnance n° 59-108 du 7 janvier 1959 portant réforme des impositions perçues au profit des collectivités locales et de divers organismes.

tères de répartition hérités du passé (principaux fictifs et éléments de répartition). Selon Pierre Lalumière, le vote des taux de fiscalité n'est pas inscrit dans ce texte alors que l'ordonnance le prévoyait, dans la mesure où « le gouvernement n'a pas voulu que la réforme de la fiscalité provoque un brutal déplacement de la charge des impôts entre les différentes catégories de contribuables » (Lalumière, 1983, p. 122). On retrouve ici une stratégie de changement par voie incrémentale.

La loi n° 75-678 du 29 juillet 1975 supprimant la patente et instituant une taxe professionnelle met en application l'ordonnance de 1959 précitée sur le dernier des quatre impôts directs locaux. La nouvelle taxe professionnelle concerne les personnes physiques ou morales non salariées, comme la patente, mais introduit de nombreux changements. Dès la première année de sa mise en œuvre, cette taxe est vivement critiquée pour les transferts de charge fiscale qu'elle provoque entre contribuables et suscite des mécontentements relayés par les organisations telles que le Cid-Unati, qui avait pris position contre[11], ou encore les chambres de commerce et d'industrie[12]. La taxe professionnelle coûtera à Jean-Pierre Fourcade son poste de ministre de l'Économie et des Finances. À partir de 1976, elle fait l'objet de réformes catégorielles pour contrer les effets d'augmentation de charges fiscales et calmer les mécontentements : la carrière de la taxe professionnelle est ainsi marquée dès l'origine par une panoplie de dégrèvements, d'exonérations, de plafonnement en fonction du chiffre d'affaires des entreprises.

11. « M. Nicoud : non à la taxe professionnelle », *Le Monde*, 13 juin 1973.

12. Voir par exemple l'intervention de M. Laubard, président de la chambre de commerce et d'industrie de Paris, qui s'élève, dans un communiqué, contre « les majorations aboutissant, dans plusieurs cas, à doubler, voire tripler le montant de l'ancienne imposition », « M. Laubard demande une modification de la loi sur la taxe professionnelle », *Le Monde*, 5 novembre 1976.

Ces réformes fiscales traduisent des textes législatifs antérieurs restés inappliqués et engagent une transformation des relations financières central/local renforcée par les lois élaborées dans la période suivante allant du milieu des années 1970 aux années 1990.

B. La libre administration et la responsabilisation des collectivités locales (1970-1990)

Les finances locales sont finalement réformées avant les institutions locales par la loi du 3 janvier 1979[13] et celle du 10 janvier 1980[14]. La mise en place d'un nouveau régime financier des collectivités locales est donc antérieure à l'adoption des lois Defferre. Ce modèle de « libre administration des collectivités locales » se fonde sur un principe de responsabilisation et de redevabilité des élus locaux en matière de fiscalité locale.

1. Création d'une dotation globale de fonctionnement

Sur le plan des transferts de l'État aux collectivités locales, la loi du 3 janvier 1979 rejoint les propositions du rapport Guichard (Guichard, 1976), remis quelques années auparavant, en transformant le versement représentatif de la taxe sur les salaires (VRTS) en dotation globale de fonctionnement (DGF). La DGF est calculée comme un pourcentage de la TVA (16,5 % en 1979) : elle promet d'être plus dynamique que le VRTS et d'augmenter le volume des dotations versées par l'État aux collectivités locales. Le Comité des finances locales (CFL), gardien de la DGF, est créé par cette même loi. Il se compose en majorité d'élus et dispose de prérogatives non négligeables : chaque année, le montant de la DGF est inscrit en

13. Loi nº 79-15 du 3 janvier 1979 instituant une dotation globale de fonctionnement versée par l'État aux collectivités locales et à certains de leurs groupements et aménageant le régime des impôts directs locaux pour 1979.

14. Loi nº 80-10 du 10 janvier 1980 portant aménagement de la fiscalité directe locale.

projet de loi de finances sur la proposition du CFL. Ce dernier dispose également du pouvoir de moduler l'attribution de la part forfaitaire de la DGF, dans une fourchette définie par la loi.

2. Aménagement de la fiscalité locale et pouvoir de taux

La loi du 10 janvier 1980 portant aménagement de la fiscalité directe locale[15] donne aux élus municipaux et départementaux le pouvoir de voter les taux sur les quatre taxes directes locales, conformément aux règles de liaison entre les taux, qui encadrent les évolutions. La redevabilité fiscale des élus devant le contribuable électeur est au fondement de ce nouveau système. Les élus sont d'ailleurs nombreux à le dénoncer : « La seule liberté que vous entendez laisser aux élus locaux, c'est de supporter l'impopularité de l'augmentation des impôts que votre politique aura provoquée. Et M. Barre pourra toujours se flatter de ne pas augmenter les impôts : ce sont les maires qui seront chargés de cette désagréable besogne », déclare le sénateur communiste Camille Vallin, vice-président de l'AMF au ministre de l'Intérieur[16]. En outre, l'encadrement du vote des taux par la loi est plus strict que dans le système antérieur du fait de la liaison entre la variation des taux de ces taxes[17].

3. Globalisation des emprunts

Le lien prêt-subvention qui régissait la majeure partie des emprunts consentis par la Caisse des dépôts est progressivement abandonné, pour être totalement supprimé en 1979. Il laisse place à une globalisation des crédits. Ainsi, « la collectivité négocie annuellement avec la délégation régionale et la Caisse d'Épargne un montant d'emprunts qu'elle utilise au fur et à mesure de ses besoins. Par cette procédure,

---

15. Loi n° 80-10 du 10 janvier 1980 portant aménagement de la fiscalité directe locale.

16. *JO* Débats, Sénat, séance du 8 novembre 1978, p. 3081, cité par Patrick Le Lidec, (2001), *ibid.*, p. 474.

17. Loi du 10 janvier 1980, art. 2 et 3.

la [Caisse des dépôts] s'engage à mettre chaque année un crédit global à la disposition de l'emprunteur » (Guengant, 1988). Avec la loi du 2 mars 1982, toute forme de tutelle de l'État sur les actes des collectivités est supprimée[18], donnant ainsi à l'emprunteur la pleine liberté d'apprécier l'opportunité du recours à l'emprunt et lui en attribue la responsabilité.

4. Lois Defferre : d'une logique de guichet à une logique de responsabilisation des collectivités

Les lois de décentralisation de 1982-1983[19] mettent œuvre une décentralisation politique et non financière. Comme le souligne l'ancien sénateur, Yves Fréville :

> « La plupart des dépenses qui ont été transférées aux collectivités locales étaient déjà dans les budgets locaux[20]. L'aide sociale était en dépense dans le budget des collectivités par exemple, le transport scolaire aussi. Au niveau des communes, c'était la prise en charge de la construction des collèges et des lycées. En caricaturant un peu, qu'est-ce qu'on a fait lors de la décentralisation ? On a dit : ces dépenses étaient subventionnées par l'État largement ; maintenant, on veut responsabiliser les collectivités, donc on va remplacer les dotations, les subventions fléchées, les participations de l'État par un *mix* d'impôts et de subventions globalisées. Ce n'est jamais présenté comme ça, mais finalement on a transformé la manière de financer des dépenses qui étaient déjà présentes dans le budget des collectivités locales[21]. »

---

18. En particulier, suppression de la tutelle financière : Chapitre II, loi n° 82-213 du 2 mars 1982.

19. Loi n° 82-213 du 2 mars 1982 relative aux droits et libertés des communes, des départements et des régions ; Loi n° 83-8 du 7 janvier 1983 relative à la répartition de compétences entre les communes, les départements, les régions et l'État ; du 22 juillet 1983 complétant la loi n° 83-8 du 7 janvier 1983 relative à la répartition de compétences entre les communes, les départements, les régions et l'État.

20. Pour l'analyse des comptes d'un échantillon de communes et de départements dans les années 1960, voir notamment FRÉVILLE (1966).

21. Entretien du 2 janv. 2014, Yves Fréville, *op. cit.*

Un changement de perspective s'opère au début des années 1980. De la IIIe République aux années 1970, pour gérer « la crise permanente des finances locales »[22], une part des compétences générant des dépenses pour les collectivités locales était transférée à l'État (transfert des routes départementales en routes nationales, transfert de la police, etc.), une autre part était subventionnée par celui-ci (construction des collèges, des lycées). Les lois de décentralisation dites « Defferre » instaurent une logique inverse. Elles transfèrent des compétences et, en contrepartie, allouent des ressources équivalentes aux dépenses effectuées par l'État à la date du transfert de compétences. Autrement dit, la dynamique du coût des compétences transférées, potentiellement à la hausse, n'est pas compensée par l'État. La loi prévoit que ces transferts de ressources financières sont assurés pour moitié au moins par accroissement des ressources fiscales des collectivités locales dans le but de responsabiliser les élus locaux. Le reste est financé par une dotation budgétaire versée par l'État, la dotation générale de décentralisation (DGD). Lors de son instauration, celle-ci est indexée sur la dotation globale de fonctionnement. Elle évolue ainsi en fonction de la TVA, afin de garantir une progression des ressources et une autonomie financière locale maximale[23].

C. Vers un partage de la contrainte budgétaire (1990 à aujourd'hui)

Le modèle de libre administration des collectivités locales ne disparaît pas brutalement au début des années 1990. Cependant, les allégements successifs de fiscalité locale et leur compensation par le budget de l'État ont abouti à accroître le coût budgétaire de réformes incrémentales antérieures. En réaction, affleurent les premiers instruments d'une politique des finances locales marquée par deux aspects

22. Entretien du 2 janv. 2014, *ibid.*

23. Loi n° 82-213 du 2 mars 1982 relative aux droits et libertés des communes, des départements et des régions, art. 102.

imbriqués : d'une part, la volonté de contrôler les transferts financiers de l'État aux collectivités qui ne cessent d'augmenter, et, d'autre part, la nécessité de maîtriser les dépenses publiques à la fois pour restaurer des marges de manœuvre budgétaires et pour converger vers les critères européens à la suite de la signature du traité de Maastricht en 1992. Nous développons ces aspects dans les parties suivantes.

1. Prise en charge croissante de la fiscalité locale par le budget de l'État

Encadré n° 1

Compensations d'exonérations et dégrèvements législatifs : des dispositifs d'allégements fiscaux qui transforment l'État en premier contribuable local

Compensations d'exonération et dégrèvements contribuent à une prise en charge croissante de la fiscalité locale par ce dernier. Ces deux types d'allégements fiscaux différents en ce que les dégrèvements s'accompagnent d'un aléa moral important. En effet, l'État se trouve exposé aux variations des taux de fiscalité adoptés par les collectivités locales : lorsque ceux-ci augmentent, la contribution versée par l'État à la place des redevables croît également.

Les compensations d'exonérations constituent des allocations annuelles versées par l'État aux collectivités pour compenser les pertes de recettes fiscales résultant des exonérations et allégements de bases décidés par voie législative. Les exonérations peuvent être décidées soit par l'État, soit par les collectivités locales (communes, EPCI, départements et régions). Lorsque les exonérations sont d'ordre législatif et s'imposent aux collectivités, l'État les compense en fonction de règles de calcul propres à chaque compensation et définies par la loi. Dans le second cas, il n'y a pas de compensation.

À la différence des dégrèvements, dans le cas des exonérations, l'allégement fiscal pour le contribuable se fait en n'inscrivant pas au rôle* le montant équivalant à l'allégement consenti.

En raison de ces règles, les compensations d'exonération ne sont pas soumises aux variations de taux et de base fiscale : cette recette perd ainsi sa nature fiscale. Son montant est donc plus prévisible pour les services comptables de l'État.

À noter, à la différence des dégrèvements, en matière comptable, celles-ci sont inscrites en prélèvement sur les recettes de l'État (il s'agit donc d'une moindre recette et non une dépense).

Les dégrèvements législatifs correspondent à une prise en charge par l'État de tout ou partie de la contribution due par les redevables. Ainsi, l'État se substitue aux entreprises assujetties pour payer l'impôt à leur place. L'opération se déroule entre le contribuable et l'État et n'implique pas les collectivités locales. Elle intervient après calcul de l'impôt et aboutit à réduire en totalité ou en partie le montant inscrit au rôle et dû par le contribuable. L'État compense entièrement aux collectivités cette perte de recettes. Il subit les variations de taux votés par les collectivités locales et les augmentations de bases. Par conséquent, le montant annuel des dégrèvements est difficilement prévisible par les services de l'État. En termes comptables, les dégrèvements sont inscrits au compte d'avances du produit de la fiscalité locale.

* Un rôle d'impôt est un « titre de créance établi par les services fiscaux en vertu duquel les comptables assurent le recouvrement des impôts directs [...]. Au plan matériel, le rôle est composé d'articles ; c'est une liste des contribuables imposés dans une même commune, à la même date et pour une même catégorie d'imposition (par exemple : rôle de taxe d'habitation, d'impôts sur le revenu...) », d'après le lexique de l'« Annuaire statistique » de 2008. URL : *http://www2.impots.gouv.fr/documentation/statistiques/annuaire2008/lex2008.htm* (consulté le : 6 sept. 2016).

Source : Direction du budget, Annexe au projet de loi de finances pour 2016, Transferts financiers de l'État aux collectivités locales (Jaune budgétaire), *2015.*

Les taxes locales directes sont globalement dynamiques du fait d'une croissance des bases et de l'augmentation des taux. Afin de limiter le poids de la charge fiscale sur les contribuables, notamment ceux dont les revenus du travail sont les plus faibles, les gouvernements successifs et les parlementaires procèdent à des exonérations de fiscalité et à des dégrèvements législatifs que le budget de l'État doit compenser entièrement ou en partie.

La compensation des allégements fiscaux génère une prise en charge croissante de la fiscalité directe locale par le budget de l'État et, indirectement, par le contribuable national. Le constat est ancien : l'État devient ainsi « le premier contribuable local »[24], selon la formule consacrée. Le risque pour les collectivités à moyen terme est une perte d'autonomie financière sans gain de progression vers un système fiscal rénové.

Comme le soulignent notamment Alain Guengant, Guy Gilbert et Patrick Le Lidec, cette prise en charge croissante de la fiscalité locale par l'État par l'intermédiaire des dégrèvements et des compensations d'exonération

> « ne résulte pas de la seule initiative, plus ou moins machiavélique, du "joueur" dominant, l'État central, qui aurait réussi à imposer finalement aux collectivités décentralisées une stratégie politique élaborée de longue date et patiemment mise en œuvre ; stratégie qui aurait visé à la disparition à terme de toute autonomie financière territoriale » (Gilbert, 2001).

24. Déjà, dans une chronique de 1987, Alain Guengant et Jean-Michel Uhaldeborde relevaient : « L'évolution préoccupante de la fiscalité locale. » « Dans la poursuite de l'objectif de stabilisation, voire de régression du taux des prélèvements obligatoires, l'État a trouvé dans les collectivités locales des partenaires doublement gênants. D'une part, elles ont continué à solliciter l'impôt local à un rythme encore soutenu. La décélération des impôts locaux a été relativement timide (A). D'autre part, compte tenu de l'engagement financier de l'État dans la régulation du système fiscal local, par un effet en retour, une telle évolution des impôts locaux a entraîné une accélération rapide du coût des dégrèvements (B). » (GUENGANT, UHALDEBORDE, 1987, p. 298).

Au contraire, la prise en charge croissante de la fiscalité locale par le budget de l'État résulte d'un effet d'action collective et doit être analysée comme « le résultat systémique des interactions entre élus locaux et responsables gouvernementaux, répétées durant trois décennies » (Le Lidec, 2011, p. 172).

2. Évitement du blâme et effets des réformes incrémentales à plus long terme

Ce système satisfait à moyen terme le pouvoir central, les élus locaux, voire les contribuables locaux, dans un évitement du blâme collectif. Le gouvernement central fait l'économie d'une modernisation de la fiscalité locale, difficile à porter politiquement : en effet, les collectivités comme les contribuables ont des intérêts si dispersés et contradictoires qu'il serait impossible de réformer sans soulever les mécontentements. Pour le gouvernement central, c'est aussi un instrument de baisse des prélèvements obligatoires pour certains groupes de contribuables, dans le cadre de politiques économique (allégement de taxe professionnelle), agricoles (allégement de taxes foncières), familiale et sociale (allégement de taxe d'habitation par exemple). Quant aux collectivités locales, elles évitent ainsi le coût politique d'une réforme qui générerait inévitablement des transferts de charge fiscale entre contribuables. Elles continuent de bénéficier d'une fiscalité locale dynamique grâce à leur pouvoir sur les taux. Ceci leur permet, d'une part, de financer des charges de décentralisation dont la croissance est plus rapide que celle des ressources de compensation transférées par l'État, qui elles sont fixées au niveau constaté à la date du transfert de compétences. La fiscalité locale dynamique leur permet, d'autre part, de financer des services et des équipements qui n'existaient pas. Grâce aux dégrèvements et aux exonérations fiscales, les élus ne supportent pas entièrement l'impopularité liée à la hausse des taux de fiscalité locale et les contribuables ne subissent pas totalement les hausses des taux de fiscalité (graphique 1).

Graphique 1

Évolution de la contribution de l'État aux quatre taxes directes locales en valeurs réelles (1993-2014)

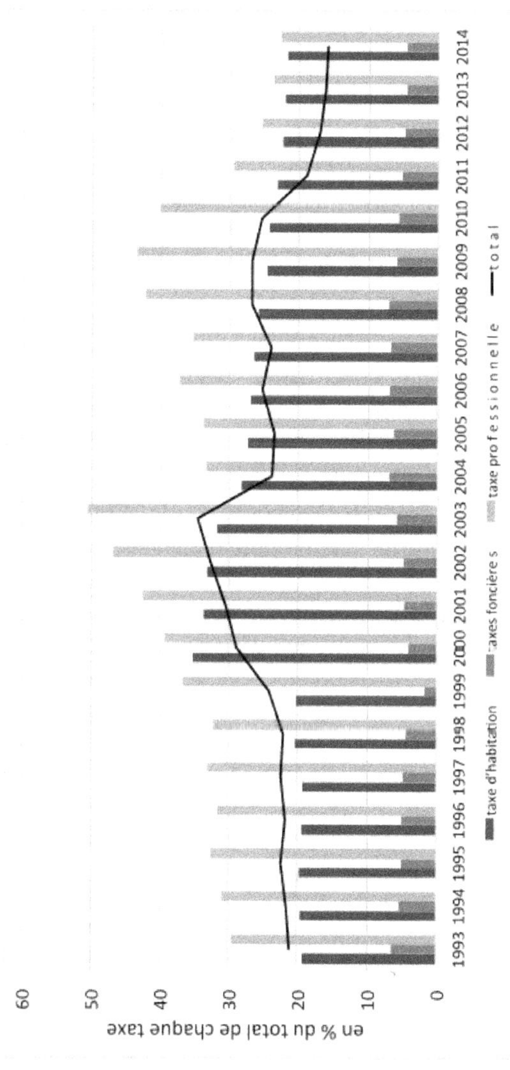

Source des données : DGFIP (données manquantes pour 1986-1989 et 1991-1994). Graphique de l'auteure.

Déjà en 1987, Alain Guengant et Jean-Michel Uhaldeborde alertaient sur l'évolution préoccupante de la fiscalité locale :

> « Dans la poursuite de l'objectif de stabilisation, voire de régression du taux des prélèvements obligatoires, l'État a trouvé dans les collectivités locales des partenaires doublement gênants. D'une part, elles ont continué à solliciter l'impôt local à un rythme encore soutenu. La décélération des impôts locaux a été relativement timide. D'autre part, compte tenu de l'engagement financier de l'État dans la régulation du système fiscal local, par un effet en retour, une telle évolution des impôts locaux a entraîné une accélération rapide du coût des dégrèvements » (Guengant, Uhaldeborde, 1987).

Le risque pour les collectivités à moyen terme est une perte d'autonomie fiscale sans progression vers un système fiscal rénové. Ce panorama décrivant des transformations des relations financières central/local sur plusieurs décennies étant dressé, la seconde partie de ce chapitre analyse des réformes spécifiques des dotations et de la fiscalité pour montrer les apports et les limites d'une lecture en termes de partage de la contrainte budgétaire pilotée par l'État.

II. Réformes des dotations, réformes fiscales à l'aune de la contrainte budgétaire

Les instruments des finances locales qui matérialisent les relations financières entre l'État et les collectivités locales, telles que les dotations ou les taxes locales, sont en partie le résultat de rapports de force entre ces différents acteurs. Par conséquent, étudier leurs changements, les résistances aux évolutions et les inerties sur plusieurs années permet de comprendre dans quelle mesure, par des réformes, l'État parvient à instaurer une politique d'austérité visant explicitement à rétablir les équilibres budgétaires ou encore à mettre en place des réformes pour rééquilibrer le système des finances locales dans un sens davantage favorable aux collectivités. La mise sous contrôle progressive de l'évolution de la dotation globale de fonctionnement traduirait ainsi une politique de partage de la contrainte budgétaire de moyen terme (A), tandis que la réforme de la taxe professionnelle tend avant tout à alléger la fiscalité des entreprises, le partage de la contrainte budgétaire n'étant qu'un objectif secondaire (B).

A. L'évolution de la DGF sous contrôle (1995-2012) : faire participer les collectivités à la maîtrise des budgets publics

1. Premières réformes d'une dotation dynamique

Créée en 1979, la DGF fait l'objet de plusieurs réformes incrémentales les années suivantes dans des lois dédiées ou des lois de finances. Ces réformes s'accumulent, tant et si bien que les objectifs de la DGF se brouillent. À l'origine, il s'agissait d'une compensation du VRTS, lui-même compensant la suppression de la taxe sur les salaires[25]. La DGF est adoptée dans le but de financer les charges de fonctionnement des communes et des départements, tout en tenant compte des origines compensatoires de la dotation. Une partie de la DGF reflète ainsi des héritages historiques sans relation avec la situation financière, économique, sociale et démographique des collectivités. Progressivement, l'objectif de péréquation des ressources, visant à répartir les recettes pour réduire les inégalités de répartition des bases fiscales, a gagné du terrain. L'ambiguïté même du concept a permis à différents groupes de collectivités locales de faire valoir leurs intérêts sous cette bannière. Ces différents objectifs, compensatoire et péréquateur, entrent progressivement en concurrence, si bien que l'on constate « un décalage croissant entre la DGF perçue par les

25. Après la Seconde Guerre mondiale, l'octroi, impôt local qui financait les budgets communaux, est remplacé par une taxe locale sur le chiffre d'affaires (loi n° 48-986 du 17 juin 1948), transformée en taxe locale sur les ventes au détail (décret n° 55-465 du 30 avril 1955). Cette dernière est supprimée une dizaine d'années plus tard (loi du 6 janvier 1966) pour conformer le droit français au droit communautaire interdisant de cumuler taxe sur la valeur ajoutée et taxe sur le chiffre d'affaires. La loi du 6 janvier 1966 remplace la taxe locale par une taxe sur les salaires dont le produit est versé en partie aux communes et aux départements. Cette dernière est remplacée en 1968 par le VRTS.

collectivités et la réalité de leurs charges de fonctionnement », comme le souligne le rapport Pirès-Beaune-Germain (2015, p. 25). Quoi qu'il en soit, la dotation globale de fonctionnement est une dotation historiquement dynamique depuis sa création en 1979, comme le montre le graphique 2 ci-dessous.

Graphique 2

*Évolution du montant de la DGF en valeurs réelles (1979-2014)**

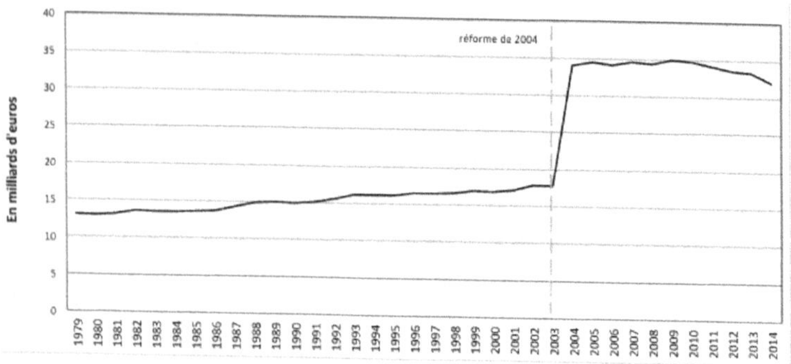

*Note : La forte hausse observée entre 2003 et 2004 correspond à la réforme de la DGF. Adoptée en loi de finances initiale pour 2004, elle intègre au sein de la DGF d'autres dotations déjà versées par l'État aux collectivités et gonfle artificiellement son montant.

Source des données : Annuaire des finances locales, « Économie et finances locales » *(avant 1993), Observatoire des finances locales (après 1993). Graphique de l'auteure.*

Plusieurs réformes s'accumulent pour tenter de limiter l'augmentation de la DGF, comme le résume l'encadré ci-dessous.

Encadré n° 2

Des marqueurs d'un processus de partage de la contrainte budgétaire

– Premières réformes de l'indexation de la DGF : 1987.

– Discours de l'austérité budgétaire : Premier ministre, Alain Juppé, 1992.

– Traduction financière : 1er pacte de stabilité financière entre l'État et les collectivités 1996-1998.

– Contrat de croissance et de solidarité : 1999-2007.

– Gel de l'enveloppe normée en volume : 2008-2010.

– Réforme de la fiscalité locale : 2009-2010.

– Gel de l'enveloppe normée en valeur : 2011-2013.

– Baisse des dotations : 2014-2017.

En 1989, une première réforme revoit l'indexation de la DGF à la baisse. Dès lors, elle évolue suivant l'indice général des prix à la consommation et non plus selon un pourcentage de TVA. L'hostilité des élus à cette mesure porte ses fruits. Ils obtiennent une légère amélioration pour les collectivités locales en 1991 et 1992 avec l'indexation sur l'inflation et une part du PIB en volume (1/2 en 1991 et 2/3 en 1992). Fin 1992, la France, comme d'autres pays européens, est touchée par une récession, certes brève, qui s'accompagne d'un discours public sur la nécessité de réduire le déficit et la dette de l'État. Le Premier ministre, Alain Juppé, prononce un discours devant la commission d'élus locaux chargée de proposer un nouveau pacte financier entre l'État et les collectivités locales : « Face à la nécessité de réduire les déficits budgétaires, l'État ne peut plus augmenter ses concours financiers aux collectivités au même rythme que dans le passé »[26]. Le redressement des finances publiques serait « la condition absolue à notre souveraineté nationale » et cet effort de maîtrise des dépenses publiques que conduit le gouvernement « implique la participation des collectivités locales »[27]. Outre des effets directs sur la charge budgétaire de l'État, les réformes limitant l'évolution des ressources locales produisent aussi des effets de contraintes indirectes des dépenses publiques locales. Les collectivités sont ainsi amenées à revoir les arbitrages en matière d'investissement et de fonctionnement.

2. Un pacte pour freiner l'augmentation de la DGF

C'est dans cet état d'esprit qu'est mis en œuvre un pacte de stabilité visant à encadrer l'évolution des dotations aux collectivités locales entre 1996 et 1998[28]. Ce pacte crée une « enveloppe normée », qui forme un périmètre comprenant plusieurs dotations, dont la principale : la DGF. L'évolution de cette enveloppe est limitée à celle des prix. Les « dotations sous enveloppe » continuent à évoluer selon leurs propres critères, à un rythme souvent plus dynamique que l'enveloppe. Une de ces dotations (la dotation de compensation de la taxe professionnelle) sert de variable d'ajustement à la baisse. Mécaniquement, ce dispositif limite la croissance des dotations sous enveloppe et contribue à stabiliser l'ensemble des concours de l'État par rapport à l'inflation.

---

26. Plan du discours du Premier ministre, Alain Juppé, pour la réunion d'installation de la commission mixte travaillant sur le pacte le 26 juillet 1995, *Archives de la Direction du budget*, PE 198/04-0014.

27. Projet d'allocution de M. Jean Arthuis, ministre de l'Économie et des Finances devant l'Institut de la décentralisation, 12 juin 1996, rédigé par Christophe Blanchard-Dignac, chef du bureau 5B, Direction du budget, *Archives de la Direction du budget*, PE 198/04-0014.

28. Loi n° 95-1346 du 30 décembre 1995 de finances initiale pour 1996.

Le pacte prend fin en 1998. Les discussions sont ouvertes entre les élus locaux, le gouvernement, le ministère de l'Intérieur et celui des Finances pour trouver un nouvel accord entre l'État et les collectivités. La croissance économique est plus dynamique, les élus locaux obtiennent une meilleure indexation de l'enveloppe normée, dite indexation sur l'inflation plus une part de la croissance. Est-ce le signe du retour au modèle précédent de libre administration, et d'une sorte de « retour à un âge d'or » ? S'agit-il davantage d'une parenthèse dans le début de ce qui s'annonce comme un autre modèle ? Le contrat est reconduit d'année en année jusqu'en 2007, mais avec des incertitudes croissantes et au prix de bras de fer répétés entre les collectivités et le gouvernement.

3. Généraliser la contrainte budgétaire à toutes les administrations publiques

Différents indices d'un changement de modèle dans la gestion budgétaire par l'État s'accumulent avec pour mots d'ordre « performance », « maîtrise des dépenses publiques » et « partage de la contrainte budgétaire ».

Tout d'abord, plusieurs rapports (Camdessus, 2004 ; Richard, 2006 ; Pebereau, 2006) portant sur la maîtrise des dépenses de l'État appellent à la « généralisation à l'ensemble de la sphère publique de la contrainte budgétaire et financière » (Camdessus, 2004, p. 133), pour reprendre la formulation du rapport de Michel Camdessus, gouverneur honoraire de la Banque de France, commandité par le ministre de l'Économie, des Finances et de l'Industrie, Nicolas Sarkozy. Un autre rapport, publié deux ans plus tard sous l'égide de Pierre Richard, fait état des relations financières central/local en ces termes :

> « S'il semble, en première analyse, que les collectivités ne sont pas concernées par les déséquilibres qui affectent les finances publiques, la réalité est différente : les difficultés rencontrées par l'État sont aussi celles des collectivités, dans la mesure où celui-ci est – de manière croissante – leur premier financeur [...] » (Richard, 2006, p. 1).

Ensuite, l'adoption, en 2001, de la Loi organique relative aux lois de finances et sa mise en œuvre à partir de la loi de finances pour 2006 traduit une inflexion dans la conception des politiques publiques : les « fonctionnaires gestionnaires managers » se voient accorder plus de responsabilités, mais dans un cadre contraint par des objectifs de performance à atteindre (Calmette, 2006 ; Trosa, 2006). Alain Lambert et Didier Migaud, parlementaires porteurs du projet de loi à l'origine de la LOLF insistent sur ce point :

> « Les dispositions de la LOLF ont été conçues pour induire un État plus efficace au moindre coût au service des Français [...]. La LOLF modifie la perspective de la gestion publique, en substituant une gestion orientée vers les résultats à la traditionnelle gestion orientée vers les moyens [...]. La colonne vertébrale de la nouvelle gestion publique est l'architecture du budget de l'État en missions et programmes » (Lambert, Migaud, 2006, p. 11-13).

Dans une logique proche, la révision générale des politiques publiques (RGPP) lancée à partir de 2007 par le président Nicolas Sarkozy impose des mesures d'économie budgétaire (Kott, 2010 ; Bezès, Le Lidec, 2010).

Enfin, la révision constitutionnelle du 23 juillet 2008 introduit la programmation pluriannuelle des finances publiques. Cette dernière a pour objectif de définir les orientations pluriannuelles des finances publiques et devant s'inscrire dans « l'objectif d'équilibre des comptes des administrations publiques »[29], comme le présente Bercy. Performance, maîtrise des dépenses publiques et partage de la contrainte budgétaire sont donc les idées véhiculées par ces rapports et ces textes législatifs.

29. *Programmation pluriannuelle des finances publiques et budget triennal de l'État*, en ligne, consulté le 27 novembre 2015.

4. Un nouveau contrat à la baisse

C'est dans ce contexte que le projet de loi de finances pour 2008 remplace le contrat de croissance par un contrat de stabilité semblable au pacte de stabilité de 1996-1998 : l'« enveloppe des concours de l'État », plus large que l'enveloppe normée des dotations aux collectivités, est désormais uniquement indexée sur l'inflation. Il en est de même pour la DGF.

Il faut rappeler qu'en loi de finances pour 2003[30], l'État s'est imposé une norme de dépenses figée en volume « dégager des marges de manœuvre réellement pérennes et d'accélérer à la fois le désendettement de l'État et la réduction des prélèvements obligatoires » (rapport Carrez, 2002). De la sorte, ses dépenses n'augmentent pas plus que l'inflation prévisionnelle. La loi de finances pour 2008 étend le périmètre de cette norme de dépenses aux prélèvements sur les recettes de l'État au profit des collectivités locales. Or, l'enveloppe normée des dotations versées aux collectivités locales est un prélèvement sur recettes. Elle est donc incluse dans le périmètre de la norme de dépenses de l'État. Tout comme les dépenses de l'État, l'enveloppe normée des dotations aux collectivités locales est gelée en volume (art. 36, loi de finances initiale pour 2008) dans le cadre d'un nouveau contrat de stabilité valable sur un an : elle sera indexée en 2008 sur la seule inflation hors tabac, de même que la DGF.

Toujours dans une perspective de maîtrise et de réduction des dépenses publiques, cette norme « zéro volume » est durcie par l'adoption d'une norme « zéro valeur » (loi de finances pour 2011). Les dépenses de l'État sont strictement gelées à leur niveau de 2010 : le pouvoir d'achat de l'État ne suit plus l'inflation et sera réduit d'autant si celle-ci augmente. L'objectif est bien de contraindre les ministères à réduire leurs dépenses de fonctionnement. Si le gouvernement ne peut pas toucher aux autres composantes de la norme de dépenses de l'État (crédits budgétaires et taxes affectées) ou s'il

30. Loi n° 2002-1575 du 30 décembre 2002 de finances initiale pour 2003.

souhaite répartir l'effort entre les administrations publiques, l'un des leviers d'action consiste à réduire les prélèvements sur recettes versés aux collectivités locales, en alternative ou en complément. C'est ce que l'on observe avec l'annonce du gel en volume, puis en valeur des dotations de l'enveloppe des concours de l'État aux collectivités territoriales, puis leur réduction à partir de la loi de finances pour 2014 (graphique 3).

Graphique 3

Évolution des dotations sous enveloppe normée (dont DGF) et hors enveloppe (1994-2015)

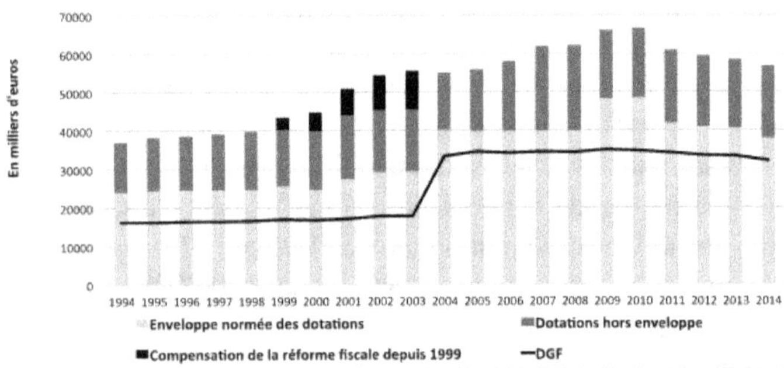

Source : Rapports de l'Observatoire des finances locales. *Graphique de l'auteure.*

En somme, des dispositifs de contraintes sont mis en œuvre pour limiter la croissance des transferts financiers de l'État vers les politiques publiques. Ils découlent d'une politique de contrôle des dépenses publiques que l'on peut relier aux engagements européens de la France, à une conception de la « bonne gestion budgétaire » et à l'anticipation des réactions des marchés financiers si cette politique n'était pas conduite. D'autres réformes, comme celle de la taxe professionnelle, contribuent également à la mise en œuvre de la contrainte budgétaire, mais de manière plus discrète et à plus long terme.

B. La réforme de la taxe professionnelle (2010) : la contrainte budgétaire sur les collectivités comme objectif second

En 2009, le président de la République, Nicolas Sarkozy, se saisit de l'opportunité ouverte par un contexte de crise économique exceptionnel pour remettre à l'agenda la suppression de la taxe professionnelle. Depuis sa création en 1975, la taxe professionnelle constituait en moyenne la moitié des recettes fiscales des collectivités locales et a largement contribué à financer le développement des services publics décentralisés. Chère aux élus locaux, cette taxe a fait l'objet de nombreuses réformes incrémentales qui ont progressivement déstabilisé sa légitimité.

En loi de finances pour 2010, la taxe professionnelle disparaît, remplacée par une contribution économique territoriale (CET), assise sur d'autres bases fiscales et allouée différemment aux collectivités. La réforme vise explicitement à alléger la fiscalité pour les entreprises. Ces dernières payent en 2010 entre 7,5 milliards et 8,2 milliards d'euros[31] de moins que ce qu'elles auraient dû payer si la taxe professionnelle était toujours en vigueur. À cette réforme menée pour les entreprises se raccrochent des objectifs, plus discrets, de renforcement du contrôle budgétaire sur les recettes des collectivités locales.

1. Pour les collectivités, une spécialisation fiscale accrue

La réforme de la taxe professionnelle est plus largement une réforme de la fiscalité locale dans la mesure où elle opère une nouvelle répartition des ressources de fiscalité directe locale entre les niveaux de

31. Comme le note le rapport du sénateur Charles Guené, « La différence des évaluations de la charge fiscale des entreprises consécutive à la réforme de la taxe professionnelle s'explique principalement par les dispositifs de lissage mis en place pour les entreprises dites "perdantes" et par les effets de la cotisation minimum de CET. Ces différences de méthodologie soulèvent le problème de l'évaluation précise de l'efficacité de la réforme » (GUENÉ, p. 17).

collectivités. Cette transformation aboutit à davantage de spécialisation fiscale : une plus grande partie de la fiscalité locale est allouée à un seul niveau de collectivités (voir tableau 1).

Tableau 1

Davantage de spécialisation fiscale après la réforme de 2009

Impôt partagé entre...	Avant réforme	Après réforme
Taxe d'habitation	2 niveaux	1 niveau
Taxe sur le foncier non bâti	3 niveaux	1 niveau
Taxe sur le foncier bâti	3 niveaux	2 niveaux
Taxe professionnelle	3 niveaux	-
Cotisation foncière des entreprises (CFE)	-	1 niveau
Cotisation sur la valeur ajoutée des entreprises (CVAE)	-	3 niveaux
Imposition forfaitaire sur les entreprises de réseaux (IFER)	-	3 niveaux

Source : L'auteure.

Celle-ci est présentée par le gouvernement comme par les parlementaires comme un moyen de renforcer la lisibilité du système fiscal. Elle renforce en effet la redevabilité fiscale des élus locaux envers les contribuables. Ces derniers seraient mieux à même d'identifier quel niveau de collectivité est responsable de l'évolution des taux de fiscalité directe locale et donc auraient la possibilité de les sanctionner électoralement si les taux augmentaient trop fortement. Renforcer la spécialisation fiscale permettrait ainsi de limiter la hausse des taux, indolore électoralement lorsqu'une même base fiscale est partagée entre la région, le département, les communes et leurs groupements.

2. Pour l'État, des effets budgétaires différenciés à court et moyen terme

L'une des conditions – constitutionnelle, mais aussi politique – de possibilité *a minima* de la réforme reste la compensation, auprès des collectivités, des pertes de fiscalité professionnelle occasionnées, telles qu'elles sont constatées à la date de la réforme. Afin de respecter l'autonomie financière locale, principe constitutionnel (Constitution, art. 72-2), l'État leur transfère des recettes fiscales qui abondaient son budget (taxe sur les conventions d'assurances et la part des droits de mutation à titre onéreux qu'il conservait) et leur verse des compensations (compensation-relais pour 2010, et dotation de compensation de la réforme de la taxe professionnelle pour les années suivantes).

En parallèle, d'autres dégrèvements d'impôts sont supprimés à la suite de cette réforme ayant pour effet de diminuer le montant des prélèvements sur recettes de l'État. C'est le cas par exemple de la suppression du plafonnement à la valeur ajoutée[32] qui génère une économie de 10 milliards d'euros en 2011 et de 10,8 milliards en 2012[33]. La somme des nouvelles compensations étant inférieure à celle des dégrèvements supprimés, l'État parvient à réduire sa prise en charge de la fiscalité locale. La réforme rompt partiellement avec le mécanisme consistant à faire de l'État le « premier contribuable ». Le graphique 4 ci-dessous montre que la part de la taxe professionnelle, puis de son équivalent, la contribution économique territoriale, due par les entreprises et payée par l'État, diminue à partir de 2010.

32. Grâce au plafonnement à la valeur ajoutée, un dégrèvement pouvait être obtenu par l'entreprise lorsque sa cotisation était supérieure à 3,5 %, 3,8 % ou 4,0 % de sa valeur ajoutée, le plafond applicable dépendant de son chiffre d'affaires.

33. GUENÉ, 2012, p. 46.

Graphique 4

Évolution de la contribution de l'État à la taxe professionnelle et à la contribution économique territoriale en valeurs réelles (2004-2014)

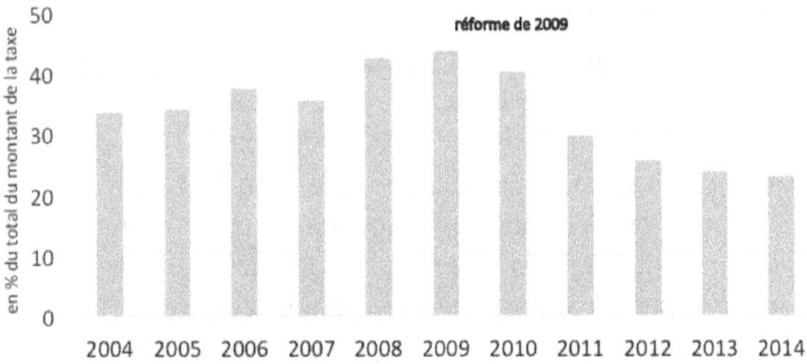

Source des données : DGFIP. Graphique de l'auteure.

L'un des objectifs explicites de la réforme est ainsi atteint. En effet, le système de substitution de l'État aux contribuables locaux est en partie rompu, ainsi qu'en témoigne un haut fonctionnaire, antérieurement en poste à la Direction de la législation fiscale : « On a cassé la dynamique infernale où l'État paye à guichet ouvert des impôts qu'augmentent les collectivités locales[34]. » Comme l'explique le rapport de la sénatrice Marie-France Beaufils,

> « sous l'effet de la réforme de la fiscalité directe locale, les remboursements et dégrèvements imputables à la TP ou aux nouvelles impositions seront passés de 13,5 à 5,6 milliards d'euros [de 2009 à 2012], soit une diminution de près de 60 % » (Beaufils, 2011, p. 23).

34. Entretien du 19 janv. 2015, haut fonctionnaire, antérieurement en poste à la Direction de la législation fiscale.

À moyen terme, cette réforme permet également à l'État de mieux contrôler l'une de ses dépenses les plus dynamiques envers les collectivités. Par conséquent, elle pourrait aussi s'interpréter comme une politique d'austérité. Néanmoins, pour l'État, selon un rapport du gouvernement, le coût net de cette réforme (recettes supplémentaires moins dépenses supplémentaires) s'élève à 7,8 milliards d'euros pour 2010, à 3,5 milliards pour 2011 et est estimé à environ 4 ou 5 milliards annuels à partir de 2012 (gouvernement, 2012). À titre comparatif, le budget prévisionnel consacré à la recherche en 2016 s'élève à 7,71 milliards d'euros. Ce coût budgétaire s'explique notamment par le fait que la moindre prise en charge de la fiscalité locale était un objectif secondaire de la réforme.

***
*

Retracer les évolutions longues des finances publiques locales nous conduit à nuancer une analyse restreinte aux réformes adoptées depuis 2010 et qui conclurait à la mise en œuvre récente de politiques d'austérité. Ainsi, du milieu des années 1970 au début des années 1990, s'accumulent des réformes en matière de dotations, d'emprunt et de fiscalité locale. Elles ouvrent aux collectivités l'accès à des recettes diversifiées et importantes en volume. Ce système, qui contribue au financement de la décentralisation des compétences, s'accompagne d'une progression de la dotation globale de fonctionnement et d'une prise en charge croissante de la fiscalité locale par l'État suivant une stratégie de *blame avoidance*, adoptée par l'État comme par les collectivités et leurs représentants. Dans un contexte où les finances publiques, toutes administrations confondues, font l'objet d'une vigilance croissante de l'Union européenne et des investisseurs depuis les années 1990, le maintien du système des finances publiques locales en l'état devient un but à part entière. Dans le cadre de ce « ménage à trois », incluant les finances de l'État, des administrations de Sécurité sociale et des collectivités, les réformes des instruments de finances locales intègrent des objectifs propres au rétablissement de grands équilibres budgétaires et économiques. Elles s'inscrivent dans une dynamique historique de rationalisation des choix budgétaires à plus long terme. Propre à une société de marché, cette dynamique implique davantage de rigueur dans l'allocation des recettes. Elle est accentuée par l'intégration au sein d'une zone monétaire unique et par une valorisation croissante de la dette publique sur les marchés financiers.

L'analyse des réformes apporte des éclairages complémentaires. La réforme de la fiscalité locale de 2009, ayant pour objectif principal d'alléger la fiscalité des entreprises dans un contexte de crise économique, n'a pas adressé aux élus locaux un message explicite de renforcement de la contrainte budgétaire, tout en mettant en place des mesures discrètes en ce sens. À l'inverse, avec la réduction des dotations qui intervient à partir de 2014, le signal est plus explicite : il s'agit de partager la contrainte budgétaire. Du côté des collectivités, l'acceptation de cette mesure est facilitée par une lente assimilation du discours de l'impérieuse obligation de maîtriser les budgets publics, qui circule au moins depuis le début des années 1990 en France, sans discours alternatif audible. Le contexte de crise des dettes souveraines et de la zone monétaire européenne renforce l'effet de « naturalisation » de ce discours qui n'est plus discuté. S'y ajoute un aspect moralisant qui rappelle la fable de La cigale et de la fourmi : il est vertueux d'épargner pour investir et l'investissement amène la croissance. Au contraire, dépenser conduit à consommer, et consommer à s'endetter.

Si la réduction des dotations qui s'opère depuis 2014 peut s'interpréter comme une mesure supplémentaire pour associer les collectivités à la maîtrise des budgets publics, la politique conduite en France reste prudente, comparée à celle menée par d'autres pays européens. Or, la manière de partager la contraindre budgétaire constitue un indice de la capacité des élus locaux à défendre leurs budgets face au gouvernement et aux administrations centrales. Ainsi, en Allemagne, un amendement de la Constitution en 2009 remplace la règle d'or de l'équilibre budgétaire par un *« debt brake »*. Cette réforme requiert que l'État central et les *Länder* atteignent l'équilibre budgétaire sans recourir à un endettement supplémentaire à l'horizon de 2016 pour le premier et 2020 pour les seconds, Deutsche Bundesbank, 2011 (OCDE, 2012). L'Espagne a, quant à elle, introduit dans la Constitution une limite aux déficits structurels et à l'endettement du gouvernement central, des communautés autonomes et des gouvernements locaux. Elle établit également un plafonnement de la croissance des dépenses publiques en fonction de la croissance du PIB en valeur nominale (OCDE, 2012). En Grande-Bretagne, les collectivités ont vu leurs recettes diminuer drastiquement à la suite des coupes opérées par l'État central dans les subventions versées (Hastings *et al.*, 2015). En France, rien de tout cela. La baisse des dotations et ses modalités ont été négociées avec les collectivités. Un objectif d'évolution de la dépense locale (ODEDEL) a bien été adopté dans le cadre de la loi de programmation des finances publiques pour la période 2014-2019 (art. 11). Cependant, il n'a qu'une valeur indicative pour le moment et ne contraint en rien les collectivités. Autrement dit, la capacité des élus locaux à faire valoir leurs intérêts reste suffisamment forte pour que la contrainte ne puisse s'appliquer par des changements d'ampleur imposés unilatéralement par l'État. Dans la majorité des cas, celle-ci se traduit dans des réformes incrémentales.

Bibliographie

- BEAUFILS M.-F., *Rapport n° 107 (2011-2012), tome III, Annexe n° 24, Loi de finances pour 2012, moyens des politiques publiques et dispositions spéciales (remboursements et dégrèvements)*, Paris, Sénat, 2011.
- BEZES P., « Le renouveau du contrôle des bureaucraties », *Informations sociales*, 126, (6), 2005, p. 26-37.
- BEZES P. et LE LIDEC P., « La politique d'ajustement budgétaire en France (2007-2012). Institutions et stratégies d'évitement du blâme », *Revue Internationale des Sciences Administratives*, 81 (3), 2015, p. 523-547.
- CALMETTE J.-F., « La Loi organique relative aux lois de finances (LOLF) : un texte, un esprit, une pratique », *Revue française d'administration publique*, 117 (1), 2006, p. 43-55.

- CAMDESSUS M., *Le sursaut? Vers une nouvelle croissance pour la France*, Paris, La Documentation française, 2004.
- DEUTSCHE BUNDESBANK, « The debt brake in Germany, key aspects and implementation », 2011, p. 10.
- FREVILLE Y., *Les finances des collectivités locales au début des années 1960. Une approche statistique au niveau des grandes villes de province*, Thèse d'économie, Université Rennes 1, 1966.
- GILBERT G., « Les finances des collectivités décentralisées et les relations financières entre niveaux de collectivités en France. Tendances et perspectives », Symposium organisé par la Commission sur le déséquilibre fiscal, Québec, 2001.
- GIUILY E., *Il y a 30 ans, l'acte I de la décentralisation ou l'histoire d'une révolution tranquille*, Paris, Berger Levrault, 2012.
- GOUVERNEMENT FRANÇAIS, *Conséquences de la réforme de la fiscalité directe locale induites par la suppression de la taxe professionnelle*, Rapport, Paris, 2012.
- GUENE C., *Rapport d'information au nom de la mission commune d'information sur les conséquences pour les collectivités territoriales, l'État et les entreprises de la suppression de la taxe professionnelle et de son remplacement par la contribution économique territoriale*, Sénat, 2012.
- GUENGANT A., « Libéralisation du crédit et mutation du comportement d'endettement des collectivités locales », *Politiques et management public*, 6 (2), 1988, p. 47-67.
- GUENGANT A. et UHALDEBORDE J.-M., « 7. Économie et finances locales », *Annuaire des collectivités locales*, CNRSEDITIONS, 7 (1), 1987, p. 287-314.
- HASTINGS A., BAILEY N., GANNON M., BESEMER K. et BRAMLEY G., « Coping with the Cuts? The Management of the Worst Financial Settlement in Living Memory », *Local Government Studies*, 41 (4), 2015, p. 601-621.
- HERRANT T., « La Caisse des Dépôts et la dette locale », *Revue d'économie financière*, 1 (1), 1991, p. 267-285.

- HERTZOG R., « Le ménage à trois : État, collectivités locales et Sécurité sociale, ou pourquoi l'autonomie fiscale des collectivités locales ne progressera pas ! », *Annuaire des collectivités locales*, CNRSEDITIONS, 22 (1), 2002, p. 61-74.
- DE KERVASDOUE J., FABIUS L., MAZODIER M. et DOUBLET F., « La loi et le changement social : un diagnostic. La loi du 16 juillet 1971 sur les fusions et regroupements de communes », *Revue française de sociologie*, 17 (3), 1976, p. 423-450.
- KOTT S., « La RGPP et la LOLF : consonances et dissonances », *Revue française d'administration publique*, 136, 2010, p. 881-893.
- LALUMIERE P., *Les finances publiques*, Paris, Armand Colin, 1983.
- LE GALES P. et SCOTT A. J., « Une révolution bureaucratique britannique ? : Autonomie sans contrôle ou "Freer markets, more rules" », *Revue française de sociologie*, 49 (2), 2008, p. 301-330.
- LE LIDEC P., *Les maires dans la République : l'Association des Maires de France, élément constitutif des régimes politiques français depuis 1907*, Thèse de science politique, Paris-I, 2001.
- LE LIDEC P., « Chapitre 2. La décentralisation, la structure du financement et les jeux de transfert de l'impopularité en France », *in* P. BEZES et A. SINE (dir.), *Gouverner (par) les finances publiques*, Paris, Presses de Sciences Po, 2011, p. 149-192.
- OECD, *Restoring Public Finances*, OECD Publishing, 2012.

GUICHARD O., *Vivre ensemble, Rapport de la commission de développement des responsabilités locales*, 1976.

- PEBEREAU M., *Rompre avec la facilité de la dette publique. Pour des finances publiques au service de notre croissance économique et de notre cohésion sociale*, Paris, La Documentation française, 2006.
- PERRET B., « De l'échec de la rationalisation des choix budgétaires (RCB) à la loi organique relative aux lois de finances (LOLF) », *Revue française d'administration publique*, 117 (1), 2006, p. 31-41.
- PIERSON P., « From Expansion to austerity. The new politics of taxing and spending », *in* M.A. LEVIN, M.M. SHAPIRO et M.K. LANDY (dir.), *Seeking the Center: Politics and Policymaking at the New Century*, Georgetown University Press, 2001, p. 54-80.

- PIRES-BEAUNE C. et GERMAIN J., *Pour une dotation globale de fonctionnement équitable et transparente : Osons la réforme*, Paris, La Documentation française, 2015.
- RICHARD P., *Les enjeux de la maîtrise des dépenses publiques locales*, Paris, Ministère de l'Économie, des Finances et de l'Industrie, 2006.
- SINE A., *L'ordre budgétaire : l'économie politique des dépenses de l'État*, Paris, Economica, 2006.
- STREECK W., « The Rise of the European Consolidation State », MPIfG Discussion paper, 15/1, 2015.
- STREECK W., « The Politics of Public Debt. Neoliberalism, Capitalist Development and the Restructuring of the State », MPIfG Discussion paper, 13/7, 2013.
- TROSA S., « La loi organique relative aux lois de finances (LOLF) : contrôle ou liberté ? », *Revue française d'administration publique*, 117 (1), 2006, p. 57-68.
- WEBER M., *Économie et société, Tome 1. « Les catégories de la sociologie »*, Paris, Pocket, 2003,
- WEBER M., *Économie et société. Tome 2. « L'organisation et les puissances de la société dans leur rapport avec l'économie »*, Paris, Pocket, 2003.
- WILDAVSKY A., *The Politics of the Budgetary Process*, Little, Brown and Company, 1979.
- WILDAVSKY A., *Budgeting: A Comparative Theory of Budgetary Processes*, Little, Brown, 1975.

Chapitre 2

LA FISCALITÉ LOCALE, UNE FONCTION D'AJUSTEMENT POTENTIELLE PLUTÔT QU'EFFECTIVE

Françoise NAVARRE
Maître de conférences
École d'Urbanisme de Paris, Lab'Urba

La contribution des entreprises aux budgets locaux s'est allégée avec la suppression de la taxe professionnelle, intervenue en 2010[1]. L'un des objectifs annoncés de la réforme consistait bien à « restaurer la capacité de nos entreprises à investir, à embaucher et à conquérir de nouveaux marchés, pour que notre économie puisse renouer avec une croissance forte et riche en emplois » (*Jaune budgétaire*, 2010). La vocation de la fiscalité locale n'est donc pas seulement de procurer des ressources aux collectivités ; elle sert également des objectifs de régulation macroéconomique.

Traitant, en 1984, des marges de manœuvre à la disposition des décideurs locaux en matière de taxation, J.-M. Uhaldeborde[2] notait que « les choix fiscaux communaux sont désormais appelés à s'ins-

1. Les produits des impôts économiques bénéficiant à l'ensemble des collectivités s'élevaient à un peu plus de 31 milliards d'euros en 2010, ils atteignent environ 25 milliards d'euros en 2014 (source : *Les Collectivités locales en chiffres [CLEC]*, 2015).

2. J.-M. UHALDEBORDE, « Les politiques fiscales des communes : marges de manœuvres et manœuvres à la marge », *Politiques et management public*, vol. 2, nº 4, numéro spécial « Les communes et le management », 1984, p. 7-37.

crire dans une orientation politique majeure : la réduction des déficits publics et la diminution du poids des prélèvements obligatoires ». Les propos demeurent d'actualité. Au nom d'impératifs d'austérité ou de rigueur, après avoir stagné, les versements de l'État en direction des collectivités diminuent progressivement. Il n'est pas exclu que les élus locaux, soucieux du maintien de l'équilibre des budgets de leurs collectivités et de la préservation des niveaux de dépenses, accroissent la pression fiscale qu'ils exercent sur leurs contribuables. De telles orientations iraient à l'encontre de l'usage modéré qu'ils ont fait jusque-là du levier fiscal. Les contraintes peuvent néanmoins être les plus fortes.

Se pose alors la question de l'usage fait au niveau local du pouvoir fiscal dont les élus sont détenteurs. Les impôts locaux servent-ils effectivement de variables d'ajustement, dans un contexte à la fois contraint et évolutif? Malgré la diminution des dotations, les niveaux de taxation et leurs variations s'inscrivent-ils dans la continuité des tendances antérieures ou bien au contraire, dans une forme de rupture? Les évolutions sont-elles analogues dans tous les types de territoires? Dans l'ensemble, l'exercice de l'autonomie fiscale locale par les gouvernements décentralisés va-t-il ou non à l'encontre des impératifs propres au gouvernement central?

En mobilisant la littérature dédiée et des données usuelles, on s'attache de diverses façons à apporter des éléments de réponse à ces interrogations ainsi qu'à les spécifier.

I. La fiscalité locale et les dotations étatiques, prises dans un jeu d'interdépendances

A. Fiscalité locale et dotations, des enjeux partagés

Au sein des comptes des collectivités locales, les produits des ressources d'origine fiscale et les versements de l'État occupent une place majeure. En 2014 par exemple, les impôts locaux représentaient près de 39 % des recettes de fonctionnement des collectivités; la dotation globale de fonctionnement (DGF), principal concours financier en provenance de l'État, comptait quant à elle pour 21 % des recettes en question[3]. Ne serait-ce qu'en raison de cette importance quantitative, la progression respective de ces deux postes budgétaires fait l'objet d'une vive attention de la part des décideurs tant locaux que nationaux. L'accès aux ressources en jeu conditionne en effet pour les premiers l'équilibre des budgets des collectivités dont ils ont la charge, leurs capacités à soutenir les actions dans lesquelles ils s'engagent. Du point de vue des seconds, la dévolution de fonds aux entités infranationales signifie autant de dépenses étatiques ; reconnaître aux collectivités une capacité de taxation, c'est susciter des restrictions dans le pouvoir du gouvernement central d'imposer, quand cette faculté a longtemps été tenue comme un de ses attributs majeurs. Le pouvoir de prélever des impôts, la nature même des contributions, le montant des diverses dotations et leurs évolutions font ainsi l'objet de débats récurrents entre les représentants des collectivités et ceux de l'État.

Ces débats courent au moins depuis les années 1980, marquant en France le début du processus de décentralisation. Un transfert de compétences en direction des collectivités ne peut en effet aller sans une dévolution d'un pouvoir local de mobiliser des ressources, soit une autonomie financière, et d'un pouvoir local de dépenser, soit encore une autonomie budgétaire (Dafflon, Madiès, 2008). La Constitution, garantit ainsi la libre administration des collectivités (art. 72) et précise les contenus du principe même d'autonomie financière[4]. Est également reconnue aux collectivités une autonomie fiscale. Les élus locaux, au moins en France, sont attachés à ce que leur soit garanti un pouvoir de moduler le taux des impôts revenant à leurs collectivités. Le maniement du levier fiscal leur semble consubstantiel de l'exercice de leur mandat. La revendication peut

3. Qui s'élevaient à un peu plus de 193 milliards d'euros (source : *CLEC*, 2016).

4. « Les collectivités territoriales bénéficient de ressources dont elles peuvent disposer librement dans les conditions fixées par la loi » – article 72-2 de la Constitution créé par la loi constitutionnelle n° 2003-276 du 28 mars 2003.

s'entendre. La décentralisation a pour vocation d'ajuster au mieux la production de services publics aux préférences locales (Derycke, Gilbert, 1988). L'efficacité et le surplus de bien-être qui en résultent ne prennent pleinement leur sens que s'il existe un système de régulation et de responsabilisation en conséquence. L'impôt local vient jouer ce rôle, la disponibilité des produits fiscaux contenant pour les élus l'offre de services, le paiement des taxes limitant la demande des contribuables. Dans cette perspective, aux décideurs locaux sont accordées des facultés d'adapter les volumes des produits fiscaux aux besoins des missions qui leur sont confiées[5], au nom de la légitimité que leur confèrent les suffrages.

B. Impôts des collectivités et versements étatiques, d'inévitables complémentarités

Que ce soit en théorie (Gilbert, 2009) ou en pratique (CPO, 2010), les impôts locaux souffrent de nombreux défauts. La matière imposable est inégalement répartie entre les circonscriptions territoriales surtout lorsqu'elles sont, comme les communes françaises, à la fois nombreuses et de petite taille[6]. Les assiettes foncières, à partir desquelles la plupart des taxes locales sont établies, reflètent mal les capacités contributives des redevables. Leur évaluation se heurte

---

5. Dans certaines limites toutefois : l'autonomie fiscale locale est contenue par la loi; des taux plafonds s'imposent impôt par impôt, de façon à limiter les variations interterritoriales des niveaux de taxation; des limites sont posées aux variations annuelles et conjointes des taux de façon à contenir les transferts fiscaux entre contribuables, au sein d'une même collectivité; la règle dite des plafonds se cumule alors avec une règle dite des liens (les instructions annuelles fixant ces dispositions sont consultables à l'adresse : *http://www.collectivites-locales.gouv.fr/instructions-fiscales-4*).

6. Malgré la montée en puissance des intercommunalités, la fiscalité locale demeure largement communale : en 2014, les communes percevaient près de 49 milliards d'euros au titre des impôts locaux; leurs intercommunalités à fiscalité propre recevaient environ 23 milliards d'euros et en reversaient une partie à leurs communes membres (source : *CLEC*, 2016).

à de multiples obstacles. Malgré plusieurs ravaudages successifs (Guengant *et al.*, 2005), la fiscalité locale demeure peu en accord avec des principes d'équité interterritoriale et interpersonnelle. Tout en étant primordiale, sa place au sein des recettes locales est alors nécessairement contenue. Au moins pour cette raison, des versements de l'État viennent alimenter les budgets locaux. Notamment parce que leur assiette est plus large, les prélèvements nationaux sont entachés de moindres limitations que les impôts locaux. Outre une finalité d'allocation de ressources, les dotations étatiques visent d'ailleurs à atténuer une part des imperfections du système fiscal local. Ainsi en va-t-il des versements effectués au titre de la péréquation. C'est également le cas des compensations fiscales versées par l'État aux collectivités : ces montants leur sont alloués en tant que remboursements d'exonérations octroyées aux contribuables locaux et résultant de décisions prises par le législateur. Notons que, tout en remédiant à certaines limites propres aux impôts des collectivités et en contribuant à accorder la logique des prélèvements opérés au niveau local à des objectifs poursuivis au niveau national[7], les allégements et versements en question ont comme effet de distendre le lien entre le produit voté par les décideurs locaux et les montants acquittés par leurs contribuables. Ils atténuent la portée responsabilisante de l'impôt, sa vertu locale (Fréville, 2003). L'ensemble de ces traits atteste entre autres de l'existence, d'une multiplicité de liens de

7. Ainsi en va-t-il par exemple de la compensation de la suppression de la fraction imposable des salaires dans les bases de la taxe professionnelle (intervenue entre 1999 et 2003), et qui est désormais partie intégrante de la DGF. Cette suppression était destinée à limiter les différentiels de prélèvements selon les secteurs d'activité et également, à relancer la dynamique de l'emploi. Les exonérations de taxe d'habitation en direction des personnes de condition modeste, ou encore son plafonnement sous conditions de revenu, etc. sont encore destinés à limiter les inégalités dont la taxation est source.

dépendance et de complémentarité entre fiscalité locale et dotations de l'État aux entités décentralisées, se manifestant par l'intermédiaire de divers mécanismes.

Les équilibres entre imposition revenant aux collectivités et versements en provenance de l'État sont contingents. Ils évoluent au cours du temps, en lien avec le contexte économique et également en fonction des rapports de force, variables, dans lesquels acteurs locaux et nationaux sont enserrés (Le Lidec, 2011). Qui accepte finalement de supporter l'impopularité résultant des prélèvements fiscaux ? Le blâme[8] repose-t-il sur l'État devant abonder ses dotations en direction des collectivités financées en faisant appel au contribuable national ? Est-il plutôt transféré vers le niveau local, ses représentants étant contraints d'user du levier fiscal et de leur pouvoir de taux ? Des solutions de compromis fixent les volumes des fonds en jeu, la structure des taxes à disposition des collectivités comme celle des transferts financiers en leur direction. Les échanges autour de la formalisation constitutionnelle de l'autonomie financière locale (Bouvier, 2011) ou bien de la réforme projetée de la DGF (Germain, Pirès-Beaune, 2015) illustrent à leur façon la portée des enjeux.

C. Impôts locaux et dotations, entre croissance et mesures d'économie

La teneur même de ces enjeux s'est modifiée dans la période récente. Les secousses économiques et financières intervenues en 2008 sont venues donner un nouveau tour à la « crise » des finances publiques (Hertzog, 2012). Les critères européens, énoncés dans le traité de Maastricht (1992), avaient déjà signé la nécessité d'une réduction de la dette et du déficit publics[9]. Il est récemment apparu avec acuité

---

8. Au sens où le définit H. Caune, *« Blame avoidance »* (évitement du blâme) : H. Caune, *Dictionnaire des politiques publiques*, éd. Presses de Sciences Po (3e éd.), 2010, p. 114-123.

9. Pour l'ensemble du secteur public, le déficit doit se situer en deçà de 3 % et l'endettement doit être inférieur à 60 % du PIB.

que les modalités mises en place afin de redresser les comptes publics devaient être repensées. En particulier, les collectivités locales sont de plus en plus associées à la dynamique de redressement. Elles sont l'une des composantes de la sphère publique : de leur endettement et de leur besoin de financement dépend l'atteinte des objectifs que se fixe l'ensemble de l'appareil public. Les collectivités pèsent en outre indirectement sur les équilibres du budget de l'État, au travers des montants que celui-ci leur alloue. Elles apparaissent alors à la fois comme un de ses concurrents directs dans l'accès aux ressources communes que sont le déficit public ou la dette sous les plafonds autorisés (Tavera *et al.*, 2009), comme des partenaires avec lesquels le gouvernement doit compter à des fins de convergence vers les seuils requis et enfin, comme des supports lui permettant de rétablir, au moins partiellement, ses propres équilibres budgétaires. Limiter l'évolution des dotations aux collectivités ou réduire leur volume apparaît bien de la sorte comme un instrument manié en vue d'un allégement des dépenses étatiques. Ce processus s'est déployé en plusieurs étapes.

Dès la loi de finances de 2008, au nom d'un contrat de stabilité entre État et collectivités, la progression des versements à ces dernières est rendue compatible avec les normes de dépenses que s'impose le gouvernement central. L'évolution est alors de fait restreinte et alignée, pour bon nombre des versements, sur le rythme de l'inflation. La loi de programmation des finances publiques 2011-2014 entérine la stagnation en valeur de la DGF[10]. Le poids des contraintes s'accentue puisque désormais, les montants en jeu diminuent. Une première baisse de 1,5 milliard d'euros est intervenue en 2014. Dans le cadre du plan d'économies à l'œuvre pour la période 2015-2017[11], les dotations aux collectivités sont destinées

10. Et plus globalement, la stabilisation en valeur et à périmètre constant des concours de l'État hors FCTVA et dotations de compensation de la réforme de la taxe professionnelle.

11. Selon les termes du programme de stabilité 2014-2017 adopté en 2014.

à être réduites de 11 milliards d'euros. Les réductions portent principalement sur la DGF dont le montant (près de 40 milliards d'euros en 2014) diminuera graduellement. Les collectivités entrent de la sorte dans un renversement inédit de perspective, du point de vue de la dynamique de leurs ressources budgétaires.

Parallèlement, la réforme fiscale mise en place en 2010[12], comportant entre autres la suppression de la taxe professionnelle et son remplacement par un nouvel ensemble d'impôts locaux sur les activités économiques, a redistribué les perspectives de croissance des budgets des collectivités (Guengant, 2013). À côté des objectifs en termes de croissance qui lui étaient assignés, la réforme servait également des enjeux d'économie des deniers publics. Il s'agissait en effet de réduire le poids budgétaire de l'impôt pour l'État : celui-ci supportait la charge croissante des allégements consentis au fil du temps afin d'adapter le régime de la taxe professionnelle ; il en était progressivement devenu le premier contribuable (rapport Fouquet, 2004). Le poids relatif des entreprises et de l'État dans les produits des contributions ayant diminué, par contrecoup, celui des impôts reposant sur les ménages s'alourdit[13]. Parallèlement, avec la tentative de spécialisation de la fiscalité selon les niveaux de gouvernement, les pouvoirs de taxation ont été remaniés. Ainsi, les institutions régionales n'ont-elles pratiquement plus aucune possibilité de moduler les taux des impôts leur revenant. Les conseils départementaux disposent uniquement de la possibilité de faire varier d'une année à l'autre le taux de la taxe foncière sur les propriétés foncières bâties. L'autonomie fiscale des communes et de leurs intercommunalités à fiscalité propre a été préservée : tout en respectant le cadre légal commun (voir *supra*), leurs élus fixent annuellement les taux de la

12. Article 76 de la loi de finances pour 2010.

13. Au sein des produits des principaux impôts (directs) locaux, en 2004, les parts respectives de l'État, des ménages et des entreprises étaient de 17 %, 42 % et 41 % ; en 2014, elles s'établissent à 12 %, 51 % et 37 % (La Banque Postale, *Note de conjoncture, Les Finances locales, tendances 2014 et perspectives*, 2014, 16 p.).

taxe d'habitation, des taxes foncières (sur les propriétés bâties et non bâties), de la cotisation foncière des entreprises. Ce pouvoir de taux s'exerce néanmoins maintenant sur des bases d'imposition dont la nature et la répartition se sont transformées. Certains territoires deviennent par exemple davantage que d'autres, tributaires des bases d'imposition résidentielle et partant, des contributions acquittées par les ménages (Navarre, Rousseau, 2013). La distribution des dynamiques de croissance de la matière imposable étant à la fois renouvelée et différentielle, les choix en matière de taux d'imposition par les élus n'ont plus les mêmes incidences, qu'il s'agisse des produits perçus ou de leur répartition entre contribuables. L'usage du levier fiscal s'exerce alors dans des conditions elles-mêmes pour partie inédites.

D. Le levier fiscal, dans une alternative

Face aux changements qui affectent les recettes budgétaires locales, qu'il s'agisse d'impôts ou de dotations, se dessine une alternative dans laquelle les représentants des collectivités peuvent se situer, au regard du pouvoir fiscal dont ils sont détenteurs. D'un côté, s'offre à eux la possibilité d'entériner la baisse des ressources étatiques et d'ajuster en conséquence les niveaux de dépenses locales, en laissant les prélèvements locaux inchangés. Ainsi leurs choix seraient-ils conformes aux impératifs politiques d'ensemble, au prix d'incidences toutefois sur la conduite de la gestion et de l'action locale. De l'autre, ils peuvent compenser, en tout ou partie, la réduction des dotations en accroissant le niveau de taxation auquel sont soumis leurs contribuables. Ils élèveraient alors, au moins partiellement, la charge des prélèvements, préservant cependant l'équilibre budgétaire et le mode de fonctionnement local. L'exercice, à l'intérieur des limites légales, de leur autonomie fiscale et d'un pouvoir décentralisé les amènerait à s'inscrire en faux contre les orientations d'ensemble. Qu'en est-il dans les faits ?

On se propose d'examiner, au travers de quelques illustrations empiriques, comment se situent les choix fiscaux locaux, entre les deux possibilités évoquées. Quelles évolutions conjointes observe-t-on concernant la dynamique des produits de la fiscalité locale et celle des dotations étatiques ? Quel recours est-il fait localement au levier fiscal ?

Mentionnons d'ores et déjà quels sont les impôts locaux mis à l'examen et les collectivités concernées par les tests. Les données disponibles au niveau national, en séries longues, sont mobilisées afin d'apprécier les évolutions conjointes des impôts locaux[14] et de la DGF pour l'ensemble des collectivités locales et de leurs groupements à fiscalité propre. Le choix est autre lorsqu'il s'agit d'évaluer dans quelle mesure il est fait appel au pouvoir de modulation de tout ou partie des taux d'imposition : compte tenu des restrictions dans l'exercice des choix fiscaux, l'accent est mis sur les taux votés par les élus communaux et intercommunaux.

Il n'existe pas de base de données nationale rassemblant l'ensemble des informations fiscales (bases, taux et produits) de chacune des collectivités. Ce qui limite d'autant les possibilités d'analyses détaillées et exhaustives. Seules sont disponibles des données annuelles pour chaque commune ; sont en particulier indiquées les valeurs des taux de chacune des taxes d'habitation et foncières, de la cotisation foncière des entreprises, différenciées selon leur niveau de perception (commune, intercommunalité éventuelle, département). Les données sont regroupées dans des fichiers départementaux[15]. Les informations les plus récentes portent sur l'année 2015. À titre exploratoire, les

14. Entendus comme les produits perçus par les collectivités locales et leurs groupements à fiscalité propre de la taxe d'habitation, des taxes sur les propriétés foncières bâties et non bâties, des produits des impôts économiques (taxe professionnelle jusqu'en 2010 ; contribution économique territoriale, impositions forfaitaires sur les entreprises de réseaux [IFER] et taxe sur les surfaces commerciales [TASCOM] depuis cette date).

15. Disponibles sur le site ministériel : *http://www.impots.gouv.fr/portal/static/.*

données en question ont été collectées pour les 1 280 communes et 113 communautés de la région Île-de-France, pour les 1 491 communes et 123 communautés de la région Pays de la Loire, existant à cette date. Les collectivités concernées constituent un panel contrasté, illustratif de la diversité des situations socio-urbaines et territoriales telle qu'elle prévaut au sein de l'ensemble national[16]. En vue d'une première analyse, il a été choisi de considérer les valeurs des taux d'imposition pour les années 2013, 2014 et 2015.

II. Des usages locaux diversifiés du levier fiscal

Si l'on constate, pour les collectivités considérées, des inflexions dans le recours au levier fiscal en 2014 et surtout en 2015, ces modifications ne peuvent au mieux constituer qu'une part d'éventuelles adaptations locales face aux restrictions des dotations et d'une prise de relais par la fiscalité locale. Les réductions vont en effet aller se cumulant, et même s'amplifiant[17]. Il n'est pas exclu que les élus adoptent des comportements d'anticipation et fassent évoluer les taux avant les diminutions effectives des versements étatiques. Les ajustements sont donc susceptibles de se manifester avec une temporalité et une intensité propres. Chercher à les apprécier requiert pour le moins d'examiner si et comment les produits de la fiscalité locale et les volumes des dotations étatiques ont évolué de pair, par le passé. Les modifications en cours ou à venir prendront en effet place dans des tendances de fond avec lesquelles elles entretiendront un certain nombre de dépendances[18].

16. La pertinence de cet ensemble avait été testée à l'occasion de traitements antérieurs (Fritsch, Navarre, 2012).

17. Elles sont plus importantes en 2015 qu'en 2014.

18. Au sens de *Path dependence* (dépendance au chemin emprunté) tel qu'entendu par B. PALIER, dans le *Dictionnaire des Politiques publiques*, éd. Presses de Sciences Po, 2010.

A. Des faits illustratifs d'ensemble

Entre 2002 et 2015 (graphique 1), pour l'ensemble des collectivités locales, les produits des impôts et le montant de la DGF ont suivi deux trajectoires disjointes. La croissance de la fiscalité locale (de 49 milliards d'euros courants en 2002 à près de 80 milliards d'euros courants en 2015) s'est effectuée de façon quasiment régulière, avec toutefois une interruption nettement marquée en 2010-2011, sous le poids de la réforme intervenue en 2010[19].

Graphique 1

Impôts locaux et DGF, ensemble des collectivités locales, 2002 à 2016, base 100 en 2002

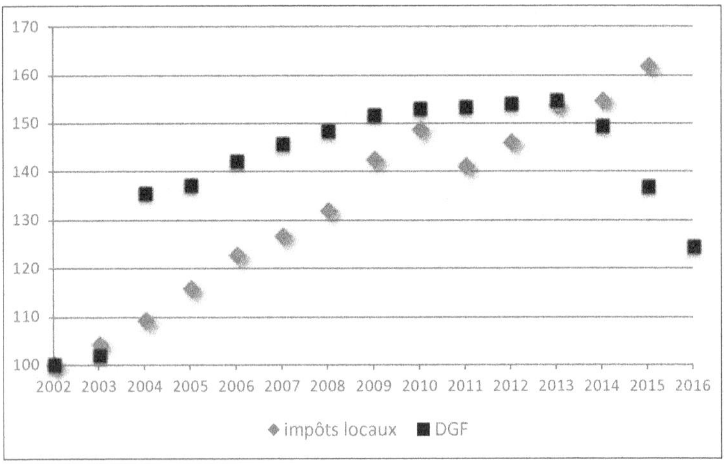

Note : Estimations pour 2015 et 2016.

Source : À partir de CLEC, *2016.*

19. Les produits des impôts locaux augmentaient en moyenne de 5 % par an entre 2002 et 2010 ; ils ont a crû en moyenne de près de 3,5 % chaque année entre 2011 et 2015.

L'évolution de la DGF (de près de 27 milliards d'euros courants en 2002 à un peu moins de 37 milliards d'euros courants en 2015) a été beaucoup plus heurtée. Avec la réforme de la dotation en 2004[20], son montant a nettement augmenté avant de progresser de façon ralentie jusqu'en 2013 puis de décroître significativement[21].

Les changements successifs, du système fiscal comme de la dotation, limitent les possibilités de raisonnements à périmètre constant. Pour l'ensemble des collectivités, il apparaît cependant d'emblée qu'il n'existe pas de relation étroite entre l'augmentation des produits de la fiscalité locale et les variations de la DGF.

Lorsque l'on examine les données unitaires, il ressort que les évolutions respectives des produits fiscaux et des montants de dotation sont largement différenciées qu'il s'agisse des communes (entre 2000 et 2012 – graphique 2) ou de leurs groupements (entre 2007 et 2012 – graphique 3). Pour les premières, durant la période de quasi-stagnation de la DGF (aux alentours de 250 euros/hab., entre 2004 et 2012), les impôts locaux ont augmenté à un rythme annuel moyen proche de 3 %. Tout se passe comme si la croissance de fiscalité venait compenser l'atonie des versements étatiques, dans un contexte par ailleurs marqué par la forte évolution des dépenses locales. S'agissant du secteur communal, les rapports annuels de l'Observatoire des finances locales[22] font régulièrement état, pour la période considérée, d'une croissance des recettes fiscales essentiellement due à un effet

20. Portant création de la DGF des régions et de la dotation nationale de péréquation (art. 48, 49, 50, 52 et 57 de la loi de finances pour 2004).

21. Le volume de la DGF progressait d'à peu près 5,5 % chaque année en moyenne entre 2002 et 2010 ; par rapport au montant atteint en 2011, le taux de diminution vers le volume atteint en 2015 se situe aux alentours de -2,8 % (soit encore -6 % entre 2013 et 2015).

22. Disponibles à l'adresse *http://www.collectivites-locales.gouv.fr/rapports-lobservatoire-des-finances-locales-ofl.*

base et très faiblement à un effet taux[23]. Dits autrement, les produits perçus croissent avec l'augmentation de la matière imposable, et pratiquement à taux d'imposition inchangés.

La progression du montant des bases taxables est imputable à un double mouvement. Elle résulte d'une part du flux net de constructions de logements ou de biens immobiliers divers et d'autre part, d'une majoration uniforme provenant de l'application du coefficient d'actualisation (fixé au niveau national) à toute valeur locative servant de base d'imposition[24]. La progression physique et mécanique des valeurs imposables a donc suffi à garantir celle des rentrées fiscales, limitant de la sorte le besoin de recourir à des élévations des taux des taxes. Paradoxalement, les limitations ou les défauts du dispositif de taxation, de plus en plus déconnecté de la valeur effective des biens imposés, assureraient finalement son efficacité, en termes de rendements. Dans les années 1980 et du fait du caractère encore novateur du système fiscal local, les élus se contentaient en la matière de manœuvres à la marge (Uhaldeborde, 1984) : le constat d'un usage très modéré des marges de manœuvre, et d'un faible besoin de leur usage, vaudrait encore. Ce qui laisse entendre que le recours au levier fiscal, s'il advenait actuellement pour compenser la baisse des dotations étatiques, signifierait une rupture par rapport aux pratiques ayant valu dans la période passée.

23. L'évolution du produit fiscal entre deux années (n-1 et n) est décomposée en une évolution du produit lié à celle des bases calculée à taux constants et une évolution du produit lié à celle des taux calculée à bases constantes.

24. Faute de possibilité de suivi des valeurs locatives de chacun des biens soumis aux taxes locales, l'ensemble d'entre elles est annuellement majoré par un coefficient d'actualisation fixé lors du vote du budget de l'État. La valeur du coefficient est proche de l'inflation (prévisionnelle).

Graphique 2

Impôts locaux et DGF, communes (2000 à 2012, en euros/hab.)

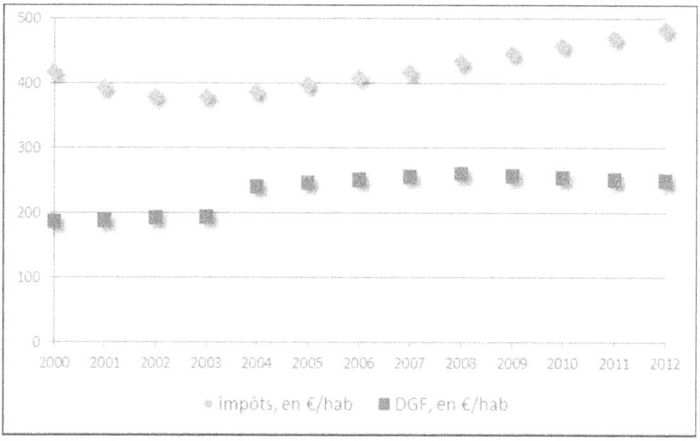

Source : À partir de www.collectivites.locales.gouv.fr.

Graphique 3

Impôts locaux et DGF, EPCI (2007 à 2012, en euros/hab.)

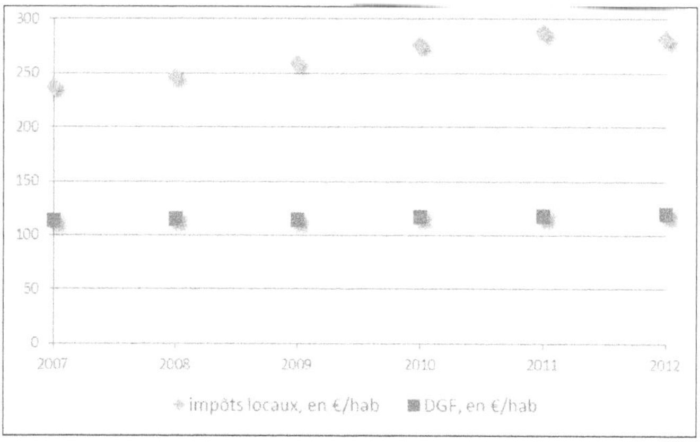

Source : À partir de www.collectivites.locales.gouv.fr.

Le contexte a changé depuis les années 1980 et les conditions de mobilisation de la fiscalité locale ont elles aussi évolué. La feuille d'impôts s'est alourdie pour le contribuable local depuis la décentralisation, les collectivités devant faire face à l'expansion de leurs compétences, à celle des investissements sous le poids des vagues d'urbanisation et de la montée en charge des besoins. Maintes collectivités ont maintenant choisi la voie de la modération dans le recours aux impôts. La conception-clé qui a longtemps prévalu au sein de la sphère publique, selon laquelle le niveau des dépenses conditionnait celui des recettes (Hertzog, 2012), n'est ainsi plus d'actualité, s'agissant des entités locales (Tavera *et al.*, 2009).

Il est en outre reconnu que tout en revendiquant son usage, les élus sont réticents à se servir de leur pouvoir de taux : des élévations de la pression fiscale risquent de générer des mécontentements et partant, des coûts électoraux. Ces derniers seraient d'autant plus élevés que la fiscalité locale, et tout particulièrement les taxes frappant les biens immobiliers, est régressive. La taxe d'habitation l'est d'ailleurs très largement. Pourtant, « la capacité du "vote avec les urnes" à produire une sanction électorale d'origine fiscale suscite bien des interrogations et apparaît souvent plus formelle que réelle » (Guengant, 1993). Les élus ont néanmoins suffisamment intégré ce risque pour se comporter comme s'il était avéré. Au point que les variations des taux d'imposition suivent de près les cycles électoraux (Binet, Pentecôte, 2006). Alors qu'il est faible auparavant et dans les années ultérieures, l'effet taux est ainsi particulièrement marqué en 2009, qui suit les consultations municipales[25]. On peut alors formuler l'hypothèse que lorsqu'il est décidé de procéder à des variations des niveaux de pression fiscale, ces élévations sont d'ampleur réduite de

25. Il se situait aux alentours de 2,7 % (contre un effet base voisin de 4,5 %) quand il s'établissait aux environs de 0,6 % l'année précédente, de 0,5 % l'année suivante (source : *Collectivités locales en chiffres*, 2009, 2010, 2011, 2012 et 2013).

façon à ménager l'acceptabilité des contribuables. Les contraintes légales de fixation des taux n'interviendraient que comme des facteurs limitants de second ordre.

S'agissant des entreprises, les sanctions électorales locales ne sont pas à redouter et les impôts locaux sur les activités économiques sont *a priori* peu sujets à des effets de cycles électoraux. Ces impôts constituent la principale recette fiscale des intercommunalités. On constate que leur produit a lui aussi progressé quand la dotation demeurait stable (graphique 3) ; à nouveau, la progression est principalement imputable à la croissance de la matière imposée. Le faible recours au pouvoir de majoration des taux peut être mis en relation avec la concurrence à laquelle se livrent les territoires en vue d'attirer des entreprises. Le niveau local d'imposition a pourtant des incidences mineures sur les choix de localisation des acteurs économiques (Houdebine, Schneider, 1997 ; CPO, 2014). Les interactions fiscales apposent néanmoins leurs marques sur les choix stratégiques des élus (Madiès *et al.*, 2005) ; les niveaux de prélèvements sont fixés par référence à ceux pratiqués alentour, par voie de mimétisme ou de compétition, et leurs variations s'en trouvent contraintes.

Dans la période récente, les observations contenues dans les rapports officiels (Cour des comptes, Observatoire des finances locales, etc.) convergent : comme les élus communaux, les représentants des intercommunalités ont fait le choix d'augmenter très faiblement le taux des taxes d'habitation et foncières leur revenant[26].

26. Entre 2012 et 2015, le taux intercommunal moyen de la taxe d'habitation a diminué de 0,06 point (Cour des comptes, 2016) ; celui de la taxe foncière sur les propriétés bâties a décru quant à lui de 0,07 point (DGCL, *Les collectivités locales en chiffres*, 2016). Le taux (communal et intercommunal) moyen de CFE est passé de 25,59 % à 25,95 % (source : *Instructions interministérielles annuelles relatives à la fixation des taux des impôts locaux*).

Qu'il s'agisse des impôts reposant sur les ménages et/ou sur les entreprises, des communes et/ou de leurs intercommunalités, il apparaît alors que dans la période passée et même si la croissance des versements étatiques a marqué le pas, le contexte (la dynamique des bases d'imposition) et les règles en vigueur (le dispositif uniforme d'actualisation des valeurs d'imposition) ont pu contribuer à un certain évitement de la question politique du choix des taux d'imposition.

En 2016, plusieurs voix s'élevaient pour qu'il ne soit pas procédé à l'actualisation des valeurs locatives ; le coefficient de revalorisation a finalement été fixé à un niveau proche de celui des années antérieures[27]. Les modes d'évaluation et de révision des valeurs cadastrales servant de bases d'imposition sont en cours de réforme, pour les locaux professionnels dans un premier temps avant que la démarche soit mise en œuvre pour les locaux à usage d'habitation. Les ressorts du dynamisme de la matière imposable risquent donc de changer, dans un futur proche et dans un contexte d'ensemble par ailleurs peu favorable à l'évolution du volume des biens taxés. Un changement de perspective devrait alors s'opérer, afin de maintenir le niveau des recettes fiscales. D'ores et déjà, perçoit-on l'amorce de tels changements et d'un recours plus accentué au levier fiscal ?

B. Un changement de perspective

Selon l'enquête conduite auprès des grandes collectivités par les représentants du Forum des Villes (2016), un certain nombre d'élus ont en 2016 diminué les taux des impôts : ils ont fait de la baisse de la fiscalité l'une des priorités de leur mandat et il s'agit de contrecarrer les augmentations induites par la revalorisation forfaitaire des bases.

---

27. Amendement proposé par le député D. Baert, et intégré dans le projet de loi de finances 2016 le 12 novembre 2015 (puis article 98 de la loi 2015-1785 du 29 décembre 2015 de finances pour 2016 et article 1518 *bis* du Code général des impôts).

Rares sont cependant les villes concernées[28]. L'orientation générale est à la stagnation, voire à la hausse modérée de la pression fiscale, constatent les auteurs.

Cette tendance d'ensemble est confirmée par les observations contenues dans le rapport établi par la Cour des comptes en 2016 : pour la période 2012-2015, on ne constate pas de corrélation entre l'accroissement de l'effort fiscal[29] et la baisse de la DGF. Pour autant, la contrainte se durcit avec l'intensité des baisses de dotation. Les rapporteurs soulignent qu'en 2016, en tenant compte de la revalorisation forfaitaire des bases, en faisant l'hypothèse d'un effet taux analogue en 2016 à celui ayant prévalu en 2015, les collectivités locales dans leur ensemble ne disposeraient « pas de marge de manœuvre pour faire face à l'évolution de leurs dépenses de fonctionnement » (Cour des comptes, 2016, p. 83). En l'absence d'inflexion sur les taux d'imposition et de dynamisation des produits fiscaux, serait donc en jeu leur faculté non seulement de faire face à la pression de leurs charges courantes, ainsi que la préservation de leur capacité à épargner et partant, de leurs possibilités d'investir. Au vu des premières informations disponibles pour 2016, les magistrats font eux aussi état d'une relative stabilité des taux d'imposition. Ils mentionnent néanmoins des élévations de tout ou partie de ces taux tant dans des grandes villes que dans les chefs-lieux de département, ainsi que dans certaines métropoles. En dépit de son ancrage dans les pratiques, l'évitement du recours au levier fiscal serait donc reconsidéré, au moins pour une partie des localités. Face à la diminution des ressources étatiques, au regard de l'évolution du contexte territorial, des modes d'action et des projets en matière d'offre de services publics locaux, un certain

28. Il s'agit principalement de Nice et de Caen, parmi les villes du panel de l'enquête.

29. De façon synthétique, l'effort fiscal désigne le rapport entre le produit effectif des impôts locaux et le produit théorique, évalué en appliquant aux bases d'imposition les taux moyens nationaux. Le mode de détermination est précisé à l'article L. 2334-5 du Code général des collectivités territoriales.

nombre de décideurs locaux se résoudraient à accroître la pression fiscale pesant sur leurs contribuables. Observe-t-on des dynamiques du même ordre pour les collectivités d'Île-de-France et des Pays de la Loire ?

C. Entre fiscalité ajustable et fiscalité ajustée

Les données fiscales rassemblées pour le panel mentionné de collectivités sont mobilisées afin d'examiner, d'un point de vue concret, ce qu'il en est de l'évolution des taux des principales taxes locales alimentant les budgets communaux et/ou intercommunaux[30]. La fiscalité locale, dont les élus locaux souhaitent pouvoir ajuster les taux, donne-t-elle finalement lieu à des ajustements effectifs ? En particulier, observe-t-on des augmentations plus fortes en 2015 qu'en 2014, qui pourraient être tenues comme des nécessités d'adaptations locales face à des baisses plus intenses de la DGF ?

À ces fins, est dressé dans un premier temps un panorama de l'évolution des taux communaux d'imposition ; un second temps est consacré à la progression des taux intercommunaux ; un dernier porte sur les variations des taux cumulés (de chaque commune et de son intercommunalité éventuelle d'appartenance) de la cotisation foncière des entreprises.

30. En raison de son moindre poids dans les ressources fiscales locales, la taxe foncière sur les propriétés non bâties n'est pas intégrée à ces premières explorations.

Tableau 1

Effectifs (relatifs) des communes selon la variation des taux des taxes locales, en %, 2013 à 2015[1]

	Taxe d'habitation TH			Taxe foncier bâti FB			Cotisation foncière des entreprises CFE			TH et/ou FB		TH et FB	
Taux communes	2013-2014	2014-2015	2013-2014 et 2014-2015	2013-2014	2014-2015	2013-2014 et 2014-2015	2013-2014	2014-2015	2013-2014 et 2014-2015	2013-2014	2014-2015	2013-2014	2014-2015
Île-de-France en % nombre communes													
Pas de variation	82 %	68 %	62 %	83 %	68 %	63 %	86 %	70 %	64 %	82 %	67 %	62 %	67 %
Diminution	2 %	2 %	1 %	2 %	1 %	0 %	2 %	1 %	0 %	2 %	2 %	1 %	1 %
Augmentation	16 %	30 %	12 %	15 %	31 %	11 %	12 %	29 %	8 %	16 %	31 %	15 %	30 %
Autres			26 %			26 %			28 %			21 %	2 %
Ensemble	100 %	100 %	100 %	100 %	100 %	100 %	100 %	100 %	100 %	100 %	100 %	100 %	100 %
Nombre de communes	1 198	1 198	1 198	1 198	1 198	1 198	382	382	382	1 198	1 198	1 198	1 198
Moyenne augmentations	4,1 %	5,9 %		3,5 %	6,0 %		2,5 %	4,4 %					
Pays de la Loire en % nb communes													
Pas de variation	74 %	62 %	54 %	74 %	61 %	54 %	77 %	67 %	58 %	73 %	60 %	73 %	60 %
Diminution	2 %	3 %	0 %	2 %	2 %	0 %	2 %	3 %	1 %	2 %	3 %	1 %	2 %
Augmentation	24 %	35 %	18 %	25 %	37 %	18 %	21 %	30 %	15 %	25 %	37 %	24 %	34 %

	Taxe d'habitation TH			Taxe foncier bâti FB			Cotisation foncière des entreprises CFE			TH et/ou FB		TH et FB	
Autres			28 %			28 %			27 %			1 %	4 %
Ensemble	100 %	100 %	100 %	100 %	100 %	100 %	100 %	100 %	100 %	100 %	100 %	100 %	
Nb communes	1486	1486	1486	1486	1486	1486	391	391	391	1486	1486	1486	1486
Moyenne augmentations	1,8 %	2,9 %		1,8 %	3,2 %		1,8 %	4,1 %					

Note 1 : Pour les communes d'Île-de-France et des Pays de la Loire selon la variation des taux de taxe d'habitation (TH), de taxe foncière sur les propriétés bâties (FB) et de cotisation foncière des entreprises (CFE), en % du nombre de communes concernées et moyennes des augmentations de taux, en % (2013-2014 et 2014-2015)

Notes 2 : Cotisation foncière des entreprises, pour les 382 communes d'Île-de-France et pour les 391 communes des Pays de la Loire isolées ou membres d'une intercommunalité à fiscalité additionnelle ; *Autres* : combinaisons de variations nulles, négatives ou positives selon l'année ; ne sont pas prises en compte les communes ayant intégré une intercommunalité en 2014 ou 2015, celles appartenant à une intercommunalité dont le régime fiscal a changé.

Mode de lecture : parmi les 1 198 communes franciliennes pour lesquelles des données sont disponibles, 16 % ont augmenté le taux de la taxe d'habitation entre 2013 et 2014 et la moyenne des augmentations vaut 4,1 % ; 30 % l'ont fait croître entre 2014 et 2015 ; 12 % l'ont accru en 2014 et en 2015 ; 16 % ont augmenté soit le taux de la taxe d'habitation, soit celui de la taxe foncière sur les propriétés bâties entre 2013 et 2014 ; elles sont 31 % dans ce cas pour 2014-2015 ; 15 % ont augmenté les deux taux en 2014 et 30 % en 2015.

Source : À partir de www.impots.gouv.fr.

Un même constat vaut pour les communes des deux régions : pour les trois taxes considérées, si la stabilité des taux demeure la pratique largement majoritaire, les augmentations ont été à la fois plus fréquentes et plus fortes pour 2014-2015 (ou en 2015) que pour 2013-2014 (ou en 2014). La part des communes ayant augmenté à la fois le taux de la taxe d'habitation et celui de la taxe foncière sur les propriétés bâties s'accroît entre 2013-2014 et 2014-2015 : elle passe de 15 % à 30 % pour les communes d'Île-de-France, de 24 à 34 % pour les communes des Pays de la Loire.

Tout en étant plus répandues pour les communes des Pays de la Loire que pour celles situées en Île-de-France, les augmentations sont moins marquées au sein des premières que parmi les secondes. Soulignons encore qu'une part non négligeable de communes (15 à 18 % en Pays de la Loire, 8 à 15 % en Île-de-France) a augmenté le taux d'une même taxe deux années consécutives. L'usage du levier fiscal, même s'il n'est pas très répandu, est donc pratiqué par un certain nombre d'élus locaux.

L'intensification dans le recours au pouvoir de taux peut encore s'apprécier au travers de la part des communes ayant procédé à l'augmentation d'au moins un de leurs taux de taxation. 31 % des communes franciliennes ont entre 2014 et 2015 fait progresser le taux de la taxe d'habitation et/ou celui de la taxe foncière sur les propriétés bâties ; elles n'étaient que 16 % dans ce cas pour les variations constatées entre 2013 et 2014. La tendance est analogue pour les communes des Pays de la Loire : la part des communes concernées vaut 37 % en 2015 contre 25 % en 2014.

Tout se passe alors comme si le recours au levier fiscal s'intensifiait, entre les deux années considérées. Ou bien encore comme si les élus communaux avaient éprouvé, en 2015 davantage qu'en 2014, la nécessité d'ajuster à la hausse la pression fiscale, sur tout ou partie des taxes. En est-il de même, s'agissant des intercommunalités ?

Tableau 2

Effectifs (relatifs) des intercommunalités selon la variation des taux des taxes locales, en %, 2013 à 2015[1]

Taux intercommunaux	2013-2014	2014-2015	2013-2014 et 2014-2015	2013-2014	2014-2015	2013-2014 et 2014-2015	2013-2014	2014-2015	2013-2014 et 2014-2015	2013-2014	2014-2015
Île-de-France en % nb EPCI											
Pas de variation	88 %	79 %	72 %	82 %	65 %	57 %	58 %	60 %	46 %	68 %	48 %
Diminution	3 %	1 %	0 %	2 %	2 %	0 %	6 %	7 %	3 %	2 %	2 %
Augmentation	9 %	20 %	4 %	16 %	33 %	9 %	36 %	33 %	20 %	14 %	9 %
Autres			23 %			34 %			31 %	16 %	41 %
Ensemble	100 %	100 %	100 %	100 %	100 %	100 %	100 %	100 %	100 %	100 %	100 %
Nb EPCI	101	101	98	44	46	44	101	101	101	44	46
Moyenne augmentations	11,3 %	9,6 %		9,7 %	13,9 %		5,2 %	6,2 %			

Pays de la Loire en % nb EPCI											
Pas de variation	76 %	77 %	56 %	79 %	66 %	59 %	76 %	70 %	61 %	56 %	60 %
Diminution	1 %	1 %	0 %	0 %	0 %	0 %	3 %	2 %	2 %	0 %	0 %
Augmentation	23 %	23 %	3 %	21 %	34 %	14 %	22 %	28 %	14 %	0 %	23 %
Autres			41 %			27 %			23 %	44 %	17 %
Ensemble	100 %	100 %	100 %	100 %	100 %	100 %	100 %	100 %	100 %	100 %	100 %
Nb EPCI	120	120	120	70	70	70	120	120	120	70	70
Moyenne augmentations	1,7 %	5,7 %		5,0 %	38,3 %		2,0 %	3,4 %			

Note 1 : Pour les intercommunalités à fiscalité propre d'Île-de-France et des Pays de la Loire selon la variation des taux de taxe d'habitation, de taxe foncière sur les propriétés bâties et de cotisation foncière des entreprises, en % du nombre d'intercommunalités concernées et moyennes des augmentations de taux, en %, 2013-2014 et 2014-2015

Note 2 : *Autres* : Combinaisons de variations nulles, négatives ou positives selon l'année; les communautés à fiscalité additionnelle perçoivent de fait des produits de la taxe foncière sur les propriétés bâties quand ce n'est pas le cas des communautés à fiscalité professionnelle unique : les effectifs retenus pour cette taxe sont moindres que ceux qui valent pour les autres impôts; ne sont pas retenues les intercommunalités ayant changé de régime fiscal en 2014 ou en 2015.

Source : À partir de www.impots.gouv.fr.

Les faits d'ensemble observés pour les communes valent également pour les intercommunalités. Si l'on excepte les variations de la cotisation foncière des entreprises pour les EPCI franciliens, il apparaît que les communautés sont plus nombreuses à avoir pratiqué des augmentations de taux en 2015 qu'en 2014. Les augmentations moyennes tendent par ailleurs à s'élever. En 2014, aucune communauté des Pays de la Loire n'avait choisi d'élever les taux des trois taxes ; elles sont 23 % à l'avoir fait en 2015. Les impôts intercommunaux s'alourdissent donc pour les contribuables, qu'il s'agisse des ménages ou des entreprises, l'effet taux tendant à jouer un rôle allant s'accentuant, au moins entre 2014 et 2015.

La cotisation foncière des entreprises est tantôt perçue uniquement par l'intercommunalité (lorsque celle-ci est à fiscalité professionnelle unique), tantôt par l'intercommunalité et ses communes membres (en cas de communauté à fiscalité additionnelle), tantôt par la commune seulement lorsque celle-ci est isolée. Une façon de faire abstraction de ces variations institutionnelles consiste à cumuler le taux intercommunal de la taxe et le cas échéant, le taux communal. Le taux cumulé est indicatif de l'intensité du prélèvement auquel est soumis le contribuable, en fonction de sa commune d'implantation. Ses variations sont révélatrices des politiques fiscales adoptées localement, quels qu'en soient les porteurs.

Tableau 3

Effectif (relatif) des communes selon la variation du taux communal et/ou intercommunal de CFE, en %, 2013 à 2015[1]

	Cotisation foncière des entreprises CFE		
Taux communes et/ou Intercommunalités	**2013-2014**	**2014-2015**	**2013-2014 et 2014-2015**
Île-de-France			
Pas de variation	45 %	47 %	32 %
Diminution	13 %	9 %	7 %
Augmentation	42 %	43 %	28 %
Autres			33 %
Ensemble	100 %	100 %	100 %
Nb communes	1 198	1 198	1 198
Moyenne augmentations	3,6 %	0,2 %	
Pays de la Loire			
Pas de variation	65 %	61 %	51 %
Diminution	6 %	5 %	4 %
Augmentation	28 %	34 %	21 %
Ensemble			24 %
Ensemble	100 %	100 %	100 %
Nb communes	1 485	1 485	1 485
Moyenne augmentations	1,5 %	1,7 %	

Note 1 : Communes d'Île-de-France et des Pays de la Loire, selon la variation du taux communal et/ou intercommunal de cotisation foncière des entreprises, en % du nombre de communes concernées et moyennes des augmentations de taux, en %, 2013-2014 et 2014-2015.
Note 2 : Autres : combinaisons de variations nulles, négatives ou positives selon l'année.

Mode de lecture : Dans 28 % des 1 485 communes des Pays de la Loire (pour lesquelles des données sont disponibles), le taux de CFE a augmenté (à l'initiative de la commune et/ou à celle de l'intercommunalité) entre 2013 et 2014 ; le taux était plus élevé en 2015 qu'en 2014 dans 34 % des communes ; dans 21 % des communes, le taux a augmenté en 2014 et en 2015.

Source : À partir de www.impots.gouv.fr.

Sur cette base, on constate que si les cas de stagnation sont fréquents en Pays de la Loire, ils le sont moins en Île-de-France. Les augmentations de la fiscalité sur les entreprises apparaissent cependant plus répandues que celles des taxes pesant sur les ménages, qu'il en aille des initiatives communales et/ou intercommunales (tableaux 1 et 2).

En Île-de-France, les augmentations sont proportionnellement nombreuses (42 % des cas en 2014 et 43 % en 2015) et 28 % des taux ont augmenté à la fois en 2014 et en 2015. Les proportions de situations avec augmentation sont plus marquées pour 2014-2015 que pour 2013-2014 en Pays de la Loire (34 % contre 28 %). La moyenne des augmentations est faible en 2015 pour les contribuables franciliens, relativement comparable à celle de 2014 pour ceux des Pays de la Loire.

Si l'ampleur de la majoration de l'effort fiscal pesant sur les entreprises entre 2014 et 2015 est donc perceptible dans certains cas, elle l'est moins dans d'autres. Les intercommunalités, institutions encore jeunes pour les unes, évolutives et en cours d'intégration pour les autres, sont-elles plus contraintes que les communes lorsqu'il s'agit d'ajuster le niveau des impôts sur les activités ? Les niveaux d'imposition de la communauté et ceux de ses membres, tout comme leurs variations, sont interdépendants[31]. La diversité des situations pourrait alors être mise en relation avec les modalités de la gouvernance des communautés, les enjeux communaux pouvant prendre le pas sur ceux de l'intercommunalité (Thomas, 2008). *Via* le dispositif fiscal, comme dans d'autres domaines financiers, on peut également supposer que l'intercommunalité s'impose aux communes (Le Saout, Segas, 2011). Les résultats en mi-teinte pourraient être à l'image de

---

31. En particulier, si les taux intercommunaux ne sont pas soumis à plafonnement, les taux cumulés (intercommunalité et commune) le sont. Les variations des taux intercommunaux sont prises en compte, conjointement à celles des taux communaux, pour apprécier la proportionnalité des évolutions respectives des niveaux de taxation des divers impôts (règle dite des liens).

l'ambiguïté des interrelations entre les communes et leurs groupements, finalement complémentaires et antagonistes dans la captation des ressources fiscales (Albert, 2012).

D. Une distribution et des incidences variables des ajustements

À titre d'illustration, l'attention est portée sur les communes (et/ou leurs intercommunalités) franciliennes ayant procédé à des augmentations des taux de leurs taxes en 2014 ou en 2015 voire successivement les deux années.

Tableau 4

Augmentation des taux communaux des taxes locales, en points (pt), 2013 à 2015[1]

	Moyenne		Médiane	
	2013-2014	**2014-2015**	**2013-2014**	**2014-2015**
Taux TH (communes)	0,47 pt	0,69 pt	0,25 pt	0,44 pt
Taux FB (communes)	0,50 pt	0,83 pt	0,30 pt	0,51 pt
Taux CFE (communes et/ou intercommunalités)	0,75 pt	0,86 pt	0,43 pt	0,45 pt

Note 1 : Pour les communes d'Ile-de-France, augmentation moyenne et médiane des taux communaux de taxe d'habitation (TH), de taxe foncière sur les propriétés bâties (FB) et des taux communaux et/ou intercommunaux de cotisation foncière des entreprises (CFE), en points (pt), Île-de-France, 2013-2014 et 2014-2015

Source : À partir de www.impots.gouv.fr.

L'observation des variations de taux de chacune des taxes, exprimées en points de pourcentage, conduit à des constats analogues à ceux formulés précédemment : si les augmentations sont non seulement plus répandues en 2015 qu'en 2014 (tableaux 1 et 3), elles sont également plus intenses et ce, que l'on considère les évolutions moyennes ou médianes. Ainsi par exemple, la croissance moyenne du taux de taxe d'habitation s'est élevée à 0,69 point en 2015 quand elle valait 0,47 point en 2014. 50 % des communes ont entre 2014 et 2015 augmenté le taux de la taxe de plus de 0,44 point ; il y en avait 50 % à l'avoir fait croître de plus de 0,25 point entre 2013 et 2014.

Les graphiques 4, 5 et 6 confirment les tendances observées, pour chacune des taxes, que l'on considère uniquement les communes (taxe d'habitation et taxe foncière sur les propriétés bâties) ou les communes et leurs intercommunalités éventuelles (cotisation foncière sur les entreprises).

Graphique 4

Distribution de l'augmentation du taux communal de TH, Île-de-France 2013-2015 et 2014-2015

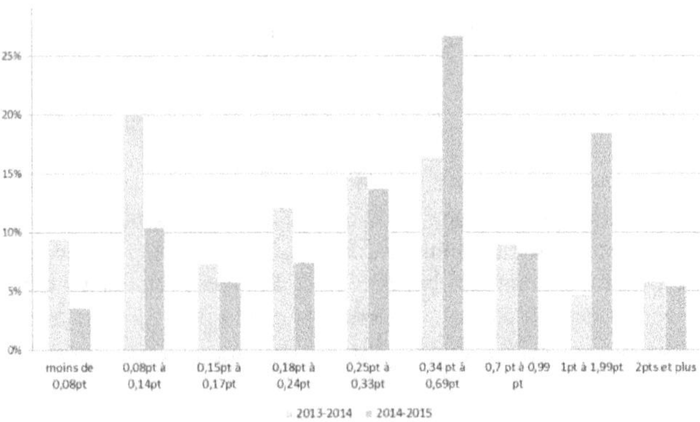

Source : À partir de www.impots.gouv.fr.

Graphique 5

Distribution de l'augmentation du taux communal de taxe foncière sur les propriétés bâties (FB), Île-de-France 2013-2015 et 2014-2015

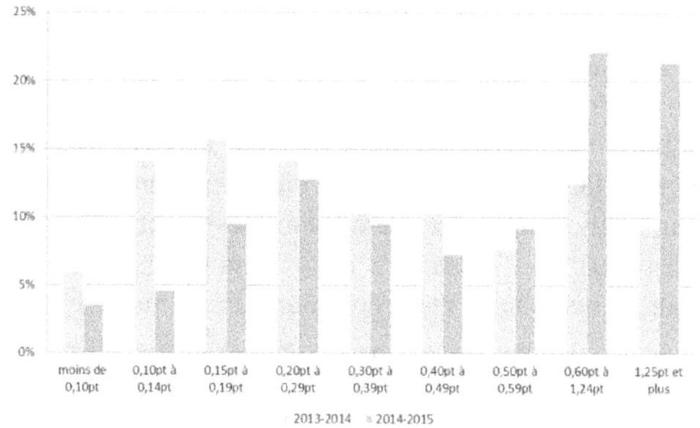

Source : À partir de www.impots.gouv.fr.

Graphique 6

Distribution de l'augmentation du taux communal et/ou intercommunal de cotisation foncière sur les entreprises (CFE), Île-de-France, 2013-2015 et 2014-2015

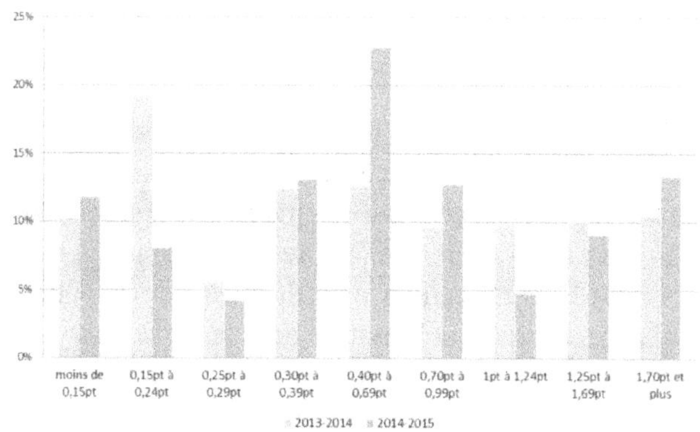

Source : À partir de www.impots.gouv.fr.

Les augmentations sont d'ampleur variable selon les lieux, pour chacune des contributions : les choix locaux sont nettement diversifiés, lorsqu'il s'agit de procéder à des accroissements de taux. Du point de vue de la taxe d'habitation comme de la taxe foncière, les proportions d'élévations les plus élevées sont plus fortes pour 2014-2015 que pour 2013-2014 : les communes augmentant fortement leurs taux se font plus nombreuses. Le fait est moins marqué pour la cotisation foncière des entreprises : il existe certes de très fortes élévations de taux en 2014-2015 et l'on observe une concentration des augmentations dans les tranches moyennes et un peu au-delà (0,40 à 1 point). La croissance s'intensifierait alors, mais de façon plus modérée que pour les taxes reposant sur les ménages.

En l'état, on ne pourrait conclure qu'il existe un lien de causalité entre baisse de la DGF et l'élévation de la pression fiscale, voire que le recours au levier fiscal s'intensifie au fur et à mesure que la dotation diminue. Les données et le protocole méthodologique sont insuffisants pour cela. *A minima*, il conviendrait de construire une situation contrefactuelle, rendant compte de ce qui serait advenu sans baisse des versements étatiques.

Retenons cependant que les observations, convergentes pour les communes et pour les intercommunalités d'une ou des deux régions considérées, différentes dans leurs contextes socio-urbains, pour les principales taxes à leur disposition, et pour deux années consécutives, indiqueraient qu'il en va bien ainsi.

Pour chaque collectivité, les diminutions de dotation sont proportionnelles à ses recettes réelles de fonctionnement et non au volume de ses recettes fiscales. Pour chacune comme pour leur ensemble, le lien ne peut donc être direct ou immédiat entre la réduction du versement en provenance de l'État et l'accroissement du produit des impôts. Il existe en effet d'autres moyens mobilisables pour faire face à la contrainte budgétaire (la majoration des recettes tarifaires par exemple). Par ailleurs, toutes les communes ne sont pas également affectées : les versements effectués au titre de la péréquation continuent à croître et les communes bénéficiaires sont protégées, en tout ou partie, des diminutions d'ensemble de l'enveloppe de la DGF.

Ajoutons encore que selon les localités, selon l'importance de la matière imposable, une même progression du taux ne conduit pas à une évolution semblable du produit. L'incidence budgétaire diffère par ailleurs selon l'importance relative des produits fiscaux au sein des recettes locales. L'appel ou non au levier fiscal, son usage plus ou moins accentué, sont alors à peser au nom de divers paramètres, fonctions du contexte local. En outre, les incidences pour les contribuables des augmentations de taux sont plus ou moins indolores. Pour les (363) communes franciliennes où le taux de la taxe d'habitation a augmenté en 2015, il en a résulté une élévation moyenne de la somme à acquitter d'à peu près 11 euros par habitant, le montant moyen de la taxe étant lui-même proche de 210 euros par habitant. Dans 50 % des communes concernées, l'augmentation a atteint au plus 6 euros par habitant. Pour la vingtaine de communes où la croissance du taux de la taxe a été particulièrement faible (0,1 point et moins), la taxe a augmenté au plus de 2 euros par habitant. À l'opposé, pour la vingtaine où la croissance a été la plus marquée (2 points et plus), la taxe a crû de 25 euros par habitant et plus[32]. Les considérations politiques, au regard de l'acceptabilité des prélèvements fiscaux et des impacts des variations de ces derniers, ne peuvent alors manquer d'exercer une influence sur les choix effectués par les élus. Pour ces diverses raisons, les décisions locales et les ajustements face aux contraintes de ressources allant de pair avec la baisse graduelle des versements étatiques prennent logiquement des formes différenciées selon les lieux.

---

32. C'est le cas par exemple d'une petite commune (665 habitants) des Yvelines, où le taux particulièrement faible (près de 5 %) a pratiquement doublé et la taxe a augmenté de près de 85 euros/hab. Les augmentations sont également fortes dans des communes urbaines comme Saint-Ouen en Seine-Saint-Denis (+70 euros/hab.) ou à Rungis dans le Val-de-Marne (+50 euros/hab).

III. Un pouvoir de taux, entre enjeux et risques

Agir sur les taux d'imposition afin d'influer sur le niveau des impôts prélevés ne constitue pas la seule modalité d'intervention à la portée des élus locaux, dans le cadre de l'autonomie fiscale qui leur est reconnue. Les augmentations des produits peuvent également provenir d'actions sur les bases d'imposition. Ces marges de manœuvre sont limitées, mais n'en existent pas moins. Les mesures prises par les collectivités afin d'accroître leur attractivité, leurs projets d'aménagement résidentiel et/ou à vocation économique… ont comme effet de susciter des implantations sur leur territoire de ménages, d'entreprises. Ce qui, directement ou non, constitue mécaniquement autant de bases taxables supplémentaires.

Compte tenu des délais de maturation des réalisations, de tels effets se manifestent au mieux sur le moyen ou le long terme. Des mesures de gestion et d'optimisation de la matière imposable sont quant à elles susceptibles de procurer des ressources additionnelles à plus brève échéance : ainsi en va-t-il de la création d'observatoires fiscaux, d'un meilleur recensement puis suivi de l'évolution des locaux et des biens taxables… (Cour des comptes, 2016). À ces mesures « en sourdine », moins visibles et moins explicites qu'une élévation de taux frappant tous les contribuables concernés, on peut adjoindre des changements dans les politiques d'abattements à la taxe d'habitation. Si l'on excepte l'allégement conçu pour tenir compte des charges de famille des contribuables qui s'applique obligatoirement, les assemblées délibérantes ont la possibilité d'instituer ou non un abattement[33] qui réduit la base d'imposition de tous les redevables à la taxe, ainsi qu'un abattement qui diminue celle des redevables de conditions modestes (article 1411 du Code général des impôts). Au-delà et en respectant les limites fixées, les élus peuvent majorer

33. Dit facultatif à la base.

tous ces allégements[34]. Les réductions ainsi consenties contribuent à personnaliser la taxe, à remédier à son caractère injuste (voir *supra*). En contrepartie, les taux locaux s'appliquent à des assiettes minorées et les produits perçus localement en sont réduits d'autant[35].

Les enjeux en termes d'équité entrent en tension avec ceux qui valent en matière d'efficacité et de rendement budgétaire. Ainsi face à des besoins de ressources, les collectivités s'engagent moins et même reviennent sur les allégements auxquels elles avaient consenti (Cour des comptes, 2016 ; AMF, 2016). La suppression ou la réduction de la portée des abattements porte atteinte aux avantages concédés aux contribuables disposant des plus faibles valeurs locatives, qui sont généralement ceux dont les capacités contributives sont les plus faibles[36]. Le caractère régressif de la taxe en ressort potentiellement accentué. Les exonérations prévues dans le cadre national, et notamment le plafonnement du montant de la taxe en fonction de celui du revenu des contribuables, prennent néanmoins le relais. Sous

34. En résumé, s'agissant des communes, les dispositions peuvent s'énoncer de la sorte : les taux des abattements s'appliquent à la valeur locative moyenne de la commune. L'abattement obligatoire pour charges de famille est fixé à 10 % pour chacune des deux premières personnes à charge et à 15 % pour chacune des suivantes. Ces taux peuvent être majorés d'un ou plusieurs points sans excéder 10 points.

L'abattement facultatif à la base, que le conseil municipal peut instituer, peut varier de un pour cent à plusieurs pour cent sans excéder 15 %.

Un abattement facultatif à la base peut être institué pour les contribuables dont le montant des revenus de l'année précédente n'excède pas la limite prévue à l'article 1417 et dont l'habitation principale a une valeur locative inférieure à 130 % de la moyenne communale. Son taux ne peut excéder 15 % (source : à partir de *www.collectivites-locales.gouv.fr*).

35. Les pertes de recettes peuvent être conséquentes : elles sont estimées à 4 % des recettes fiscales des villes comptant entre 20 000 et 50 000 habitants (Cour des comptes, 2016).

36. Les abattements sont calculés à partir de la valeur locative moyenne valant pour la collectivité considérée : les avantages sont donc proportionnellement d'autant plus importants qu'ils minorent une base d'imposition faible.

le poids de la contrainte budgétaire, les atténuations des politiques locales d'abattements font donc changer la solidarité de mains : l'exercice de la redistribution ne pèse plus autant sur les budgets locaux, il repose davantage sur celui de l'État. Pourrait-on voir là un des impacts indirects des réductions en cours des dotations ? Il serait en ce cas conforme aux attendus théoriques, selon lesquels la fonction de redistribution des revenus s'accommode mal de la décentralisation et doit plutôt rester un des attributs des gouvernements centraux (Prud'homme, 1994).

Les politiques fiscales locales peuvent alors trouver diverses issues, et se manifester de diverses façons, lorsqu'il s'agit d'accroître les produits perçus. Le levier fiscal, en l'occurrence l'augmentation des taux d'imposition, demeure néanmoins la voie la plus efficace, la plus assurée d'aboutir rapidement. Son usage est d'ailleurs évoqué côté gouvernement puisqu'il est avancé que la baisse en cours des dotations étatiques est soutenable. Elle induira une évolution des dépenses locales proche de l'inflation si l'évolution des autres recettes des collectivités, notamment fiscales, vient compenser la diminution des versements de l'État ; si cette compensation n'intervient pas, la progression des dépenses resterait encore supérieure à l'évolution (*Jaune budgétaire*, 2016). Il en va donc de la croissance des produits des impôts locaux et de la perpétuation du modèle de fonctionnement local. La baisse des dotations est vraisemblablement soutenable : en 2015, celle affectant le secteur communal représentait un peu moins de 2 % des recettes de fonctionnement des communes et de leurs intercommunalités.

Il apparaît moins probable qu'elle puisse être compensée par un accroissement d'un montant équivalent du produit fiscal local. En se fondant sur des estimations d'ensemble[37], il ressort que si la perte

37. La diminution pratiquée en 2015 vaut 2,1 milliards d'euros pour le secteur communal et 1,45 milliard d'euros pour les communes. Le produit communal de la taxe d'habitation valait 14,616 milliards d'euros en 2015, celui bénéficiant au

de ressources des communes imputable à la réduction de leur DGF en 2015 avait dû être contrecarrée par une augmentation de leur taxe d'habitation, le taux moyen de la taxe aurait crû de près de 2 points ; selon un raisonnement analogue, il en faudrait une élévation de 2,3 points pour l'ensemble du secteur communal. Le produit de la taxe aurait quant à lui augmenté de près de 23 euros par habitant en s'en tenant aux seules communes, de 33 euros par habitant si l'on raisonne pour l'ensemble du secteur communal[38]. Les évaluations différeraient peu si elles étaient conduites pour 2016. Dans les faits, certes, la compensation ne reposerait pas uniquement sur la taxe d'habitation et elle pourrait provenir d'une majoration de toutes les taxes ; elle serait alors moindre que celle estimée. Les majorations du taux apparaissent cependant bien plus conséquentes que celles qui ont récemment pu être pratiquées pour les communes d'Île-de-France et des Pays de la Loire, qui sont sur ce plan vraisemblablement illustratives de ce qui peut advenir au niveau de l'ensemble national. Qui plus est, même si la part des collectivités pratiquant des hausses de taux s'accroît, on a constaté que celle des localités où les taux stagnent demeure encore majoritaire. De multiples freins à l'usage du levier fiscal ont été mentionnés : les modes de fonctionnement en vigueur ne peuvent évoluer ni radicalement ni substantiellement à brève échéance. Le fait que les diminutions de la DGF vont aller se cumulant, au moins jusqu'en 2017, soulève de fait la question des possibilités locales d'opérer un cumul en miroir d'augmentations des taux des taxes. En l'état et sur la base des informations réunies, les collectivités ne sauraient être tenues comme jouant la carte d'une hausse généralisée des prélèvements fiscaux, contraire à la dynamique économique d'ensemble.

---

secteur communal s'élevait à 21,679 milliards d'euros. Le taux communal moyen de la taxe était de 19,06 % et celui pour le secteur communal valait 24,19 % (source : *CLEC* 2016).

38. Le montant moyen de la taxe, en 2015, est proche de 230 euros/hab. pour les communes et de 340 euros/hab. pour l'ensemble du secteur communal.

Faute d'un ajustement effectif ou sur la base d'une augmentation encore modérée des recettes de la fiscalité locale, quand elle pourrait constituer un moyen pour lever la contrainte financière pesant sur les collectivités, la soutenabilité des budgets locaux reposerait sur une moindre progression des dépenses locales. Il apparaît localement que les démarches d'instrumentation de la gestion publique locale, fondées sur une rationalisation de la gestion des dépenses publiques sont fréquemment pratiquées (Segas, 2016). Les collectivités sont d'ailleurs incitées à modérer la progression de leurs dépenses et l'ODEDEL (Objectif D'Évolution de la DEpense Locale)[39] vient fixer des repères collectifs. L'objectif reste certes indicatif, la disposition devant demeurer compatible avec le principe de libre administration des collectivités. Il n'en demeure pas moins que conjointement aux pratiques locales, l'objectif et l'attention dont ce dernier est entouré sont entre autres significatifs de la forte présence dans la sphère publique des principes de rigueur gestionnaire. Partant, pourrait-on faire état d'impératifs d'austérité pour les collectivités qui verraient leur rôle s'amenuiser parce qu'elles ne seraient pas en mesure d'élever leurs impôts ou parce que leurs élus ne choisiraient pas de recourir au levier fiscal ?

Les choix fiscaux des communes observées, sur le versant de l'augmentation des taux des taxes locales, sont illustratifs de la diversité des options locales. On peut faire l'hypothèse que les décisions de maintenir les niveaux d'imposition stables se déploient dans une multitude de situations et de contextes variés. Une forte disponibilité de la matière taxable suffisant à garantir les produits requis, des hausses répétées dans la période passée, des taux déjà élevés, une frilosité politique, une gouvernance complexe… constituent autant de justifications à un maintien en l'état des niveaux de taxation. La

39. Il a été institué par la Loi de programmation des finances publiques (LPFP) pour la période 2014-2019. L'ODEDEL est révisé chaque année et décliné par strate de collectivités (régions, départements, communes) et d'établissement public de coopération intercommunale (EPCI) à compter de 2016.

réponse des collectivités à la contrainte budgétaire, qu'elle prenne forme de recours au levier fiscal et/ou de rigueur gestionnaire, ne peut alors être unique ou univoque. Dans un ensemble décentralisé et au nom de l'autonomie locale, l'impératif de redressement des comptes, de rigueur et même d'austérité si ce dernier est agi au niveau de l'État, prend alors nécessairement diverses connotations, dans sa rencontre des contextes et des politiques territoriales. Cette territorialisation des réponses locales à la contrainte financière requerrait une analyse en soi.

Les premières explorations statistiques tentées ne permettent pas de conclure quant à l'existence de corrélations négatives entre l'importance des taux d'imposition et celle de leurs variations annuelles : les taux n'augmentent pas systématiquement là où ils sont les plus faibles, et inversement. Elles ne mettent pas non plus en évidence de lien contraire entre l'importance des bases d'imposition locales et celle du niveau de taxation. Pour certains observateurs, l'effort fiscal supporté par les contribuables décroît lorsque les bases augmentent (CPO, 2010) ; pour d'autres, ces relations inverses ne sont pas avérées (Guengant, Tavera, 2000). Il apparaît que, parmi celles observées, les communes faiblement dotées en matière imposable ne sont pas toujours celles où les taux des taxes sont les plus élevés. Des modélisations économétriques en bonne et due forme devraient être conduites afin de tester quelles sont les interrelations éventuelles entre les divers éléments constitutifs des systèmes fiscaux locaux. En l'absence, on peut supposer que des collectivités disposant d'une faible richesse fiscale ou financière, celles se trouvant dans une situation de déprise… sont moins à même de hausser les niveaux de prélèvements que celles qui sont mieux dotées ou plus dynamiques. Les conditions de l'autonomie fiscale sont diversement distribuées ; elles sont localement plus ou moins favorables à l'exercice de l'autonomie financière et budgétaire. De ce fait, la nécessité d'un recours accentué aux taxes locales serait en mesure d'accentuer la vulnérabilité d'un certain nombre de collectivités. La contrainte des ressources, sous le poids de la baisse des versements étatiques et des difficultés locales à trouver des substituts dans les produits fiscaux, serait de la sorte renforcée pour les localités concernées. Les conditions d'offre de services publics locaux en pâtiraient. Les processus de différenciation territoriale l'emporteraient alors, comparativement à ceux qui contribuent à l'homogénéisation des situations (Pinson, Reignier, 2012). Des risques de rupture des équilibres budgétaires, et conjointement de perte d'autonomie, émergeraient-ils alors dans certains territoires, suscitant des besoins accrus en termes de péréquation et… de dépenses étatiques ?

Bibliographie

- ALBERT J.-L., « Le secteur communal et la répartition des ressources publiques : problématiques actuelles », *Revue française d'administration publique*, 4 (144), 2012, p. 1053-1059.
- ASSOCIATION DES MAIRES DE FRANCE, « Analyse des finances du bloc communal en 2015 – Synthèse et analyse des résultats de l'enquête de l'AMF sur les conséquences de la baisse des dotations sur les finances du bloc communal en 2016 » [en ligne], 2016.
- BINET M.-E. et PENTECÔTE J.-S., « Structure de l'impôt et cycle électoral au plan municipal », *Économie et prévision*, 3 (174), 2006, p. 113-127.
- BOUVIER M., « Le Conseil constitutionnel et l'autonomie fiscale des collectivités territoriales : du quiproquo à la clarification », *Nouveaux Cahiers du Conseil constitutionnel*, 33, 2011.
- COMMISSION DE RÉFORME DE LA TAXE PROFESSIONNELLE, *Rapport au Premier ministre présenté par M. Olivier Fouquet*, 2004.
- CONSEILS DES PRÉLÈVEMENTS OBLIGATOIRES CPO, *La fiscalité locale*, 2010.
- COUR DES COMPTES, *Les finances publiques locales – Rapport sur la situation financière et la gestion des collectivités territoriales et de leurs établissements publics*, 2016.
- DAFFLON B. et MADIÈS T., « Décentralisation : quelques principes issus de la théorie du fédéralisme financier », *Notes et Documents*, Agence française de développement (AFD), 2008.
- DERYCKE P.-H. et GILBERT G., *Économie publique locale*, Paris, Economica, Association de Science Régionale de Langue Française, 1988.

- DIRECTION GÉNÉRALE DES COLLECTIVITÉS LOCALES DGCL, *Les collectivités locales en chiffres 2016*, Ministère de l'Intérieur, 2016.
- FORUM POUR LA GESTION DES VILLES ET DES COLLECTIVITÉS, *Fiscalité 2016 des grandes collectivités locales*, Note d'information, 2016.
- FRÉVILLE Y., *Rapport d'information fait au nom de la Commission des finances, du contrôle budgétaire et des comptes économiques de la Nation sur les dégrèvements d'impôts locaux*, n° 71, Session ordinaire de 2003-2004, 2003, Sénat.
- FRITSCH B. et NAVARRE F., « Modes de développement territorial et ressources fiscales locales : l'exemple des bases de la taxe foncière sur les propriétés bâties », Communication au colloque de l'ASDRLF, Belfort, 2012.
- GERMAIN J. et PIRÈS-BEAUNE C., *Pour une dotation globale de fonctionnement équitable et transparente : osons la réforme, Rapport au Premier ministre*, 2015.
- GILBERT G., « Fiscalité locale : une grille de lecture économique », *Document de travail, n° 87*, AFD, 2009.
- GUENGANT A., « Équité, efficacité et égalisation fiscale territoriale », *Revue économique*, vol. 44, n° 4, 1993, p. 835-848.
- GUENGANT A., « Redistribution territoriale des perspectives de croissance des budgets locaux après la réforme de la fiscalité locale des entreprises », *Revue d'économie régionale et urbaine*, 5, 2013, p. 911-926.
- GUENGANT A., GILBERT G., HOORENS D., LAURENT P., LE MEUR Y. et UHALDEBORDE J.-M., « Fiscalité locale : pourquoi rien ne va plus », *Pouvoirs locaux*, 03, 2005, p. 33-124.
- GUENGANT A. et TAVÉRA C., « Taux d'imposition locaux optimaux et processus d'ajustement progressif : existe-t-il des clubs communaux en France ? », *Économie et prévision*, 146 (5), 2000, p. 113-126.
- HERTZOG R., « Les ressources publiques sous tension : victimes ou causes de la crise des finances publiques ? », *Revue française d'administration publique*, 44, 2012, p. 915-928.
- HOUDEBINE M. et SCHNEIDER J.-L., *Mesurer l'influence de la fiscalité sur la localisation des entreprises*, Insee, Série des documents de travail de la Direction des études et synthèses économiques, 1997.

- LE LIDEC P., « Chapitre 2. La décentralisation, la structure du financement et les jeux de transfert de l'impopularité en France », *in* P. BEZES et A. SINE, *Gouverner (par) les finances publiques*, Paris, Presses de Sciences Po, 2011, p. 149-192.
- LE SAOUT R. et SEGAS S., « La domination politique par les dispositifs financiers. L'exemple de la dotation de solidarité communautaire (DSC) », *Politix*, 1 (93), 2011, p. 141-165.
- MADIÈS T., PATY S. et ROCABOY Y., « Externalités fiscales horizontales et verticales. Où en est la théorie du fédéralisme financier ? », *Revue d'économie politique*, 115 (1), 2005, p. 17-63.
- MINISTÈRE DE L'ÉCONOMIE ET DES FINANCES, *Jaune budgétaire, Annexe au projet de loi de finances pour 2016 – Transferts financiers de l'État aux collectivités territoriales*, 2016.
- NAVARRE F. et ROUSSEAU M.-P., *Nouvelle géographie fiscale et financière des ensembles intercommunaux*, AdCF, 2013.
- PINSON G. et REIGNER H., « Différenciation et standardisation dans la(es) politique(s) urbaine(s) », *in* A.-C. DOUILLET, A. FAURE, C. HALPERN et J.-P. LERESCHE (dir.), *L'action publique dans tous ses états – Différenciation et standardisation*, Paris, L'Harmattan, 2012, p. 163-178.
- PRUD'HOMME R., « On the dangers of decentralization », *Policy Research Working Paper*, n° 1252, World Bank, Washington DC, 1994.
- SEGAS S., « Les usages politiques de "l'effet ciseaux" budgétaire – La nouvelle instrumentation de la gestion publique des communes et intercommunalités », *Métropolitiques* [en ligne], 2016.
- TAVERA C., GUENGANT A. et GILBERT G., « Les collectivités locales peuvent-elles restaurer leur capacité de financement ? Les enseignements du modèle macroéconomique APUL », *Économie et prévision*, 3 (189), 2009, p. 21-39.
- THOMAS O., « Intercommunalité française et hausse de la pression fiscale : effet collatéral ou stratégie politique délibérée ? », *Revue française d'administration publique*, 3 (127), 2008, p. 461-474.
- UHALDEBORDE J.-M., « Les politiques fiscales des communes : marges de manœuvres et manœuvres à la marge », *Politiques et management public*, 2 (4), 1984, p. 7-37.

Partie II

PERSPECTIVES FINANCIÈRES COMPARÉES

Chapitre 3

LA POLITIQUE D'AUSTÉRITÉ ET LES FINANCES LOCALES AU ROYAUME-UNI

Alexandre GUIGUE
Maître de conférences en droit public
Université Savoie Mont Blanc

Depuis 2010, le gouvernement britannique est engagé dans une politique d'austérité drastique assez controversée. Ainsi, Paul Krugman, prix Nobel d'économie, connu pour ses thèses hostiles aux politiques d'austérité, a publié le 29 avril 2005 une tribune au titre éloquent : « The austerity delusion. The case for cuts was a lie. Why does Britain still believe it[1]? » Le texte ne porte pas sur les chiffres et les conséquences financières de la politique d'austérité du premier gouvernement Cameron, mais propose plutôt une analyse du discours politique ambiant qui s'est renforcé depuis que le même Cameron a obtenu la majorité absolue à la Chambre des communes à l'issue des élections législatives de 2015. Dans le même registre, l'OCDE a lancé en février 2016 un appel pour que ses pays membres les plus aisés délaissent leur politique d'austérité au profit d'une politique plus tournée vers l'investissement. Les coupes budgétaires décidées par Londres ont toutes sortes de conséquences, notamment des répercussions fortes sur les finances des autorités locales. Dans la presse, la situation des

1. *The Guardian*, 29 avril 2015. « Le mirage de l'austérité. L'argument en faveur des coupes était un mensonge. Pourquoi le Royaume-Uni y croit-il encore ? [traduction de l'auteur].

finances locales est apparue de manière originale. En février 2016, les journaux britanniques ont révélé que la mère de David Cameron avait signé une pétition pour protester contre la fermeture de services dédiés à l'enfance dans son comté d'Oxfordshire. Elle a ensuite révélé que David Cameron avait lui-même écrit au conseil de ce même comté, le 14 septembre 2015, pour se plaindre en sa qualité d'électeur dans ce comté des coupes budgétaires décidées par ce conseil[2]. Le président du conseil du comté d'Oxfordshire a saisi l'occasion pour répondre point par point au citoyen peu ordinaire qui l'interpellait et s'en est suivi un débat portant sur l'impact de la politique d'austérité décidée par David Cameron lui-même, en qualité de Premier ministre, sur les finances locales. L'histoire a de quoi étonner parce que le conseil du comté d'Oxfordshire est du même bord politique que le Premier ministre et que, à l'évidence, le désaccord est flagrant sur la politique d'austérité engagée et, plus précisément, sur l'ampleur de ses conséquences sur les autorités locales.

L'ouvrage porte sur la rigueur, l'austérité. L'objectif de cette étude n'est pas d'ajouter à la bataille des mots. Elle suggère qu'au Royaume-Uni, les finances locales sont placées sous le signe d'une rigueur en provenance de Londres. Mais cette rigueur ne provient pas seulement de l'agenda politique de David Cameron. Elle fait partie intégrante du système unitaire et centralisé du Royaume-Uni. L'ensemble des finances locales est étroitement contrôlé et les autorités locales n'ont qu'une faible autonomie financière. Il convient donc de préciser le cadre rigoureux des finances locales britanniques avant d'envisager les conséquences financières de la politique d'austérité. Sur ce dernier point, les chiffres avancés par le *National Audit Office* (NAO) dans son rapport de 2014 laissent pantois :

– une baisse du financement par le gouvernement des autorités locales de 28 % entre 2010 et 2014 ;

2. Les coupes dénoncées portaient sur des maisons de retraite, des librairies, des musées…

– une baisse du pouvoir dépensier des autorités locales de 25 % entre 2010 et 2016.

Au Royaume-Uni, il y a trois niveaux d'administration (sauf en Angleterre) :

– le gouvernement central de l'ensemble du Royaume-Uni ;
– les gouvernements régionaux pour l'Écosse, le pays de Galles et l'Irlande du Nord (rien pour l'Angleterre ou plutôt le gouvernement central lui-même) ;
– les autorités locales.

Dans cette étude, il sera question de la situation des composantes du Royaume-Uni (Écosse, pays de Galles et Irlande du Nord) ainsi que celles des autorités locales anglaises, avec quelques comparaisons avec les autorités locales écossaises. La période analysée s'étend de 2011-2012 à 2014-2015. Elle correspond à la programmation pluriannuelle des dépenses publiques annoncée dans le cadre du *spending review*, présenté après les élections législatives de 2010. L'essentiel des données exploitées provient du gouvernement central, du gouvernement d'Édimbourg et du *National Audit Office* et provient des trois rapports suivants :

– *Department for Communities and Local Government, Local Government Financial Statistics England*, n° 24, 2014, 227 p.
– *HM Treasury, Statement of funding policy: funding the Scottish Parliament, National Assembly for Wales and Northern Ireland Assembly*, novembre 2015, 73 p.
– *National Audit Office, The Impact of funding reductions on local authorities*, novembre 2014, 56 p.

La plupart des chiffres et des pourcentages utilisés pour présenter le cadre financier des autorités locales portent sur l'année financière 2012-2013, car les rapports fournissent toutes les informations pertinentes correspondant à cette période. Des changements sont intervenus depuis et sont pointés dans l'étude. Celle-ci s'articule autour de deux parties : le cadre rigoureux du système financier local britannique (I) et les conséquences sur les finances locales de la politique d'austérité engagée en 2010 (II). Cependant, avant d'évoquer les finances locales, des précisions s'imposent sur le paysage local du Royaume-Uni (Partie préliminaire).

Partie préliminaire : le paysage local du Royaume-Uni

Le paysage local au Royaume-Uni est complexe. Il l'est encore plus depuis la dévolution engagée à partir de 1997. Le Royaume-Uni se compose de quatre nations (Angleterre, Écosse, pays de Galles, Irlande du Nord) au sein desquelles existe un niveau local (les conseils locaux et les maires). La population du Royaume-Uni est de 64 millions d'habitants (Angleterre : 53 millions d'habitants, 83,9 % du total ; Écosse : 5,295 millions d'habitants, 8,4 % du total ; pays de Galles : 3 millions d'habitants, 4,8 % du total ; Irlande du Nord : 1,8 million d'habitants, 2,9 % du total).

A. Les composantes du Royaume-Uni (Angleterre, Écosse, pays de Galles et Irlande du Nord)

Écosse. À la suite du référendum de 1997 (large majorité), le *Scotland Act* de 1998 rétablit le Parlement d'Édimbourg et lui transfère un pouvoir de législation primaire pour les compétences non réservées par le texte au Parlement de Westminster. La compétence dévolue la plus remarquable porte sur la modulation du taux de l'impôt sur le revenu. Une loi de 2012 a modifié la loi de 1998 dans le sens d'un approfondissement de la dévolution écossaise. Le gouvernement écossais est dirigé par un *First Minister*. Le 18 septembre 2014, les Écossais se sont prononcés par référendum pour le maintien de l'Écosse au sein du Royaume-Uni. Les compétences dévolues à l'Écosse sont : agriculture, forêts et pêche, éducation et formation, environnement, services de santé et sociaux, logement, droit et ordre public, administration locale, sports et arts, tourisme et développement économique, divers aspects liés au transport[3].

Pays de Galles. À la suite du référendum de 1997 (faible majorité), le *Government of Wales Act* de 1998 crée une assemblée unique, le *National Assembly of Wales (Cynulliad Cenedlaethol Cymru)*, sans gouvernement. Après les premières élections (1999), une distinction est établie entre l'Assemblée nationale (organe délibérant) et un gouvernement dirigé par un *First Minister*, distinction consacrée par la suite par une loi de 2006. À l'origine, l'assemblée galloise n'obtient qu'un pouvoir de législation secondaire. Au terme d'un processus par étapes qui s'est achevé par un nouveau référendum en 2011, le pays de Galles dispose désormais d'un pouvoir législatif primaire pour les compétences dévolues listées par la loi de 1998, modifiée en 2006. Les compétences dévolues au pays de Galles sont : agriculture, pêche, forêt et développement rural, monuments et bâtiments historiques, culture, développement économique, environnement, incendie et services de secours, alimentation, services de santé et sociaux, autoroutes et transport, logement, administration locale, L'Assemblée nationale galloise, administration publique, action sociale, sport et activités récréatives, tourisme, aménagement du territoire, défense contre les inondations, langue galloise[4].

Irlande du Nord. À la suite de l'accord de Belfast (dit du Vendredi saint) et du référendum de 1998 (large majorité), le *Northern Ireland Act* de 1998 confie à l'Assemblée d'Irlande du Nord (préexistante) un pouvoir de législation primaire. L'exécutif d'Irlande du Nord est dirigé par un *First Minister*. L'autorité de Belfast n'a fonctionné que par intermittence depuis 1999 en raison de désaccords persistants entre catholiques et protestants. La loi de 1998 avait en effet

3. Les listes reproduites dans cette étude sont les listes publiées par le site internet du gouvernement du Royaume-Uni (*www.gov.uk*).

4. *Ibid.*

prévu la possibilité pour Londres de suspendre le dispositif en cas de désaccord avec une reprise en main par le gouvernement du Royaume-Uni. Les compétences dévolues au pays de Galles sont : les services de santé et sociaux, éducation, emploi et qualifications professionnelles, agriculture, sécurité sociale, pensions familiales, logement, développement économique, administration locale, questions environnementales (y compris planification environnementale), transport, culture et sport, la fonction publique d'Irlande du Nord, l'égalité des chances, la justice[5].

Angleterre (la question dite du « West Lothian »). L'Angleterre est la seule composante à ne pas bénéficier de la dévolution et à ne pas être représentée par une assemblée ou un Parlement local. Elle est représentée par le seul Parlement de Westminster. En 1977, cette anomalie a été pointée par le député Tam Dalyell. Après des décennies de réflexion et de propositions, une solution a enfin été trouvée. Le règlement de la Chambre des communes a été modifié pour prévoir que les députés des circonscriptions hors Angleterre ne pourront se prononcer sur les textes qui ne portent que sur l'Angleterre.

La gestion du *local government* fait partie des compétences dévolues à l'Écosse, le pays de Galles et l'Irlande du Nord, ce qui a une conséquence importante sur les finances locales puisque cela ajoute un niveau d'administration. Pour l'Angleterre, il n'existe pas de niveau intermédiaire entre le gouvernement à Londres et les autorités locales. Il y a cependant le cas particulier de Londres et de sa structuration en *boroughs* et l'Autorité du Grand Londres (*Greater London Authority*) qui est une autorité locale à statut particulier.

5. *Ibid.*

B. Le niveau local (zones métropolitaines, zones des shires, *Londres)*

La structure traditionnelle du paysage local a longtemps reposé sur la paroisse et le comté. Puis les districts ont progressivement remplacé les paroisses, ce qui a entraîné un important regroupement de communes. Le *Local Government Act* de 1972 a créé deux niveaux d'administration locale en Angleterre : le conseil de comté (*county council*)[6] et le conseil de district (*district council*)[7]. En 1985, une première réforme (*Local Government Act 1985*) a proposé aux agglomérations qui le souhaitaient la création de *« metropolitan districts »* cumulant les pouvoirs et les compétences des districts et des comtés, auxquels ils devaient se substituer sur le territoire de l'agglomération. Dans les années 1990, le gouvernement conservateur a voulu étendre la simplification aux zones rurales. La réforme de 1992 (*Local Government Act 1992*) a créé des *« unitary authorities »*, mais divers problèmes politiques ont empêché leur généralisation laissant un double système à différents endroits. À l'échelle de l'Angleterre, il y a donc tantôt deux échelons tantôt un seul. Parmi les *single-tier councils*, on dénombre 32 *London Boroughs*, 36 *Metropolitan districts*, 55 *unitary authorities*, 1 *Isles of Scilly*. Parmi les *two-tier councils*, on compte 27 *county councils* et 201 *district councils*.

En Irlande du Nord, le système est très particulier notamment en raison de l'existence d'organismes divers dotés de compétences qui en Angleterre sont gérées par l'administration locale[8]. On compte 26 *unitary districts councils*. En Écosse, on compte 32 *unitary local authorities* auxquels sont associés des *councils*. Au pays de Galles, on compte 22 *unitary local authorities*.

6. Compétent en matière d'éducation, de services sociaux et de transport.

7. Compétent en matière de services de loisirs, des ordures ménagères et du recyclage.

8. D. PEEL, G. LLOYD, *Local self-government in Northern-Ireland*, Observatory on Local Autonomy, 2011.

Pour être complet, il faut ajouter l'agglomération londonienne avec la ville de Londres, l'Autorité du Grand Londres et ne pas oublier les 32 *London Boroughs*. Il existe aussi une multitude d'agences (*agencies*) qui délivrent divers services et qui bénéficient de ressources publiques.

Tableau 1

Les autorités locales anglaises

		Nombre d'autorités
Zones métropolitaines	Conseils de districts	36
	Autorités à compétence unique	20
Zones des shires	Conseils uniques	56
	Conseils de comté	27
	Conseils de districts	201
	Autorités à compétence unique	55
Zone de Londres	Ville de Londres	1
	Boroughs de Londres	22
	GLA	1
	Autorités à compétence unique	4

Source : Inspiré de : Department for Communities and Local Government/, /Local Government, Financial Statistics England, *n° 25, 2015, p. 2.*

Les compétences exercées au niveau local sont les suivantes : éducation (écoles, crèches, cantines... ; formation pour la jeunesse, les adultes et les familles), autoroutes, routes et transport, services sociaux pour les enfants et les adultes, logement, services culturels, services environnementaux, aménagement et développement du territoire, service de la protection (sûreté, incendie, premiers secours, etc.), services centraux et autres services (collectes des impôts, état civil, élections…). Le GLA est particulier et ne dispose que de quatre compétences fondamentales : la police métropolitaine, les services d'incendie et d'urgence, le transport et le développement économique[9].

I. La rigueur du cadre financier local au Royaume-Uni

Le total des dépenses publiques du Royaume-Uni est de 743 milliards de livres pour 2013-2014 parmi lesquelles des dépenses publiques locales à hauteur de 169 milliards de livres (98 milliards de livres pour la seule Angleterre). Les dépenses publiques des autorités locales représentent 23 % des dépenses publiques du Royaume-Uni, 76 % proviennent du gouvernement central et 1 % d'entreprises publiques.

Graphique 1

Provenance des dépenses publiques au Royaume-Uni, 2013-2014

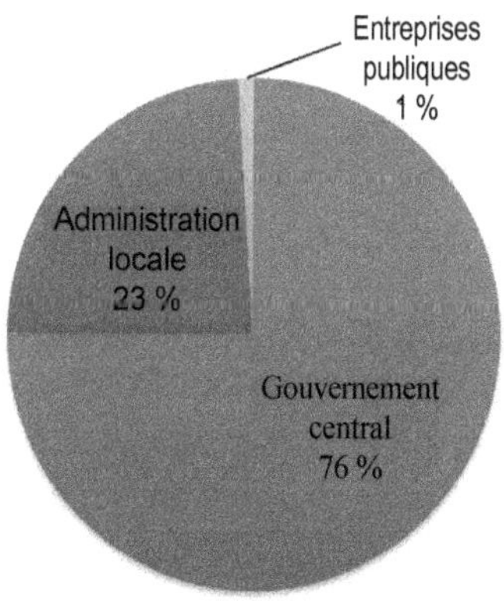

Source : Department for Communities and Local Government, Local Government Financial Statistics England, *n° 25, 2015, p. 6, diagramme 1.4a.*

9. Department for Communities and Local Government, Local Government *Financial Statistics England*, n° 25, 2015, p. 2.

Pour présenter le cadre financier britannique, il faut distinguer le niveau des pays (A) du niveau local (B). Dans les deux cas, l'autonomie financière est extrêmement réduite.

A. L'autonomie financière relative des autorités régionales

Le processus de dévolution a entraîné la création d'un Parlement et de deux assemblées représentatives dans les composantes du Royaume-Uni (Écosse, pays de Galles et Irlande du Nord). Les autorités dévolues ont obtenu un transfert de compétences qui, en Angleterre, sont directement exercées sous la responsabilité du gouvernement central. La création de ces territoires à statut particulier a rendu nécessaire l'organisation de relations de finances publiques claires et transparentes entre le gouvernement central (à Londres) et les autorités dévolues. Cet arrangement financier est surveillé de près par les assemblées représentatives des différentes composantes.

Le cadre général des dépenses publiques du Royaume-Uni ainsi que les politiques macroéconomiques relèvent de la Trésorerie britannique. Ainsi, le financement des autorités régionales est déterminé par la Charte de responsabilité budgétaire (*Charter for Budget Responsibility*) qui constitue le plan pluriannuel de programmation budgétaire du Royaume-Uni. En d'autres termes, le gouvernement central fait d'abord une programmation budgétaire pluriannuelle et détermine ensuite le financement qu'il alloue aux composantes du Royaume-Uni. Si la compétence et l'impulsion proviennent de Londres, le processus implique cependant une étroite collaboration entre le gouvernement central et les gouvernements des composantes.

Sans entrer dans trop de détails, car ce n'est pas l'objet de la présente étude, il faut établir une distinction parmi les dépenses publiques qui relèvent du *DEL (Departmental Expenditure Limit*) et celles qui relèvent de l'AME (*Annually Managed Expenditure*). Le *DEL* ou *Block grant* (dotation globale) est fixé par le gouvernement central avec des objectifs pluriannuels, exprimés en termes de plafonds de dépenses. Près de 85 % des ressources des composantes sont constituées par une dotation globale (*Block grant*) censée couvrir des dépenses qui ont leur équivalent en Angleterre. Chaque année, un réajustement de cette dotation est opéré en tenant compte du niveau des dépenses publiques en Angleterre et de la population de chaque composante par rapport à celle de l'Angleterre. Cette formule, imaginée en 1978 par le secrétaire en chef de la Trésorerie, Lord Barnett, s'est imposée et s'est maintenue en dépit de nombreuses critiques, y compris celles formulées par Lord Barnett lui-même. Une fois que les autorités dévolues disposent de leur *DEL*, elles sont libres de déterminer leurs dépenses, le *Block grant* devant financer le *DEL*. Chaque autorité dévolue a son propre Trésor public (*Consolidated Fund*) qui est alimenté par différentes catégories de ressources qui financent le *DEL* et les autres dépenses décidées par le gouvernement dévolu (dotations du gouvernement central, fiscalité locale, produits non fiscaux, fonds de l'Union européenne, emprunt).

Le *DEL* de l'Écosse, et donc le *Block grant* est stable. Il est d'environ 30 milliards de livres depuis 2010. Cela signifie que Londres verse 30 milliards de livres au gouvernement écossais pour les dépenses qui ont leur correspondance en Angleterre. Cela représente 85 % de l'ensemble des ressources écossaises. Le pourcentage inclut la *council tax* qui est directement perçue par les autorités locales et dont le taux est fixé par elles. Les autres ressources écossaises (*council tax* des autorités locales incluses) ne représentent (pour 2015-2016) pas plus de 5 milliards de livres.

Graphique 2

Récapitulatif des finances publiques de l'Écosse

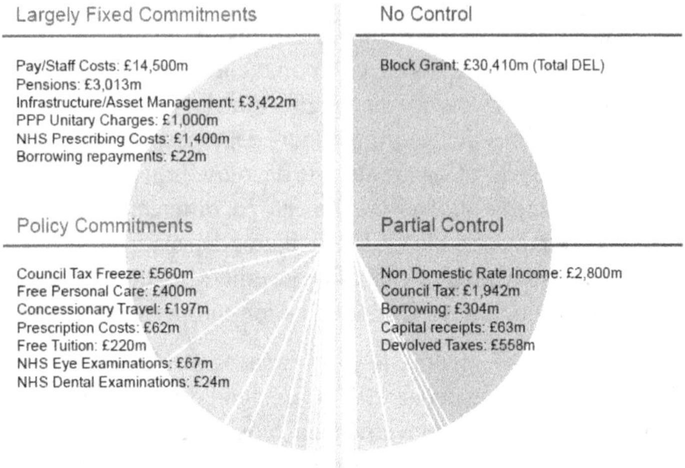

Source : Financial Scrutiny Unit Briefing, Budget Scrutiny, 2015-26, The Scottish Parliament, Scottish Parliament Information Center, Ross Burnside, 24 octobre 2014, p. 5.

L'autre type de dépenses est l'*AME* (*Annually Managed Expenditure*). Il s'agit de dépenses publiques contingentes essentiellement financées par des dotations fléchées. Leur détermination résulte d'un dialogue entre le gouvernement central et le gouvernement de la composante concernée. L'*Office for Budget Responsibility* publie des prévisions de l'*AME* deux fois par an. Une fois ces dépenses déterminées, elles sont essentiellement financées par des dotations fléchées en provenance du gouvernement central.

Le pouvoir d'emprunt dévolu à Édimbourg est strictement réglementé. Pour les dépenses d'investissement, il ne peut pas dépasser 3 milliards de livres et l'emprunt annuel ne peut excéder 10 % de la dotation globale perçue par l'Écosse pour la partie investissement de son *DEL*. Le montant total de l'emprunt pour d'autres objets que les dépenses de capital est plafonné à 1,75 milliard de livres. La part annuelle de ce type d'emprunt est également plafonnée, par la Trésorerie.

Le *Scotland Act* de 2012 a prévu pour 2016 de nouveaux transferts fiscaux au profit de l'Écosse (portant sur les transactions de terrain et d'immeubles et sur le retraitement des déchets par enfouissement). En conséquence, le *Block grant* de l'Écosse pour 2015-2016 a baissé. Le pouvoir de modification de l'impôt sur le revenu dévolu à Édimbourg est porté à 10 %. Enfin, une nouvelle loi portant sur l'Écosse a été adoptée en 2016 et prévoit de nouveaux transferts d'ici 2020. Il s'agit surtout de la rétention de la moitié de la TVA perçue en Écosse et de la détermination des tranches et des taux applicables à ces tranches pour l'impôt sur le revenu hors épargne et hors dividendes.

Il n'est pas nécessaire d'entrer dans plus de détails pour les besoins de l'étude. Si Londres souhaite une politique d'austérité, il lui suffit de diminuer le plafond des dépenses publiques du Royaume-Uni. Par application de la formule de Barnett, le plafond des dépenses publiques de chaque composante se trouve automatiquement diminué. Comme le choix entre politique d'austérité et politique de relance est de la compétence exclusive du gouvernement central, l'Écosse, le pays de Galles et l'Irlande du Nord sont à la merci des décisions prises à Londres.

B. La stricte réglementation du budget des autorités locales

Les autorités locales subissent, elles aussi, la centralisation politique et budgétaire du système britannique, mais leur autonomie est, toutes proportions gardées, un peu plus importante que pour les composantes du Royaume-Uni. Leurs ressources se répartissent principalement en trois catégories :

- les dotations en provenance du gouvernement (Londres, Édimbourg, Cardiff ou Belfast) ;

– la fiscalité locale (les impositions dont le taux est fixé localement et le prélèvement opéré localement ainsi que les impositions dont le taux et le prélèvement dépendent du gouvernement) ;
– différentes recettes non fiscales mobilières ou immobilières.

Avant de présenter brièvement les différentes catégories de ressources locales (2) et les dépenses locales (3.), une comparaison rapide s'impose entre les finances d'une autorité locale anglaise et celles d'une autorité locale écossaise (1).

1. Comparaison des ressources d'une autorité locale en Angleterre et en Écosse

a. Les ressources d'une autorité locale en Angleterre

Pour l'année 2012-2013, les ressources d'une autorité locale anglaise étaient constituées de 48 % de dotations en provenance de l'État, de 17 % de recettes fiscales propres (*council tax*), de 15 % d'impôts locaux redistribués et de 20 % de recettes non fiscales (mobiliers et immobiliers). Généralement, quand on décrit la part des dotations dans les ressources d'une autorité locale, la fiscalité redistribuée, qui porte sur une imposition fixée par le gouvernement et mise en commun avant redistribution, compte dans la part des dotations. On peut donc dire que les dotations diverses versées par le gouvernement représentent en moyenne 63 % des ressources d'une autorité locale anglaise[10]. Pour l'année 2013-2014, « leur part est tombée à 58 % »[11].

---

10. C'est ainsi que le gouvernement britannique présente la chose. *Department for Communities and Local Government, Local Government Financial Statistics England*, n° 24, 2014, p. 35.

11. Department for Communities and Local Government, Local Government *Financial Statistics England*, n° 25, 2015, p. 13.

Graphique 3

Répartition des ressources d'une autorité locale en Angleterre (par catégorie de ressource), 2012-2013

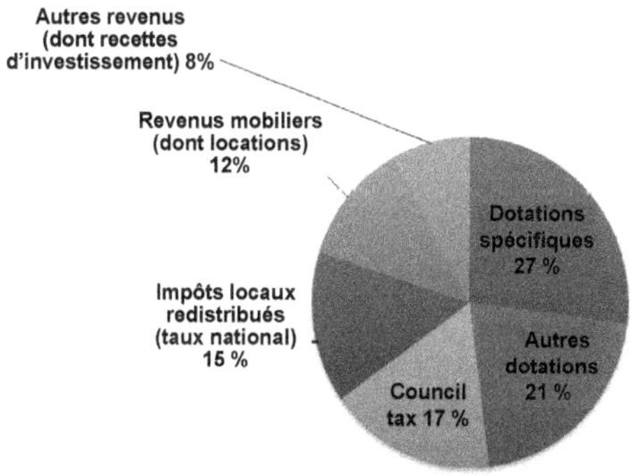

Source : Department for Communities and Local Government, Local Government Financial Statistics England, *n° 24, 2014, p. 36.*

b. Les ressources d'une autorité locale en Écosse (2012-2013)

Graphique 4

Répartition des ressources d'une autorité locale en Écosse (par catégorie de ressource), 2012-2013

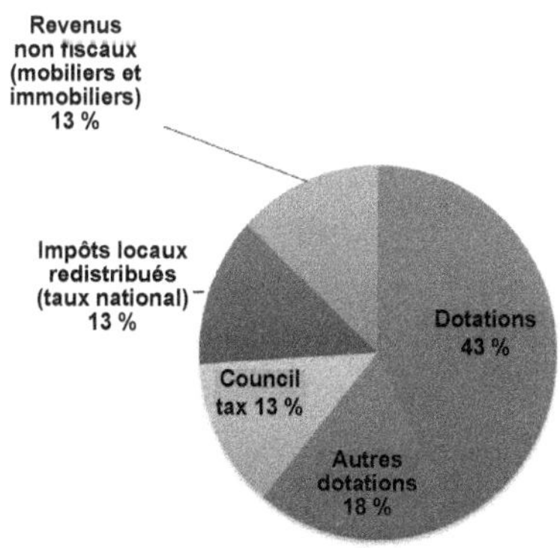

Source : Scottish Local Government Financial Statistics, A National Statistics Publication for Scotland, 2013-2014, p. 13.

Les dotations versées par le gouvernement d'Édimbourg, en incluant la redistribution de la fiscalité locale, mais dont le taux est fixé à l'échelle du gouvernement d'Édimbourg, représentent 74 %. La fiscalité locale globale représente 26 %, avec 13 % seulement pour la fiscalité locale autonome (*council tax*). La part des dotations dans les recettes locales en Écosse est plus importante qu'en Angleterre.

2. Les différentes catégories de ressources locales

a. La council tax

La *council tax* a été introduite le 1er avril 1993 en remplacement du *community charge (poll tax)* qui avait lui-même remplacé les *domestic rates* le 1er avril 1990. Il s'agit d'une taxe foncière. C'est une ressource très importante pour les autorités locales au Royaume-Uni, car son taux est fixé localement et elle est aussi prélevée localement. Les choix en termes de fixation de son taux sont très variables d'une autorité locale à une autre. En effet, une autorité locale peut décider de faire face à de nouvelles dépenses ou à une augmentation de ses dépenses en utilisant d'autres sources de financement, en particulier ses fonds en réserve.

b. Les Non domestic rates *et le* retention scheme *(impôts locaux dont le taux est fixé par le gouvernement), aussi appelés* « business rates »

Avant 1990, cette imposition était fixée localement. Depuis 1990, elle est déterminée par le gouvernement. Collecté localement, son produit est versé dans un pot commun. Avant 2006-2007, sa redistribution était opérée *per capita.* De 2006-2007 à 2012-2013, le mode de répartition a changé au profit du système prévu pour la distribution de la dotation principale. Les NDR étaient collectés par le gouvernement et redistribué aux autorités locales, le cas échéant en établissant une péréquation. Pour Londres, ce système n'encourageait pas les autorités à s'employer pour stimuler la croissance sur leur territoire.

Depuis 2013-2014, les autorités locales peuvent collecter une portion de l'impôt qui a été généré sur leur territoire (*retention scheme*). Mais elles paient aussi un pourcentage au gouvernement. Les autorités locales peuvent décider d'exonérations ciblées. Ces impositions portent sur les propriétés immobilières non domestiques. Il y a des exceptions (exploitations agricoles, églises notamment).

c. Les dotations du gouvernement

Les dotations principales versées aux autorités locales couvrent l'*Aggregate External Finance (AEF)*. Elles correspondent à une sorte de dotation globale de fonctionnement (*Revenue Support Grant*), à des impositions locales redistribuées et à des dotations spécifiques. De 2008-2009 à 2011-2012, une dotation spécifique (*Area Based Grant*) était attribuée aux autorités locales pour des besoins particuliers et répartie en fonction de critères de politique publique. À partir de 2011-2012, elle a été remplacée par une autre sorte de dotation (*Local Services Support Grant*). L'essentiel de la dotation aux autorités locales est non affecté, ce qui signifie qu'elles sont libres de l'utilisation des sommes.

d. Produits divers

Les autorités locales perçoivent des produits divers (vente, frais, locations, redevances pour services rendus…).

e. Les mises en réserve

Les autorités locales mettent en réserve des fonds en vue de couvrir des dépenses inattendues, et pour amortir d'éventuels problèmes de trésorerie. Il y a trois types de mises en réserve : des réserves pour les écoles, des réserves pour dépenses imprévues et des réserves pour divers autres objets. L'argent mis en réserve sert à la couverture des dépenses des autorités locales et leur permet de faire face en cas de coupes budgétaires décidées par le gouvernement. En 2012-2013, le total des fonds en réserve (hors écoles) correspondait à 19,4 milliards de livres.

f. La réglementation de l'emprunt local

La part de financement des dépenses de capital par l'emprunt est variable. Elle est d'environ 25 %. Les autorités locales ont emprunté en moyenne 7 milliards de livres par an entre 2008 et 2014. L'ancien système de l'emprunt local (jusqu'à 2004) prévoyait que les autorités locales pouvaient emprunter à concurrence d'un plafond fixé par le gouvernement (*credit approvals*). Depuis le 1er avril 2004, la partie 1 du *Local Government Act* de 2003 a remis à plat le système, remplaçant le système de plafonnement par le *prudential capital finance system*. Dans le cadre du nouveau système, les autorités locales n'ont pas besoin de l'autorisation du gouvernement pour financer des dépenses d'investissement par l'emprunt. Elles reçoivent un soutien financier pour la majeure partie de leurs dépenses d'investissement, mais elles sont libres de financer leurs investissements par l'emprunt tant qu'elles peuvent supporter le poids de la dette contractée. Un code dit *Prudential Code* (rédigé par le *Chartered Institute of Public Finance and Accountancy*) détaille la manière d'évaluer la capacité d'une autorité locale à soutenir le poids de sa dette.

3. Les dépenses des autorités locales

La plupart des dépenses publiques des autorités locales font l'objet d'un plafonnement au titre d'une programmation pluriannuelle. Elles sont couvertes par le *General Fund Revenue Account*. L'équivalent des services votés est appelé l'*Aggregate External Finance*. Pour les besoins de cette étude, nous nous contenterons de décrire la répartition des dépenses par fonction et la répartition des dépenses de personnel ainsi que les mises en réserve. Les dépenses d'investissement représentent en 2012-2013 environ 17 % de l'ensemble des dépenses des autorités locales.

a. La répartition des dépenses par fonction

Graphique 5

Répartition des dépenses par fonction (Angleterre), 2012-2013

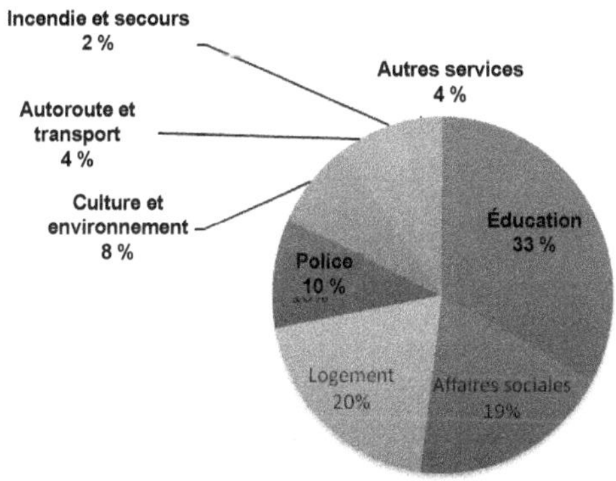

Source : Department for Communities and Local Government, Local Government Financial Statistics England, n° 24 2014, p. 71.

Il est à noter que les dépenses en matière d'éducation ont profondément évolué en raison d'un transfert de compétences des autorités locales vers les nouvelles académies, un grand nombre d'écoles s'étant transformées en académies entre 2010 et 2013.

Une remarque semblable doit être faite s'agissant du logement. Le *Housing Act* de 1935 réglementait le logement géré par les autorités locales. En mars 2012, le système a été remplacé par un système autofinancé avec un transfert des propriétés et des responsabilités afférentes du pouvoir central aux autorités locales. Il en est résulté une augmentation significative de l'emprunt local pour l'acquisition des propriétés transférées.

b. La répartition des dépenses de personnel

Les dépenses de personnel pèsent 50 % du budget local. Parmi ces dépenses, 28 % des dépenses financent des enseignants, 18 % des policiers et 2 % des pompiers, tandis que 48 % sont des employés affectés à d'autres tâches locales[12].

II. Les conséquences de la politique d'austérité sur les finances des autorités locales

Pour évaluer les conséquences de la politique d'austérité sur les finances des autorités locales, cette étude prend donc en compte deux sous-périodes :

- 2010 à 2014-2015 (*Fiscal mandate* présenté en 2010 par le nouveau gouvernement) ;
- depuis 2014-2015.

Depuis 2010, dans un but de réduction du déficit public, le gouvernement a réduit l'ensemble des dépenses publiques dans des proportions drastiques. Ainsi, la dette des autorités locales a chuté, passant de 8,2 % du PIB au 31 mars 1991 à 3,8 % du PIB le 31 mars 2012. Pour les régions qui bénéficient de la dévolution, le *Spending review* de 2010 prévoyait une baisse de la dotation globale pour l'Écosse de 6,8 % d'ici à 2014-2015, de 7,5 % pour le pays de Galles, de 6,9 % pour l'Irlande du Nord.

S'agissant du financement des autorités locales, la baisse programmée du financement par le gouvernement est sévère : 7,1 % de moins par an pendant la durée du *fiscal mandate*. Dans le même temps, le gouvernement a entrepris une réforme de la structure du financement des autorités locales, choisissant d'attribuer les dotations sur la base d'objectifs ciblés de politique publique en vue de stimuler

12. Données extraites d'une analyse plus globale : *Labour, goods and service. Department for Communities and Local Government, Local Government Financial Statistics England*, n° 24, 2014, p. 80.

la croissance économique locale. Cela a offert des opportunités financières aux autorités locales, mais a aussi accentué les risques et l'incertitude budgétaire pour ces mêmes autorités. Un des éléments importants du programme de réformes de 2010 est l'obligation faite aux autorités locales de choisir elles-mêmes les coupes qu'elles feront par le simple jeu de la baisse du financement gouvernemental. Le gouvernement a présenté sa réforme comme transférant un formidable pouvoir budgétaire aux autorités locales, ce qui est évidemment une manière de présenter les choses.

En 2014, le NAO a publié un rapport portant sur l'impact de la réduction du financement des autorités locales par le gouvernement britannique dont cette étude s'inspire grandement. Le rapport confirme la très forte réduction du financement des autorités locales par le gouvernement sur cinq années. Il y a cependant de grandes disparités entre les autorités locales en termes de missions et de sources de revenus, ce qui entraîne des conséquences différenciées de la politique d'austérité en fonction du type de collectivités. Les métropoles sont les plus durement touchées. Le NAO relève ainsi que ce sont les grandes villes (*metropolitans*) qui ont subi la plus forte réduction de financement, par comparaison notamment avec les conseils de comté, même si la baisse est généralisée et forte. Les conséquences sur la capacité de dépense des autorités locales sont très variables, car les autorités locales sont plus ou moins dépendantes à l'égard des dotations. Pour certaines, les dotations représentent la quasi-totalité de leurs ressources alors que d'autres peuvent compter beaucoup plus sur la fiscalité locale (*council tax*). De manière générale toutefois, la baisse du financement par le gouvernement a été faiblement amortie par la fiscalité locale. En effet, le gouvernement a anticipé la tentation qu'auraient pu avoir les autorités locales d'augmenter la *council tax* pour compenser les baisses de dotation en offrant des dotations spécifiques aux autorités qui gèleraient le taux de leur *council tax*.

Dans un tel contexte, les autorités locales ont constitué des réserves et opéré les coupes drastiques espérées par le gouvernement.

A. Les conséquences de la politique d'austérité sur les ressources locales

Pour conserver la même présentation, cette étude distingue les autorités dévolues (1) et les autorités locales (2).

1. Les conséquences sur les ressources des autorités dévolues

Les règles de financement des autorités dévolues ne les ont pas protégées des coupes budgétaires. Celles-ci ont affecté Édimbourg, Cardiff et Belfast de façon automatique par application de la formule de Barnett. En réaction, Édimbourg a prolongé son gel de la *council tax*. Les dépenses de fonctionnement ont stagné (voire augmenté de manière très faible). Le gouvernement écossais considère que ses dépenses seront en baisse cumulée de 4,2 % à l'horizon 2020.

2. Les conséquences sur les ressources des autorités locales

Les conséquences sont multiples : baisse des dotations et fléchage (a), quasi-gel de la *council tax* (b), mise en réserve et usage des réserves (c).

a. La baisse des dotations et leur réforme

Le NAO a calculé une réduction du financement par le gouvernement des autorités locales de 27,9 % pour le *local government departmental expenditure limit* (principal budget fixé par le gouvernement central pour les autorités centrales) sur la période du *spending review* 2010 (2011-2012 à 2014-2015). Le *spending review* de 2013 a inclus une réduction de 10 % pour 2015-2016 et le NAO estime, sur les bases des informations dont il dispose, que la baisse totale du financement par le gouvernement atteindra 37,3 %.

L'autre aspect important de la politique du gouvernement Cameron s'agissant des dotations allouées par le gouvernement est l'abandon progressif du système de la dotation globale au profit de dotations fléchées dans le but d'inciter les autorités à financer des secteurs particuliers. Notons toutefois qu'un certain nombre de dotations du gouvernement ne sont pas incluses dans le *DEL* et proviennent d'autres départements ministériels. C'est le cas des dotations en provenance du NHS pour abonder les services sociaux pour les adultes des autorités locales.

Les autorités locales les plus touchées par la baisse de financement sont les *metropolitan districts* (40,8 %) alors que pour les conseils de comtés, la baisse a été moins forte (32,8 %). Le moment de la baisse a aussi été différent en fonction du type d'autorités : forte baisse pendant les deux premières années, puis moindre pour les conseils de district et l'inverse pour les *conseils de comté.*

b. Les incidences sur la fiscalité locale (council tax)

Le gouvernement a anticipé la tentation qu'auraient pu avoir les autorités locales d'augmenter la *council tax* pour compenser les baisses de dotation en offrant, à partir de 2011-2012, quatre dotations spécifiques à celles qui accepteraient de geler le taux de leur *council tax*. Cependant, à partir de 2012-2013, pour les autorités locales qui n'auraient pas choisi de geler leur taux, le gouvernement a décidé de plafonner toute augmentation à 3,5 % puis à 2 % (2013-2014). Les autorités locales souhaitant passer outre devaient préalablement organiser un référendum local. Pour 2011-2012, toutes les autorités locales ont accepté le gel. Mais par la suite de moins en moins d'autorités l'ont fait (88 % en 2012-2013 et environ 65 % pour les deux années suivantes). Assez logiquement, aucune autorité locale n'a pris le risque d'organiser un référendum pour augmenter le taux de la *council tax* au-delà des seuils fixés par le gouvernement. Au final, le rendement de la *council tax* est stable sur la période, voire en légère augmentation.

Un point doit être rappelé pour apprécier les conséquences de la baisse des dotations conjuguée à la stabilité voire à l'augmentation relative de la *council tax*. D'abord, si l'on ajoute le produit de la *council tax* aux baisses de dotations, on obtient une baisse certaine du pouvoir de dépenser des autorités locales, mais moindre par rapport à la baisse du financement gouvernemental. Celle-ci atteint 37,3 % d'ici à 2015-2016 alors que le pouvoir dépensier des autorités locales ne baisse que de 25,2 %. Ensuite, la part de la *council tax* et des dotations gouvernementales dans les budgets des autorités locales est extrêmement variable. Ainsi, la *council tax* représente en moyenne 56,4 % des ressources des conseils de comtés contre 33,7 % des ressources des *metropolitan districts*. En conséquence, si la baisse du financement gouvernemental est la même, elle est beaucoup plus durement ressentie pour les *metropolitan districts*.

c. La mise en réserve et l'utilisation accrue des réserves

Les autorités locales ont la possibilité de constituer deux sortes de réserves : les réserves fléchées et les réserves non affectées. Pendant la période analysée, 80 % des autorités locales ont mis en réserve, particulièrement des réserves fléchées. Pour le NAO, cela s'explique par l'incertitude que génère la politique d'austérité pour les autorités locales. Assez logiquement, la consommation de ces mêmes réserves a été beaucoup plus importante pendant la période. Toutefois, comme les réserves ne sont pas une ressource inépuisable, la stratégie d'utilisation des réserves pour compenser la baisse des dotations ne peut être que temporaire. La plupart des autorités ont choisi d'utiliser leurs réserves pour financer leurs stratégies économies (financement de licenciements et de transformation de services pour le conseil de comté du Leicestershire, investissement immobilier pouvant générer des revenus futurs pour le London borough de Bromley…).

Avant de passer à l'impact sur les dépenses locales, soulignons que l'emprunt est resté stable sur la période parce qu'extrêmement réglementé et limité[13].

B. Les conséquences sur les dépenses locales

La politique du gouvernement Cameron consiste à décider d'une limitation du volume global des dépenses et, s'agissant des autorités locales, à limiter leurs recettes pour qu'elles ne puissent pas, en

13. Voir *supra*, p. 139.

vertu de leur propre pouvoir, augmenter leurs dépenses. Les autorités locales ont multiplié les efforts pour amortir les effets de cette contraction budgétaire (1). Elles ont cependant dû se résoudre à faire des coupes dans différents domaines (2).

1. Les efforts des autorités dévolues pour amortir l'austérité

De manière générale, les autorités dévolues, notamment l'Écosse, ont obtenu une légère augmentation de leurs dotations d'investissement pour compenser la baisse des dotations de fonctionnement. Mais à l'échelle des composantes, les autorités dévolues se retrouvent dans la même situation que le gouvernement par rapport aux autorités locales. En effet, les autorités dévolues sont compétentes s'agissant des autorités locales sur leur territoire. Le gouvernement d'Édimbourg a été le premier a décidé du gel de la *council tax* sur son territoire et ce pendant huit années consécutives, depuis la crise financière de 2008. Dans la période 2011-2015, le gouvernement écossais a réformé une partie de son système éducatif ainsi que les services d'incendie et de police. Une grande partie de l'effort annoncé pour la nouvelle période (2016-2020) porte sur les services de santé (NHS) en vue d'une plus grande efficacité. Pour le reste, le discours du gouvernement d'Édimbourg est semblable à celui de Londres. Il est question de soutenir la croissance économique portée sur l'innovation.

La sensible augmentation des dépenses de capital a permis à Édimbourg d'annoncer un investissement en matière d'infrastructure et une augmentation de la construction de logements. Dans le discours, il est ouvertement question d'investir dans le but d'amortir les coupes budgétaires décidées par Londres et de protéger les finances des ménages.

2. Les choix de coupes budgétaires des autorités locales

La stratégie des autorités locales a été de protéger le financement des missions transférées par la loi. Certains conseils ont tenté d'identifier des services qu'ils considèrent comme prioritaires au risque de protéger les services les plus utilisés par la population au détriment des autres. Pour l'essentiel, les conseils de comté et les *unitary councils* ont majoritairement protégé les services sociaux ainsi que les services environnementaux et la collecte des ordures ménagères. L'essentiel des coupes a porté sur les services de planning et de développement (46 % de réduction en moyenne). Toutes sortes de services, notamment résultant d'initiatives nouvelles, ont été considérés comme accessoires et supprimés. Tel est le cas par exemple du service d'aide au maintien à domicile des personnes âgées et des personnes les plus vulnérables.

***
*

La politique d'austérité menée depuis 2010 au Royaume-Uni est particulièrement drastique en comparaison de celles menées dans d'autres pays européens. Cela s'explique grandement par l'extrême centralisation du pays, notamment au plan financier. Sur le plan strictement politique, tous les moyens sont bons pour faire des économies et l'approche est revendiquée par la Trésorerie. En plus des coupes budgétaires, du fléchage des dotations ou encore du gel de la fiscalité locale, le transfert de certaines des compétences des autorités locales à de nouvelles structures (logement social local à des associations, éducation à des académies) permet au gouvernement de remettre à plat le financement des actions correspondantes.

Lors de la campagne en vue du référendum portant sur le maintien ou la sortie du Royaume-Uni de l'Union européenne, le Chancelier de l'Échiquier a multiplié les discours alarmistes évoquant des coupes encore plus franches en cas de vote en faveur de la sortie. Le résultat du référendum n'a pas (encore) eu d'effet sur la politique budgétaire du Royaume-Uni en raison du changement de gouvernement. Tout est désormais suspendu aux longues négociations qui se profilent.

Chapitre 4

LA LIMITATION JURIDIQUE DE L'ENDETTEMENT PUBLIC DANS LA CONSTITUTION FINANCIÈRE DES *LÄNDER* ALLEMANDS : ENTRE L'INSTITUTIONNALISATION DE LA RIGUEUR ET L'IMPULSION DE LA CONFIANCE

Jérôme GERMAIN
Maître de conférences en droit public
Université de Lorraine
Institut de Recherche sur l'Évolution de la Nation et de l'État (IRENEE)

Introduction

La période contemporaine est caractérisée par une démultiplication des règles d'équilibre budgétaire dans les États européens. Cette évolution se vérifie aussi en Allemagne et, en Allemagne, elle se constate, en outre, au niveau des États fédérés, les *Länder*. La création de l'euro a en effet contraint les pays partageant désormais une monnaie unique à se soumettre à une certaine coordination de leurs politiques budgétaires. Cette coordination a pris entre autres la forme d'un encadrement juridique de l'endettement public. La crise de 2008 puis celle de l'euro ont passablement accéléré le creusement de l'endettement public, dont l'encours n'avait d'ailleurs cessé de se dégrader depuis une trentaine d'années. Ces crises ont alors en partie été combattues par le durcissement des limitations juridiques de l'endettement public. Malgré leur but avoué de lutter contre l'endettement public, ces règles jouent tout de même un rôle ambigu.

A. la lutte contre les déficits dans la Constitution financière des Länder

L'Allemagne connaît une longue tradition de Constitution financière et, en son sein, de limitation matérielle de l'emprunt public. La Constitution financière peut être définie comme l'ensemble des normes supra-législatives limitant le pouvoir de décision du législateur et de l'exécutif en matière financière.

Ces limitations sont plus visibles lorsqu'elles bornent matériellement la politique financière de l'État. Ainsi, la Constitution allemande de 1870 réservait déjà par exemple l'endettement public au financement des dépenses exceptionnelles. En France, la constitutionnalisation en 2008 de l'objectif d'équilibre des comptes publics esquisse l'apparition d'une Constitution financière, relayant le droit européen de la discipline budgétaire nationale.

Dans un État fédéral comme l'Allemagne, ces limitations sont aussi très importantes même lorsqu'elles ne concernent que les procédures, c'est-à-dire l'attribution du pouvoir de décider. Par exemple, la Constitution actuelle de l'Allemagne réserve depuis son adoption en 1949 certains impôts aux *Länder* et d'autres au *Bund* (l'État fédéral). Dans un État unitaire comme la France, la répartition constitutionnelle ou organique des matières financières entre le règlement et la loi peut jouer un rôle similaire (ampleur des reports de crédits possibles, plafond autorisé des décrets d'avance…).

En Allemagne, la nouveauté de ces normes anti-endettement public est double. Tout d'abord, ces limitations semblent aujourd'hui juridiquement plus effectives que dans le passé puisqu'elles bénéficient des contrôles juridictionnels apportés par l'État de droit et la justice constitutionnelle. Par ailleurs, ces limitations de l'endettement public procèdent d'une convergence des droits européens, fédéral et fédérés, produisant un système de prime abord intimidant.

B. la double fonction des normes juridiques anti-dette

Ces règles de limitation de la dette publique expliqueraient-elles les bons résultats budgétaires de l'Allemagne ? En effet, les budgets du *Bund* et des *Länder* sont excédentaires en 2015. Les déficits structurels ont été remplacés par des soldes structurels et la dette des administrations publiques diminue progressivement pour se situer aujourd'hui à 71,2 % du PIB. L'endettement des *Länder*, représentant plus des 600 milliards des 2 000 milliards d'euros de la dette publique allemande, est, lui aussi, en voie de réduction[14].

Les *Länder* préservent toutefois leur pouvoir de s'endetter. Comme nous le verrons, les dérogations demeurent larges et les contrôles, notamment juridictionnels, restent faibles. En conséquence, la discipline budgétaire des élus et la stimulation de la confiance économique constituent probablement la principale fonction de ces nouvelles normes juridiques de lutte contre la dette publique.

Nous allons donc voir dans un premier temps que la limitation de l'endettement des *Länder* allemands passe entre autres par la démultiplication des normes juridiques de lutte contre l'endettement public (I). Nous verrons ensuite dans un second temps que les *Länder* préservent dans certaines limites le droit de s'endetter (II).

---

14. Ces chiffres proviennent de l'Office fédéral des statistiques, consultable sur *destatis.de*.

I. la démultiplication des normes juridiques de lutte contre l'endettement public

Le droit européen (A) et le droit constitutionnel (B) conjuguent leurs efforts pour maîtriser la spirale de la dette souveraine.

A. le désendettement des Länder *par le droit européen*

Le désendettement des *Länder* par le droit européen s'appuie originellement sur le Pacte de stabilité et de croissance (PSC), qui relève du droit de l'Union européenne (1). Il a été récemment complété par le Traité sur la stabilité, la convergence et la gouvernance de l'Union économique et monétaire, qui est encore un simple traité international devant à terme intégrer le droit de l'Union européenne (2).

1. Le Pacte de stabilité et de croissance

Le traité de Maastricht établissant une Union européenne en 1993 a créé une Union économique et monétaire (UEM) destinée à faire fonctionner la monnaie unique européenne, l'euro[15]. Afin d'assurer la viabilité de l'euro, le traité de Maastricht prévoit un certain nombre de critères, dits critères de Maastricht. Les plus connus d'entre eux sont un déficit public inférieur à 3 % du PIB et un endettement public inférieur à 60 % du PIB. L'originalité de ces critères tient entre autres au fait qu'ils s'appliquent à l'ensemble des administrations publiques. Non seulement l'État fédéral, mais aussi les *Länder* ainsi que les collectivités locales et la Sécurité sociale sont soumis à ces critères. Leur respect doit en effet permettre une certaine convergence des politiques budgétaires des pays ayant adopté l'euro et formant la zone euro (ou euroland). Le Pacte de stabilité et de croissance, conclu en 1997, précise ces critères et leurs modes de contrôle. Il est pour cela complété par deux règlements européens, eux aussi adoptés en

15. J.-L. ALBERT, *Finances publiques*, Dalloz, 2015, p. 254 *sq*.

1997. Après avoir été assoupli en 2005 à la demande de la France et de l'Allemagne, le PSC est durci pour combattre la crise de l'euro en 2011 par le 6-Pack et en 2013 par le 2-Pack[16].

Le 6-Pack a notamment inclus la dette publique dans le champ de la procédure pour déficit excessif (PDE). Même si cela est souvent passé inaperçu, la PDE ne concernait auparavant que les déficits publics annuels et non la dette publique cumulée, pourtant plus dangereuse pour le pays. Depuis 2011, les États dépassant le plafond des 60 % doivent réduire chaque année leur endettement de 20 % du dépassement de ce plafond. Le 6-Pack a aussi renforcé la sanction des déficits excessifs en instaurant le principe d'une majorité qualifiée inversée. La sanction devient automatique sauf si une majorité des 2/3 des États s'y oppose. En cas de PDE, il est à présent pour les États plus difficile d'échapper à une sanction.

Le 2-Pack a quant à lui principalement complété le suivi européen des procédures budgétaires nationales en organisant une procédure d'avis de la Commission européenne sur les projets de lois financières nationales à l'automne. Bien que juridiquement consultatifs, ces avis, qui concluent le Semestre européen, exercent tout de même une forte pression politique sur les États.

2. Le Traité sur la stabilité, la convergence et la gouvernance de l'UEM

Le Traité sur la stabilité, la convergence et la gouvernance de l'UEM (TSCG) a été adopté en 2012 peu après le Traité sur le mécanisme européen de stabilité (MES). Le MES est destiné à aider les pays européens en difficultés financières et risquant le défaut souverain, c'est-à-dire le défaut de paiement de la part des administrations publiques. Les aides du MES ne doivent pas être versées à fonds

16. Le 6-Pack est composé de 5 règlements européens et d'une directive européenne et le 2-Pack est composé de 2 règlements européens. A. BAUDU, *Finances publiques*, Dalloz, 2015, p. 156 *sq*.

perdu. C'est pourquoi ces aides éventuelles sont conditionnées par le respect des engagements du Pacte budgétaire européen contenu dans le TSCG[17]. Ce Pacte budgétaire européen prévoit d'une part l'intégration en droit national d'une norme de déficit structurel et d'autre part l'organisation au niveau national du contrôle de son respect. La norme de déficit structurel durcit celle déjà présente dans le PSC depuis 2005.

Au-dessous d'un endettement public de 60 % du PIB, les États ont droit à un déficit structurel inférieur à 1 % du PIB. Au-dessus d'un endettement public de 60 % du PIB, les États ont droit à un déficit structurel inférieur à 0,5 % du PIB. Un OMT (objectif à moyen terme) respectant ce plafond doit être visé par la politique budgétaire de chaque État par le biais d'une trajectoire pluriannuelle d'ajustement, c'est-à-dire de réduction progressive des déficits (Germain, 2013). Le déficit structurel représente le déficit public corrigé par les variations conjoncturelles. Il procède du décalage entre la production potentielle permise par la pleine utilisation des moyens de production et la production effective exprimée par la croissance économique mesurée. Plus parlant que le déficit public, il est aussi plus difficile à calculer que le déficit public. Exigé par l'Allemagne en contrepartie du MES, le TSCG engage comme le PSC toutes les administrations publiques et donc aussi les *Länder* (Germain, 2014).

B. Le désendettement des Länder *par le droit constitutionnel*

Le désendettement des *Länder* par le droit constitutionnel a pour source la Loi fondamentale (*Grundgesetz*), c'est-à-dire la Constitution fédérale de l'Allemagne (1). Elle fournit un cadre à la lutte contre la dette publique fédérée. Ce cadre doit être complété par les *Länder* au niveau du droit fédéré (2). Ils n'ont pas encore tous intégré ce commandement fédéral dans leur Constitution fédérée.

17. Titre 3 du TSCG.

1. Le nouveau principe d'équilibre budgétaire de la Loi fondamentale

Le frein constitutionnel à l'endettement est le nouveau principe d'équilibre budgétaire de la Loi fondamentale (LF – Germain, 2012). Il a été introduit dans la Constitution fédérale en 2009[18]. Trois de ses caractéristiques retiendront ici particulièrement notre attention.

---

18. Article 109 LF : (1) La Fédération et les *Länder* sont autonomes et indépendants les uns des autres dans leur gestion budgétaire.

(2) La Fédération et les *Länder* accomplissent ensemble les obligations de la République fédérale d'Allemagne qui résultent des actes juridiques de la Communauté européenne pris sur le fondement de l'article 104 du traité créant la Communauté européenne en vue de respecter la discipline budgétaire et dans ce cadre ils tiennent compte des exigences de l'équilibre de l'ensemble de l'économie.

(3) Les budgets de la Fédération et des *Länder* doivent être par principe équilibrés sans les recettes provenant des emprunts. La Fédération et les *Länder* peuvent prévoir des règles tendant à prendre en compte de façon symétrique en période de croissance et de récession les effets d'une évolution anormale de la conjoncture ainsi que des règles exceptionnelles en cas de catastrophe naturelle ou de situations exceptionnelles d'urgence qui échappent au contrôle de l'État et qui compromettent considérablement les finances publiques. Pour les règles exceptionnelles, des règles corrélatives de remboursement doivent être prévues. Pour le budget fédéral, l'article 115 fixe les modalités de ces règles, étant entendu qu'il est satisfait à la phrase 1 lorsque les recettes provenant des emprunts ne dépassent pas 0,35 pour cent du produit intérieur brut. Pour les budgets des *Länder*, ceux-ci fixent les règles dans le cadre de leurs compétences constitutionnelles, étant entendu qu'il n'est satisfait à la phrase 1 que si aucune recette provenant d'emprunts n'est admise.

(4) Une loi fédérale requérant l'approbation du Bundesrat peut établir pour la Fédération et les *Länder* des principes communs de droit budgétaire, de politique budgétaire conjoncturelle et de planification financière pluriannuelle.

(5) Les mesures de sanction de la Communauté européenne, prises dans le cadre de l'article 104 du traité créant la Communauté européenne pour assurer le respect de la discipline budgétaire, sont supportées par la Fédération et les *Länder* dans la proportion de 65 à 35. L'ensemble des *Länder* supporte solidairement 35 % des charges incombant aux *Länder*, en proportion du nombre de leurs habitants ; 65 % des charges incombant aux *Länder* sont supportés par les *Länder* au prorata de leur contribution aux actes sanctionnés. Une loi fédérale requérant l'approbation du Bundesrat fixe les modalités.

D'une part, il organise une différence de traitement entre le *Bund* et les *Länder*, ce qui permet de distinguer entre un frein fédéral à l'endettement entièrement contenu dans la Loi fondamentale et des freins fédérés à l'endettement, contenus en partie dans la Loi fondamentale et en partie dans le droit fédéré. D'autre part, à l'instar du frein fédéral, le frein fédéré à l'endettement met en place une différence de traitement entre les déficits conjoncturel et structurel.

Le déficit structurel est ainsi totalement interdit pour les *Länder* à partir de 2020[19] tandis que le *Bund* se voit préserver un droit au déficit structurel à hauteur de 0,35 % (par an) du PIB[20] depuis 2016. En attendant, des aides financières et une trajectoire de désendettement sont prévues afin de permettre aux *Länder* de revenir à l'équilibre structurel en 2020[21].

En revanche, le déficit conjoncturel demeure permis aux *Länder* comme au *Bund* dans la limite du critère maastrichien d'un déficit public global de 3 % du PIB[22]. Il doit cependant jouer un rôle contra-

19. Article 143d LF.

20. Signalons que ce plafond de 0,35 % du PIB s'analyse comme une règle de présentation et non d'exécution budgétaire. En effet, c'est seulement à partir d'un déficit structurel plus important (1,5 % du PIB) que se déclenche l'obligation de réduire le déficit structurel. Par conséquent, le *Bund* lui-même n'est soumis qu'à un principe d'équilibre structurel moins rigoureux qu'il n'y paraît. Il peut laisser filer même en l'absence de toute situation exceptionnelle ou de dérogation quelconque son déficit structurel jusqu'à 1,5 % du PIB avant d'être contraint de le réduire. Le déficit conjoncturel, qui est autorisé, n'étant possible que pour compenser une phase baissière du cycle économique et le reste du déficit public étant du déficit structurel, le déficit apparaissant jusqu'à 1,5 % du PIB au compte de contrôle ne peut être, en effet, qu'un déficit structurel.

21. Ces aides, qui sont aussi prévues par l'article 143d LF, sont réservées aux *Länder* les plus endettés : Berlin, Brême, Sarre, Saxe-Anhalt et Schleswig-Holstein. Financées par le *Bund* et les *Länder*, elles peuvent être suspendues si le *Land* aidé ne remplit pas ses obligations en termes de désendettement.

22. La Commission européenne, dans son rapport sur la situation de l'Allemagne, critique l'ampleur des excédents commerciaux de l'Allemagne. Elle incite le *Bund* et les *Länder* à plus investir afin de soutenir la demande intérieure et les importations

cyclique. En d'autres termes, le déficit conjoncturel peut être utilisé afin de compenser les phases baissières des cycles économiques. Mais, il doit alors être remboursé pendant les phases haussières des cycles économiques. Il ne peut d'ailleurs en aller autrement sans quoi le plafond des 60 % du PIB serait immanquablement dépassé par l'endettement au fil des déficits annuels. Cette ouverture au pilotage macroéconomique de la Loi fondamentale ne sera cependant pas aisée à mettre en œuvre. En effet, la délimitation des cycles économiques et des niveaux de déficit conjoncturel est difficile à calculer et ne peut d'ailleurs être établie qu'*a posteriori*.

Enfin, des dérogations au frein à l'endettement sont autorisées en cas de circonstances exceptionnelles (guerre, crise économique, accident technologique majeur, catastrophe naturelle). L'application du frein à l'endettement est alors suspendue pendant cette période. Les dérogations envisageables sont similaires pour le *Bund* et pour les *Länder*. Les *Länder* peuvent cependant les compléter lors de leur concrétisation du frein à l'endettement.

2. Sa concrétisation dans les Constitutions fédérées

La Loi fondamentale, respectueuse du principe d'autonomie financière des États fédérés, prévoit que les *Länder* précisent dans leurs Constitutions fédérées la physionomie du frein à l'endettement auquel ils se soumettent. Ils doivent respecter pour cela les principes du frein fédéré à l'endettement posés par la Loi fondamentale. En l'absence de concrétisation du frein à l'endettement dans leur ordre juridique fédéré, les *Länder* s'exposent à l'application du frein à l'endettement prévu par la Loi fondamentale. Celui-ci serait plus radical parce que laissant inexploitées les possibilités de dérogations et d'exceptions autorisées par la Loi fondamentale pour les *Länder*.

---

allemandes. Elle l'invite ainsi à mieux utiliser les marges de manœuvre budgétaires permises par l'excédent budgétaire. Voir *Rapport sur l'Allemagne*, 26 février 2016.

II. La préservation du droit de s'endetter par les Länder

Le durcissement des règles anti-dette publique n'ayant pas privé les *Länder* du droit de s'endetter, il convient de relativiser la signification de ces dispositifs (A). Les normes anti-dette publique formant un dispositif peu contraignant et peu sanctionné, leurs fonctions non juridiques jouent un rôle au moins aussi important que leur fonction juridique (B).

A. la relativisation de la limitation de l'endettement

Le contrôle national censé assurer le respect des règles européennes par les *Länder* est finalement peu contraignant (1). Les *Länder* ont aussi fait montre d'une remarquable imagination afin de préserver leur liberté de s'endetter (2).

1. Un contrôle national non contraignant des règles européennes

La transposition allemande du TSCG par une simple loi fédérale le 15 juillet 2013 pourrait peut-être un jour être condamnée par la Cour de justice de l'Union européenne (CJUE). Aujourd'hui, les États signataires possèdent déjà la possibilité de saisir la CJUE s'il considère qu'un autre État ne respecte pas le Pacte budgétaire européen[23]. Comme le TSCG est destiné à intégrer le droit de l'Union européenne à terme[24], la Commission européenne pourrait attaquer dans le cadre d'un recours en manquement les transpositions insuffisantes du TSCG. Outre le fait qu'elle ne respecte pas l'obligation de transposition dans une norme supra-législative, comme le stipule le TSCG, la transposition allemande du TSCG ne protège pas vraiment la règle d'équilibre structurel qu'il consacre.

En effet, le contrôle national des règles européennes de discipline budgétaire en Allemagne paraît particulièrement inoffensif. Il est tout d'abord de nature non juridictionnelle puisqu'il est confié à un

23. Article 8 TSCG.
24. Article 16 TSCG.

Conseil de stabilité[25]. Il est ensuite dépourvu de sanctions puisque ce Conseil de stabilité ne peut émettre que des avis. Seule la garantie du frein constitutionnel à l'endettement, en ce qu'elle recoupe en partie les règles européennes, possède une dimension juridictionnelle puisqu'elle est confiée à la Cour constitutionnelle fédérale de Karlsruhe (CCF).

Ce contrôle juridictionnel du frein fédéral est cependant en deçà des exigences européennes. D'une part, la règle de présentation d'un déficit structurel de 0,35 % du PIB ne s'applique pas à l'ensemble des administrations publiques, comme le prévoit le TSCG, mais seulement au *Bund*. D'autre part, la règle d'exécution du frein fédéral n'oblige à réduire le déficit structurel qu'à partir de 1,5 % du PIB alors que le TSCG pose un plafond de 0,5 % du PIB. Au niveau du frein fédéré, il faudra attendre les premières jurisprudences pour savoir dans quelle mesure précisément les juges constitutionnels fédérés ou fédéral développent un tel contrôle vis-à-vis des finances fédérées. Les finances locales et sociales, quant à elle, ne font pas partie du champ d'application du frein à l'endettement.

Le contrôle européen du respect des critères de Maastricht prenant la forme de la PDE s'avère plus dissuasif que le contrôle assuré en Allemagne des règles européennes. Certes, il vise officiellement l'État fédéral. Mais celui-ci doit répondre de l'ensemble des administrations publiques allemandes, y compris les *Länder* donc. Il peut sembler lointain et peut contraignant pour les *Länder*. Cependant, d'après l'article 109 LF, les *Länder* seraient mis à contribution de façon solidaire au paiement des amendes dues par l'Allemagne à hauteur de 35 % en cas de condamnation pour déficits excessifs par le Conseil de

25. Article 109a LF. Le Conseil de stabilité (*Stabilitätsrat*) est composé du ministre fédéral de l'Économie et des ministres fédéral et fédérés des Finances. Il est assisté d'un conseil adjoint indépendant (*unabhängiger Beirat*) composé d'experts et d'anciens politiques. Le Conseil de stabilité et son conseil adjoint correspondent au Conseil budgétaire indépendant prévu par le droit européen et prenant en France la forme du Haut-Conseil des finances publiques.

l'Union. La répartition de l'amende due par les *Länder* s'effectuerait en fonction de la population de chaque *Land*. Le texte dispose que 65 % de l'amende due par chaque *Land* est calculée en fonction de ses propres déficits excessifs. Mais sa formulation indique sans ambiguïté que les *Länder* seraient associés au paiement de l'amende selon la clé de répartition indiquée (35 % du total réparti entre eux selon leur population) même s'ils n'avaient aucunement contribué à un déficit excessif de l'Allemagne. La PDE et sa transposition dans l'article 109 LF contribuent ainsi, même si ce n'est qu'indirectement, à responsabiliser les *Länder* face à leur endettement cumulé et leur déficit annuel. Mieux, le risque de devoir payer même en l'absence de déficit fédéré excessif les incite à se comporter en vigie de l'ensemble des finances publiques allemandes. Cela ne peut qu'influencer leur action au sein du Bundesrat par exemple ou bien dans leur politique de financement des collectivités locales. Remarquons tout de même, là encore, que le déficit et l'endettement ne sont pas interdits. Afin de se concilier avec les souverainetés nationales, ils sont seulement punis par des amendes. Les *Länder*, au même titre que le *Bund*, préservent la possibilité de présenter des déficits excessifs à condition de payer l'amende européenne, qui peut donc aussi s'analyser comme une sorte de taxe (fort élevée au demeurant) autorisant des dérogations, ici des déficits élevés.

2. Les assouplissements excessifs au frein constitutionnel

Aujourd'hui, les freins fédérés à l'endettement sont moins contraignants que le frein fédéral à l'endettement en raison des assouplissements excessifs apportés par les *Länder* lors de la concrétisation du frein à l'endettement.

Il faut en premier lieu constater que de nombreux *Länder* ont préféré (ou bien ont dû faute de majorité au Parlement fédéré) concrétiser le frein à l'endettement au niveau infra-constitutionnel plutôt que dans leur Constitution. Seule une minorité de *Länder* a conféré au frein à l'endettement une force constitutionnelle[26]. Dépourvu de valeur supra-législative, il peut alors dans la majorité des *Länder* être contredit par la loi de finances annuelle sans risque de sanction immédiate par le Tribunal constitutionnel fédéré. La saisine de la CCF pour violation de l'article 109 LF est certes possible, mais l'ampleur de la sanction demeure incertaine.

Il faut ensuite prendre conscience que la plupart des constitutionnalisations du frein à l'endettement au niveau fédéré prennent de grandes libertés avec le cadre posé par la Loi fondamentale. Il semble constant que ces concrétisations, malgré leur valeur constitutionnelle, cherchent à minimiser les contraintes du frein à l'endettement. Les élus ont entendu préserver leurs marges d'appréciation plutôt que de se lier les mains pour l'avenir.

Cette tendance s'exprime notamment à travers la démultiplication des dérogations invocables par une majorité simple au Parlement fédéré. La facilité d'une telle suspension du frein à l'endettement ouvre la voie à des utilisations fréquentes de ces dérogations. Ce dévoiement est de nature à priver d'effet pratique le frein à l'endettement[27].

---

26. La Bade-Wurtemberg, la Basse-Saxe, la ville-État de Brême, la Saxe-Anhalt et la Thuringe ont concrétisé le frein à l'endettement à un niveau infra-constitutionnel. La ville-État de Berlin, le Brandenbourg, la Rhénanie-Westphalie du Nord et la Sarre n'ont toujours pas introduit en droit fédéré le frein à l'endettement. Outre la perte de la possibilité de préciser des dérogations éventuelles, ces *Länder* risquent donc à partir de 2020 d'être soumis non seulement au frein à l'endettement de la Loi fondamentale, mais aussi au contrôle direct de la Cour constitutionnelle fédérale en ce domaine.

27. En Bavière, ainsi, aucune condition particulière de majorité parlementaire n'est requise pour entrer dans la phase dérogatoire du frein à l'endettement.

La définition du champ d'application du frein fédéré à l'endettement permet aussi d'atténuer ses contraintes. Par exemple, en faisant sortir certains budgets du respect du frein à l'endettement, un nombre conséquent de *Länder* espère satisfaire plus facilement aux exigences d'un frein à l'endettement en partie vidé de son contenu[28].

Rares sont aussi les *Länder* à prévoir des comptes de contrôle semblables à celui existant pour le budget fédéral. Sans compte de contrôle, il est impossible de calculer officiellement les déficits structurels accumulés et de mesurer les efforts nécessaires pour retourner à l'équilibre structurel[29].

Outre le compte de contrôle, les sanctions prévues en cas de violation du frein à l'endettement sont exceptionnelles au niveau fédéré. Même lorsque la norme existe au niveau constitutionnel fédéré, sa violation n'entraîne *a priori* aucune conséquence[30].

B. les fonctions non juridiques des normes anti-endettement

Parmi les fonctions non juridiques des normes anti-endettement, on peut principalement distinguer entre une fonction de discipline politique des élus (1) et une fonction médiatique (2). Elles ne sont pas

28. On retrouve de telles débudgétisations d'établissements publics notamment dans les concrétisations de la Rhénanie-Palatinat et de la Hesse.

29. Seules la Saxe (huit ans) et la Saxe-Anhalt (quatre ans) fixent un délai pour le retour à l'équilibre structurel.

30. Un mécanisme de correction automatique n'est prévu qu'en Bade-Wurtemberg, en Hesse, en Rhénanie-Palatinat et au Schleswig-Holstein. Il signifie l'obligation de proposer des mesures correctives et se déclenche lorsque le déficit structurel dépasse un certain pourcentage des recettes fiscales. Indirectement, ce dispositif revient, en contradiciton avec la Loi fondamentale, à tolérer un déficit structurel en dessous de ce seuil.

sans rappeler certaines des fonctions que les ordolibéraux allemands de l'École de Fribourg ont assignées à leur concept de Constitution économique[31].

1. La fonction de discipline politique

L'existence de ces règles juridiques anti-endettement et des procédures qu'elles organisent exercent une pression incontestable sur les élus. Elles les ont obligés à s'engager à les respecter lors de leur adoption et les conduiraient à se contredire en cas de violation. Dans le cadre du Semestre européen, elles leur sont répétées tout au long de la procédure budgétaire. Elles leur sont rappelées notamment par le gouvernement et son Programme de stabilité qu'il doit communiquer à la Commission européenne au printemps, mais aussi par la Commission européenne, notamment par le biais de son avis sur les projets de lois financières à l'automne.

La présence de ces règles au sommet de la pyramide des normes en fait un commandement constitutionnel que les élus peuvent interpréter comme un objectif politique préconisé par le constituant. Elles justifient juridiquement la rigueur budgétaire, voire l'austérité budgétaire. Elles fournissent un argument supplémentaire aux gouvernements souhaitant mener une politique de réformes structurelles destinée à réduire le poids financier des administrations publiques. Elles offrent un fondement en plus aux majorités décidées à réduire le périmètre des administrations publiques et baisser les impôts. Elles encouragent les coupes budgétaires et les allégements fiscaux.

2. La fonction médiatique

L'autre rôle joué par ces règles anti-dette publique est de rassurer les électeurs. Il ne faut pas sous-estimer cette fonction parce qu'en économie les prophéties sont souvent auto-réalisatrices. Persuader

31. J. GERMAIN, « La Constitution financière chez W. Eucken », *in* H. RABAULT (sd.), *L'ordolibéralisme aux origines de l'École de Fribourg*, L'Harmattan, 2016, p. 259 *sq*.

les acteurs économiques que la croissance et l'emploi reviennent peut effectivement contribuer à leur retour. En exprimant la volonté politique de redresser les finances publiques et de conjurer le défaut souverain, ces limitations de l'endettement public contribuent à optimiser les anticipations des agents économiques. En faisant espérer un avenir non assombri par des augmentations d'impôts destinées à rembourser la dette, les entreprises et les ménages sont plus encouragés à investir et consommer que dans le cas contraire. La croissance économique se trouve ainsi indirectement soutenue par la limitation juridique de l'endettement public.

Pour l'instant, le désendettement des *Länder* relève plus de la volonté politique et de la croissance économique que des mécanismes juridiques censés limiter l'endettement. Leur caractère peu contraignant en fait au mieux des freins au sens strict du terme. Susceptibles de ralentir la progression de l'endettement public, ils ne peuvent pas empêcher une majorité au pouvoir d'alourdir la dette souveraine. Il serait cependant intéressant de tester ces règles dans un contexte financier moins obscurci par le poids de l'endettement. Est-ce qu'en période de croissance économique forte et de dette publique faible, ces mécanismes juridiques seraient plus efficaces pour prévenir l'endettement des *Länder* ? Rien n'est moins sûr. Outre les incertitudes sur la portée des contrôles juridictionnels protégeant le frein à l'endettement et le TSCG, les possibilités de dérogations à l'interdiction de déficit structurel ainsi que la marge de manœuvre en matière de déficit conjoncturel font douter de la capacité de ces dispositifs anti-dette à empêcher le retour d'un endettement public élevé. Une épée de Damoclès est ainsi suspendue au-dessus de ces normes anti-dette. Leur fonction médiatique risque de s'émousser avec le dévoilement de leurs limites juridiques. Une fois la mèche vendue, elles devront être renforcées sous peine de demeurer platoniques.

Bibliographie

- GERMAIN J., « Le frein à l'endettement en Allemagne », revue *Gestion et finances publiques*, 11, 2012, p. 23-29.
- GERMAIN J., « La faible garantie de la nouvelle règle européenne d'équilibre structurel », revue *Gestion et finances publiques*, 7, 2013, p. 59-67.
- GERMAIN J., « La transposition allemande du TSCG : un élève trop brillant pour être discipliné », *Revue de la recherche juridique*, XXXIX, 2014.

Chapitre 5

L'AUSTÉRITÉ FINANCIÈRE LOCALE EN DROIT AMÉRICAIN

Matthieu HOUSER
Maître de conférences en droit public (HDR)
Université de Bourgogne - Franche-Comté
Centre de Recherche Juridiques de l'université de Franche-Comté (CRJFC)

L'austérité peut se définir par la présence de situations financières dégradées, se caractérisant soit par des baisses de dépenses, soit par des diminutions de ressources entraînant la remise en cause de certaines politiques publiques. Dans ce cadre, le mode de fonctionnement d'une collectivité se trouve également soumis à des évolutions, la logique démocratique pouvant s'en trouver affectée au profit d'autres modes de décision imposés par un raisonnement purement financier, ne laissant plus la possibilité aux élus locaux d'effectuer des choix.

S'interroger sur la situation en droit américain, avec en arrière-plan celle de la France, présente un intérêt majeur, compte tenu du taux d'endettement apparemment similaire de ces deux pays en 2014 au regard de la richesse du pays mesurée par le taux de PIB, ainsi que l'illustre le graphique ci-dessous de l'OCDE.

Graphique 1

Dette du gouvernement fédéral américain

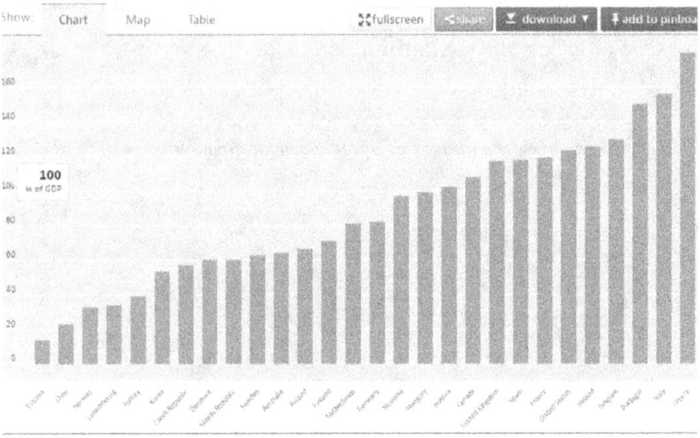

Note : Les méthodes de mesure varient d'un organisme à un autre, expliquant que les chiffres de l'Insee et de la Cour des comptes française présentent un montant de dette différent de celui de l'OCDE.

Source : https://data.oecd.org/gga/general-government-debt.htm.

La comparaison s'arrête cependant à ce stade, car l'organisation territoriale américaine apparaît très éloignée de celle de la France. En effet, chaque État, selon sa Constitution, peut définir une organisation particulière. De façon schématique, il existe :

– les collectivités à finalité générale, avec les *Counties*, *Municipalities* et *Townships* ;
– les collectivités à finalité spéciale, avec les *Special Districts*, *School districts* et *Regions*.

Un examen plus précis sur plusieurs décennies révèle que les USA ont déjà connu des types de situations que l'on pourrait qualifier « d'austéritaires », décidées notamment sous l'administration Reagan, obligeant les élus à rechercher de nouveaux leviers financiers pour financer leurs budgets et leurs politiques de développement. C'est à cette époque que certaines villes se trouvent en situation de faillite, la philanthropie prenant le relais (fondations Rockefeller, Ford, MacArthur, etc.). D'un point de vue organisationnel, les milieux d'affaires vont progressivement imposer aux élus leurs propres conceptions en matière de développement local.

À l'heure actuelle, si l'on peut constater l'apparition de situations austéritaires locales aux USA, celles-ci s'inscrivent cependant dans un contexte général qui est celui du recours accru à la dette, ainsi que l'illustrent les graphiques suivants :

Graphique 2

Total Governement Debt US from 2005 to 2015

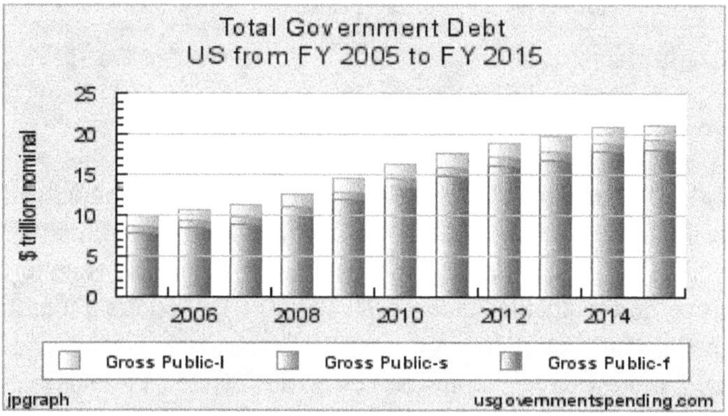

Source : http://www.usgovernmentspending.com/.

Graphique 3

Total Debt as Percent GDP US from 2005 to 2015

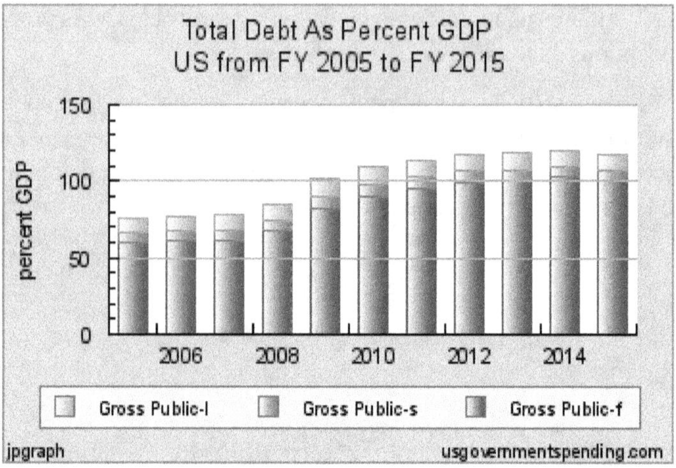

Source : http://www.usgovernmentspending.com/.

La dette publique aux États-Unis est cependant principalement celle du gouvernement fédéral. En 2005, celle-ci représentait environ 60 % du PIB, celle des États fédérés 6 % du PIB et celle des administrations locales environ 10 % du PIB. La dette a toutefois connu une forte augmentation et en 2015, notamment celle de l'État fédéral, qui est passée à plus de 100 % du PIB. Concernant le taux d'endettement des autorités locales, celui-ci s'élève à plus de 10 % du PIB, même si on observe une diminution, ce dernier se rapprochant de son niveau de 2005.

Ces dernières années, voire ces derniers mois, un certain nombre de grandes villes ont défrayé la chronique avec des situations très différentes. Ainsi, à Détroit a été constatée l'existence d'un déficit de flux de trésorerie avec un déficit cumulé de 100 millions de dollars (juin 2013). Entre 2011 et 2012, le solde a connu une augmentation de 82 % du déficit, pour atteindre 269,5 millions de dollars. La ville a souscrit plus de 8,6 milliards de dollars d'engagements pour les retraites et autres avantages de ses agents, soit 13,6 milliards de dollars. La ville a même été placée sous le régime de la faillite entraînant une perte pour les investisseurs et une baisse des pensions des retraités[1].

Chicago, pour sa part, affronte des problèmes budgétaires très graves, en comparaison avec ceux que connaissent la plupart des autres grands centres urbains. Cette situation aboutit à des fermetures importantes de services publics, notamment en matière d'enseignants, d'écoles et se manifeste également dans le refus de la ville de financer des programmes comme le *CeaseFire* (Cessez-le-feu), qui avait pourtant réussi à faire diminuer la violence dans certains des quartiers de la ville les plus touchés par la criminalité[2].

Dans un autre registre à Porto Rico, l'administration de l'île a présenté un plan d'austérité dont l'objectif est de contribuer à réduire l'endettement du pays, qui atteint 72 milliards de dollars. Ce plan sur cinq ans prévoit notamment des coupes dans les subventions aux municipalités, une augmentation de la taxe sur la valeur ajoutée, des départs anticipés à la retraite et une prolongation du gel des salaires dans les agences gouvernementales. Mais il implique aussi des négociations avec les créanciers pour restructurer quelque 47 milliards de dollars de dette[3]. Contrairement à la ville américaine de Détroit, qui a fait faillite en 2013, Porto Rico n'a pas la possibilité légale de se déclarer en faillite pour restructurer sa dette à l'abri de ses

1. Y. HOU, F. MONTZINGO, « Les multiples facettes de la faillite de Détroit. Les leçons pour la gestion future », *Revue française des finances publiques*, 131, 2015, p. 181 et s.

2. L'échec du vivre ensemble : *http://www.laviedesidees.fr/Chicago-une-ville-au-bord-du-gouffre.html.*

3. *http://www.lemonde.fr/ameriques/article/2015/09/10/porto-rico-presente-un-plan-d-austerite-pour-sortir-de-la-crise_4750659_3222.html#p0EHBBeabMiSxYCP.99.*

créanciers. Le Congrès américain a, de nouveau, refusé mi-décembre 2015 de voter une loi autorisant Porto Rico à utiliser le chapitre sur les faillites[4].

Il reste que la question de l'austérité présente quelque chose de très incertain pour les USA, compte tenu des prospectives financières aléatoires d'une année sur l'autre. Les études du *United States Government accountability office* sont très variables d'une année sur l'autre. À titre d'exemple, concernant l'évolution des ressources fiscales des États et des collectivités, en 2014, leur évolution prévisionnelle reposait sur une baisse de – 6 % du PIB jusqu'en 2050 alors qu'en 2015, la même étude envisageait une lente évolution également jusqu'en 2050[5].

Pour comprendre la situation américaine, il convient de saisir l'importance des ressources fiscales dans les budgets locaux et la relativité des financements de l'État central. Cette situation contraste singulièrement avec le droit français, dans lequel la baisse des dotations est principalement accusée d'être à l'origine de situations austéritaires. Pourtant, la baisse des fonds de l'État fédéral constitue un élément ayant contribué, dans le passé, à l'existence de situations austéritaires dans les années 1980.

---

4. *http://www.liberation.fr/planete/2016/01/01/porto-rico-menace-de-faillite_1423846*; voir *supra* pour le détail de ce mécanisme.

5. United State Government accountability office, State and local Government's fiscal outlook, 2014 Update, United State Government accountability office, State and local Government's fiscal outlook, 2015 Update; *www.gao.gov.*

Graphique 4

Shares of Municipal Revenues by Source

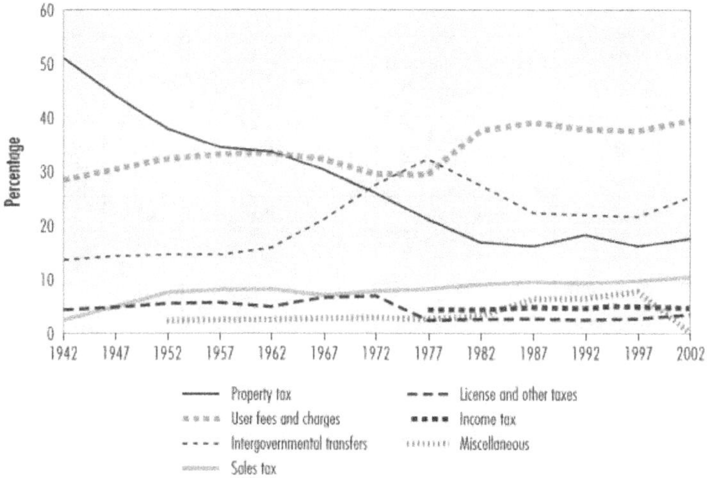

Source : Municipal Revenues and Land Policies *edited by Gregory K. Ingram and Yu-Hung Hong, 2010, p. 8.*

Dans le débat d'aujourd'hui, la baisse des fonds gouvernementaux ne semble cependant pas à l'origine des situations que l'on peut constater, notamment en raison de leur part relative dans les ressources locales, ainsi que l'illustre pour les municipalités la composition suivante :

Tableau 1

Municipal Revenue Structures by Population, 2002
(percent of general revenue)

	Intergovernmental Transfers	Own-Source Revenues			
		Total	Local Taxes		User Fees and Charge
			Property Taxes	Other Taxes	
300,000 or more	34	66	16	25	25
100,000-299,999	30	70	22	19	29
25,000-99,999	25	75	25	20	30
Under 25,000	23	77	23	19	35

Source : Municipal Revenues and Land Policies *edited by Gregory K. Ingram and Yu-Hung Hong, 2010, p. 6.*

Notons également que l'État fédéral n'a jamais été totalement absent en présence de situation financière locale catastrophique. Ainsi, le Congrès a fourni de l'aide aux municipalités dans la crise fiscale en utilisant une variété d'approches, comme cela a été le cas pour New York en 1975 faisant face à une crise fiscale sérieuse accumulant 14 milliards de dollars de dette. Cette année le Congrès a adopté une loi fournissant des prêts à court terme à New York et, en contrepartie, la ville a dû consentir à développer des procédures financières plus rigoureuses, incluant à l'époque un nouveau système comptable[6]. Le Congrès a également adopté une loi pour aider le District fédéral de Columbia pendant sa crise fiscale en 1995[7].

C'est dans ce contexte passé que les USA affrontent de nouvelles vagues de situations austéritaires locales (I), aboutissant à la mise en place de différents procédés de lutte relativement différents (II).

I. Les marques de l'austérité aux États-Unis

De nombreux exemples ont défrayé la chronique, comme celle de la ville de Flint placée sous la tutelle du gouverneur de Michigan, ce qui a accentué les problèmes sanitaires pour rechercher des économies budgétaires[8], compte tenu des « coupes » dans les dépenses de fonctionnement et d'investissement. Loin de se limiter à un seul cas, un examen plus systématique de la situation américaine s'avère nécessaire.

Plus précisément, l'apparition de situations austéritaires aux USA implique de comprendre les causes (A) afin de constater les conséquences qui en découlent, notamment en matière d'inégalités (B).

A. Les causes de l'austérité

Celles-ci peuvent être classées en deux catégories : la première concerne les hypothèses de mauvaise gestion (1) ; la seconde est relative aux baisses des ressources fiscales (2).

---

6. Dans ce cadre, un auditeur devait intervenir et exécuter un audit aboutissant à un avis sur la situation financière de la ville.

7. 11Pub. L. No. 104-8,109 Stat. 97 (Apr. 17, 1995).

8. « L'austérité aboutit à empoisonner l'eau d'une ville du Michigan », *Le Monde*, 18 janvier 2016.

1. Les cas de mauvaise gestion : l'exemple de Détroit

Le marché des obligations municipales – qui finance les communes, les comtés et les États – représente un volume de dettes de l'ordre de 4 000 milliards de dollars. Contrairement aux obligations des entreprises, il ne fait l'objet de pratiquement aucune supervision de la part des régulateurs. Les titres émis n'ont pas besoin d'être enregistrés auprès du gendarme de la Bourse, la *Securities and Exchange Commission* (SEC). Les élus locaux échappent aux obligations de transparence comptable imposées au privé. Cela s'explique par une loi votée en 1978 pour empêcher l'État fédéral de mettre son nez dans les finances locales[9] et préciser les règles de la mise en faillite[10].

L'exemple de Détroit est révélateur des hypothèses de mauvaise gestion, la ville a totalement sous-estimé la politique qu'elle a menée en matière de retraite. Ainsi, elle a délivré de 1985 à 2008 un 13e mois à tous les retraités, entraînant un coût avoisinant les 2 milliards d'euros. Dans le même temps, la ville a totalement négligé le fait que les employés diminuaient régulièrement tandis que les retraités augmentaient dans des conditions très importantes.

9. Bankruptcy Reform Act of 1978.
10. Voir *supra*.

Graphique 5

Les employés et les retraités à Détroit 1960-2012

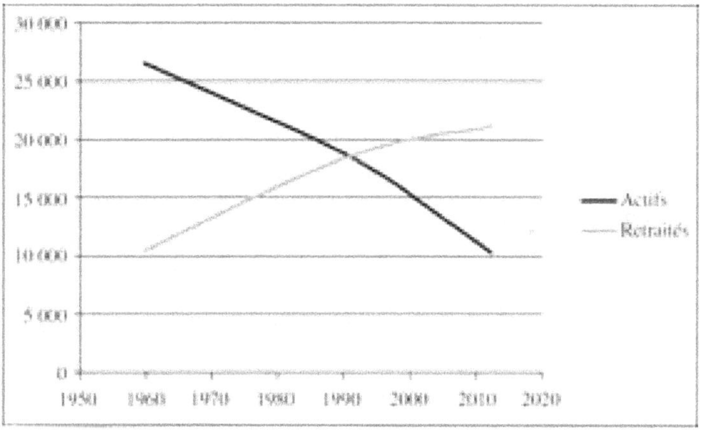

Source : Y. HOU, F. MONTZINGO, 2015, « Les multiples facettes de la faillite de Détroit. Les leçons pour la gestion future », préc.

C'est dans ce contexte particulier que la ville de Détroit a eu accès à des emprunts extrêmement importants, qu'elle a réussi à les détourner de leur finalité, à savoir financer les dépenses d'investissement grâce à des structures intermédiaires. Celles-ci ont permis de financer une partie des frais de fonctionnement de la ville. Cependant, les erreurs de gestion ne sont pas systématiquement à l'origine de situations financières difficiles, la chute des recettes fiscales contribue également à ces situations.

2. La chute des recettes locales

L'importance des recettes fiscales dans les budgets locaux constitue une particularité extrêmement forte ; or, depuis 2008, leur évolution s'avère extrêmement erratique, beaucoup plus que les recettes fiscales des collectivités françaises, entraînant malheureusement l'essor d'inégalités.

Graphique 6

Year-to-Year Change in General Fund Tax Receipts (Constant Dollars)

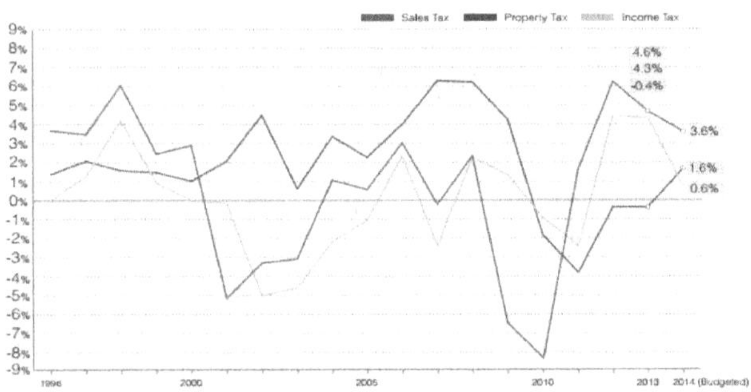

Source : National Ligue of Cities, City Fiscal Conditions in 2014.

C'est en réalité, cette évolution fiscale très volatile qui plonge de nombreuses autorités locales américaines dans une situation très difficile financièrement.

B. L'essor d'inégalités

L'essor des inégalités constitue une caractéristique majeure du système américain, trouvant sans doute son origine dans la volonté des règles de juridiques de protéger, en premier lieu, la liberté individuelle. Cette conception peut expliquer l'augmentation des inégalités entre individus en fonction des territoires dans lesquels ils habitent (1), mais également les différences financières entre situations locales (2).

1. Les inégalités entre individus

La situation de quelques grandes villes américaines démontre l'accélération des différences individuelles entre 1990 et les années 2010. En outre, cet accroissement des distinctions semble plus marqué dans les centres urbains qu'au regard de la situation globale américaine. À cela, s'ajoutent les différences importantes entre les États fédérés et les entités locales.

Graphique 7

Gini Coefficient 1990-2010

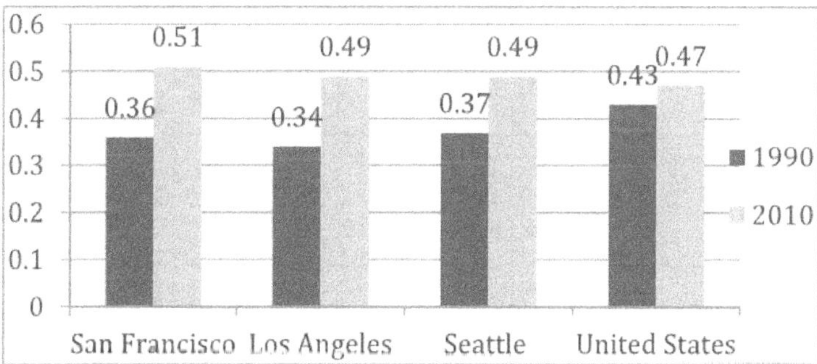

Source : San Francisco Human services Agency (2012).

2. Les inégalités entre situations locales

Le mode de financement du secteur local américain (autorités locales et États fédérés) aboutit à de nombreuses inégalités avec une dette rapportée au PIB qui varie de 4 % pour l'État du Wyoming à 24 % pour New York en 2015. Le tableau 2 illustre la situation État par État.

Tableau 2

US state et local debt

State	State Debt	Local Debt	State and local Debt	Gross State Product	Real State Product	Population
New York	9,54 %	14,85 %	24,40 %	$1,441,0	1,4 %	19,8
South Carolina	7,77 %	14,48 %	22,25 %	$198,7	1,9 %	4,9
Kentucky	7,57 %	13,50 %	21,08 %	$194,6	1,1 %	4,4
Rhode Island	16,25 %	4,66 %	20,91 %	$57,0	1,1 %	1,1
Illinois	8,76 %	11,70 %	20,46 %	$775,0	2,3 %	12,9
Pennsylvania	7,00 %	12,37 %	19,37 %	$689,2	1,7 %	12,8
Massachusetts	15,31 %	3,82 %	19,12 %	$476,7	2,0 %	6,8
New Jersey	11,91 %	6,90 %	18,81 %	$568,2	1,8 %	9,0
Washington	7,42 %	11,33 %	18,75 %	$443,7	2,9 %	7,2
Hawaii	10,77 %	7,76 %	18,53 %	$79,7	1,7 %	1,4
Nevada	2,53 %	15,74 %	18,27 %	$141,3	2,8 %	2,9
Colorado	5,58 %	12,62 %	18,20 %	$314,9	3,6 %	5,5
Arizona	5,12 %	13,04 %	18,16 %	$290,6	0,9 %	6,8
California	6,58 %	11,57 %	18,14 %	$2,458,5	4,1 %	39,1
Minnesota	5,15 %	12,93 %	18,08 %	$333,3	2,4 %	5,5
Connecticut	13,17 %	4,54 %	17,72 %	$258,5	0,6 %	3,6
Michigan	6,99 %	10,58 %	17,58 %	$466,5	1,4 %	9,9

US state et local debt

State	State Debt	Local Debt	State and local Debt	Gross State Product	Real State Product	Population
Oregon	6,98 %	10,48 %	17,47 %	$215,3	4,1 %	4,0
Kansas	4,56 %	12,80 %	17,37 %	$147,8	0,2 %	2,9
Texas	2,69 %	14,66 %	17,35 %	$1,586,5	3,8 %	27,5
West Virginia	11,64 %	5,59 %	17,23 %	$73,7	0,1 %	1,8
Alaska	11,12 %	5,99 %	17,11 %	$52,8	-0,5 %	0,7
All states combined	6,48 %	10,36 %	16,84 %	$17,947,0	2,4 %	321,4
Louisiana	7,96 %	8,75 %	16,71 %	$243,3	1,7 %	4,7
New Mexico	7,17 %	9,01 %	16,18 %	$92,2	0,7 %	2,1
Maine	9,89 %	5,55 %	15,44 %	$56,6	0,4 %	1,3
Florida	3,99 %	11,43 %	15,42 %	$882,8	3,1 %	20,3
Missouri	6,43 %	8,74 %	15,17 %	$293,4	1,3 %	6,1
Alabama	4,31 %	10,74 %	15,05 %	$204,2	1,6 %	4,9
Vermont	10,75 %	3,91 %	14,66 %	$30,4	0,2 %	0,6
Arkansas	4,00 %	10,34 %	14,34 %	$123,2	1,5 %	3,0
Utah	5,11 %	9,00 %	14,12 %	$147,1	3,3 %	3,0
Nebraska	1,72 %	12,33 %	14,05 %	$114,0	2,1 %	1,9
Ohio	5,63 %	8,38 %	14,01 %	$608,1	1,8 %	11,6
Maryland	7,34 %	6,49 %	13,83 %	$363,8	1,5 %	6,0

US state et local debt

State	State Debt	Local Debt	State and local Debt	Gross State Product	Real State Product	Population
New Hampshire	10,56 %	3,21 %	13,77 %	$72,6	0,8 %	1,3
Wisconsin	7,11 %	6,53 %	13,64 %	$305,8	1,8 %	5,8
Virginia	5,73 %	7,65 %	13,38 %	$479,8	1,4 %	8,4
Mississippi	6,63 %	6,54 %	13,17 %	$107,1	0,7 %	3,0
Indiana	5,94 %	7,08 %	13,02 %	$336,4	1,7 %	6,6
District of Columbia	1,46 %	11,28 %	12,74 %	$122,5	2,5 %	0,7
Georgia	2,73 %	8,69 %	11,42 %	$495,7	2,6 %	10,2
South Dakota	6,62 %	4,74 %	11,36 %	$46,7	1,8 %	0,9
Tennessee	1,89 %	9,11 %	11,00 %	$314,2	2,0 %	6,6
Delaware	7,44 %	3,34 %	10,78 %	$68,1	2,0 %	0,9
Montana	7,14 %	3,51 %	10,65 %	$45,9	3,5 %	1,0
Iowa	3,49 %	6,19 %	9,68 %	$174,1	0,8 %	3,1
Oklahoma	4,81 %	4,74 %	9,55 %	$180,4	1,3 %	3,9
North Carolina	3,38 %	5,77 %	9,15 %	$499,4	2,7 %	10,0
North Dakota	3,57 %	5,52 %	9,09 %	$54,8	-2,1 %	0,8
Idaho	5,50 %	3,36 %	8,87 %	$65,2	1,9 %	1,7
Wyoming	2,32 %	2,17 %	4,49 %	$38,6	0,4 %	0,6

Source : Http://www.usgovernmentdebt.us/.

L'essor de situations austéritaires entraîne, par ailleurs, un certain nombre de réactions de la part de l'État fédéral, mais également sur le plan local, aboutissant à des remises en cause de certaines politiques publiques locales.

II. La lutte contre l'austérité

L'action des pouvoirs publics américains ne semble pas être à l'origine de situations austéritaires, mais elle apparaît plutôt comme une réponse. Cependant, cette intervention semble insuffisante (A), expliquant le recours des autorités locales au secteur privé (B).

A. Une intervention insuffisante des pouvoirs publics

L'État fédéral a cherché à aider les entités locales avant que celles-ci ne soient dans une situation vraiment difficile impliquant le recours au chapitre 9 de la Loi sur les faillites. Loin de constituer la source des situations d'austérité, l'État central tend à augmenter sa participation financière. Les USA ont adopté en 2009 *The American recovery and reinvestment act*[11] d'un montant supérieur à 700 milliards de dollars, destiné à stimuler l'économie. Ce texte comporte un certain nombre de dispositions destinées à aider les autorités locales :

- un programme pour les agences d'enseignement ;
- un programme pour les étudiants ;
- et, également un programme comportant un fonds de stabilisation fiscale pour les États et les villes connaissant des baisses fiscales extrêmement importantes.

Cependant, cette intervention n'a pas enrayé des hypothèses de mise en faillite, en raison de l'insuffisance des mécanismes d'aide de l'État fédéral du « chapitre 9 ». Le chapitre du Code sur la faillite prévoit la réorganisation des municipalités, qui inclut les villes, mais également, les comtés, les secteurs d'impôts, les utilités municipales ou encore les secteurs scolaires. La première législation municipale

11. Public Law 111-5/111th Congress.

de faillite a été adoptée en 1934 pendant la Grande Dépression. Cependant, la Cour suprême a jugé l'acte de 1934 comme inconstitutionnel, car interférant avec la souveraineté des États[12]. Une nouvelle loi a été adoptée en 1937 avec l'aval de la Cour suprême. Depuis cette date, plus de 500 requêtes municipales de faillite ont été déposées.

Le but du chapitre 9 est d'assurer une protection financière des municipalités contre ses créanciers tandis qu'elles développent et négocient un plan pour ajuster leurs dettes. Une hypothèse plus extrême avec l'effacement des dettes serait contraire à la Constitution américaine. Dans tous les cas, intervient le tribunal des faillites validant un plan de l'ajustement de dette, et assurant son exécution. Cette procédure relativement lourde explique sa faible utilisation et son insuffisance face au niveau d'endettement des structures locales.

Aussi, le recours à la mise sous faillite ne constitue pas une solution durable. Cela explique la faible utilisation de ce dispositif et surtout le recours à des méthodes issues du secteur privé.

12. *Ashton v. Cameron County Water Improvement Dist. n° 1.298.*

Graphique 8

Federal Aid to State and Local Governments, Annual Amounts by Major Program Area: Fiscal Years 1981–2010

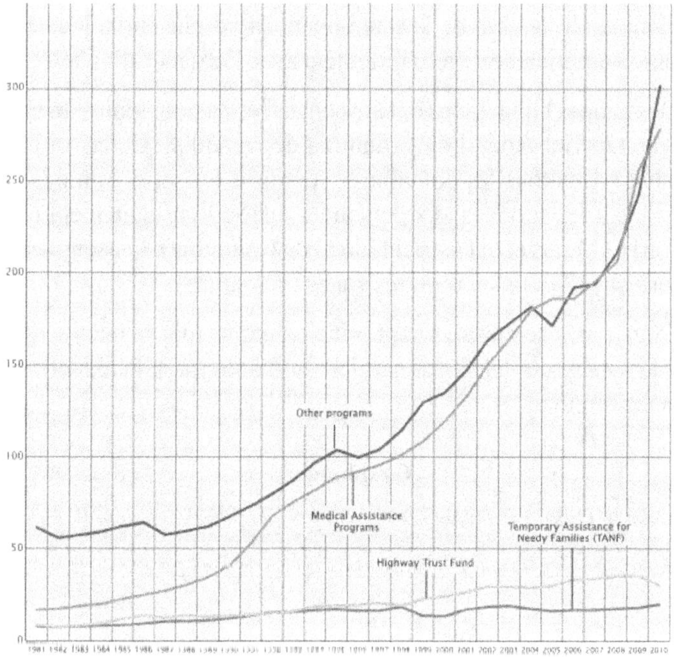

Source : Federal Aid to State and Local Governments, Annual Amounts by Major Program Area: Fiscal Years 1981-2010.

B. L'immixtion de la logique du secteur privé dans la gestion des services publics

Deux éléments expliquent l'immixtion de la logique du secteur privé dans la gestion des services publics américains, il s'agit d'une part de l'utilisation de l'emploi public comme variable d'ajustement (1), et, d'autre part, de la privatisation du fonctionnement des villes avec le recours croissant à des entreprises privées (2).

1. L'emploi public comme variable d'ajustement

La notion de service public à la française incarnée par l'intérêt général possède un certain nombre de caractéristiques, dont l'existence d'un statut pour les agents publics empêchant que ceux-ci ne soient une variable d'ajustement de la santé financière d'une entité locale. La situation américaine diffère fortement avec l'absence d'un tel statut.

Des coupes budgétaires ont été constatées dans au moins 46 États, plus le District fédéral de Columbia depuis 2008. Celles-ci interviennent dans tous les domaines, y compris les services médicaux (31 États), les services aux personnes âgées, l'enseignement (éducation) (34 États et le District fédéral de Columbia), l'enseignement supérieur (43 États) et d'autres zones (domaines).

Deux types de mesures sont principalement mis en œuvre, d'une part la hausse des tarifs des services et d'autre part, la réduction de la main-d'œuvre.

Graphique 9

Precent of Cities Increasing/Decreasing Size of the Municipal Workforce

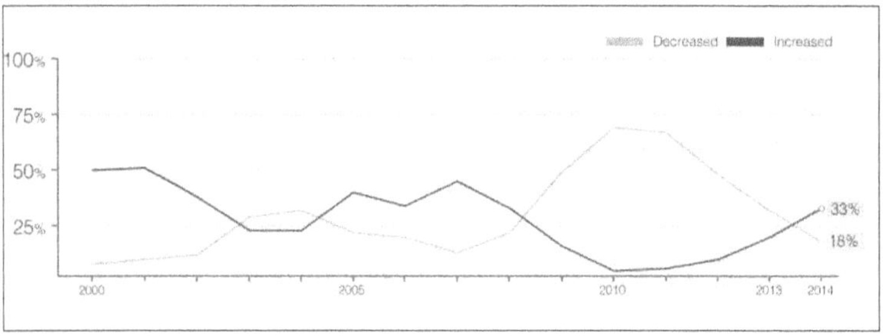

Source : Cities, 2014.

Dans le même temps, les villes recourent davantage au secteur privé, avec la mise en place de nouvelles procédures.

2. La privatisation du fonctionnement des villes

Un dernier élément mérite d'être développé, il s'agit du recours à la privatisation accrue des villes avec le recours aux entreprises du secteur privé, éloignant finalement le pouvoir politique de la prise de décision. L'exemple de la ville de Bayonne est révélateur concernant la rénovation de son réseau d'eau. United Water s'est associé à KKR, l'un des plus anciens fonds d'investissement créé en 1976 (KKR doit son nom à ses trois fondateurs Jérôme Kohlberg, Jr. Henry Kravis et George R. Roberts). C'est le plus gros fonds d'investissement au monde.

Un nouveau type de partenariat a été créé permettant de faire supporter une partie des investissements à l'entreprise privée, cependant celle-ci bénéficie d'un contrat d'exploitation pour une durée de quarante ans, alors que traditionnellement, l'exploitation des réseaux d'eau aux USA reposait sur une durée entre trois et dix ans maximum[13].

L'exemple de politiques fiscales pour inciter les investisseurs privés à intervenir constitue une idée dont les contours demeurent mal maîtrisés à l'image de la situation de Chicago.

La ville de Chicago a ainsi mis en place le programme appelé *Tax Increment Financing* (TIF, ou « financement par la tranche d'impôt [supplémentaire] »). Cette méthode d'investissement public repose sur l'anticipation des revenus fiscaux issus des projets de développement. Cela a permis de créer un budget en quelque sorte parallèle pour financer des grands projets de développement aboutissant à une perte de décision de la part du pouvoir politique avec une sélection des projets échappant au conseil municipal[14].

13. *http://media.kkr.com/media/media_releasedetail.cfm?ReleaseID=728107.*
14. *http://www.laviedesidees.fr/Chicago-une-ville-au-bord-du-gouffre.html.*

***
*

Le système américain révèle l'existence de situations véritablement austéritaires avec des réductions massives dans certains cas de dépenses publiques. Cela contraste fortement avec le cas français dans lequel, malgré des incertitudes concernant l'évolution des dépenses d'investissement, les dépenses publiques ne subissent pas de réduction importante. En outre, la libéralisation excessive de l'emprunt dans le droit américain a conduit à certaines situations désastreuses, confirmant la nécessité de limiter strictement son utilisation à des dépenses précises.

Chapitre 6

AUSTÉRITÉ ET FINANCES PUBLIQUES RÉGIONALES EN ESPAGNE : L'AGGRAVATION DES DÉSÉQUILIBRES EXISTANTS

Mathieu PETITHOMME
Maître de conférences en science politique
Université de Bourgogne - Franche-Comté
Centre de Recherches Juridiques de l'université de Franche-Comté (CRJFC)

Depuis 2008, l'Espagne connaît une grave crise économique et sociale dont les effets seront durables, tant pour les finances publiques que pour l'accès des Espagnols aux services publics. Durant les années du « boom économique » (1993-2008), les partis politiques dominants, le Partido Popular (PP) et le Partido Socialista Obrero Español (PSOE) ont soutenu de façon consensuelle un modèle économique basé sur la « bulle de la brique » à travers la spéculation immobilière et la libéralisation du marché du crédit. Les élites politiques locales, obtenant souvent des rétrocommissions d'entreprises du bâtiment pour financer leurs campagnes électorales, ont multiplié les projets d'infrastructures et les « villes nouvelles » éloignées des centres-villes sans adapter les politiques publiques culturelles, d'aménagement et de transports. Les banques ont soutenu cette « folie des grandeurs », abusant du langage commercial pour capter de nouveaux clients, multipliant les clauses abusives et les prêts à taux d'intérêts variables (Petithomme, 2015). Dans un pays où 13 % de la population active travaillait dans le secteur du bâtiment, où 95 % des familles étaient propriétaires en 2008 contre seulement 50 % en 1950, et où autant de constructions neuves ont été mises en chantier en 2008 qu'en France, en Allemagne et au Royaume-Uni, les excès spéculatifs des banques et des entreprises immobilières ont conduit à une situation assez analogue à celle qui a débouché sur la crise des *« subprimes »* aux États-Unis : l'éclatement de la bulle immobilière et les faillites en chaîne des sociétés du secteur ont engendré la hausse des actifs toxiques des banques et de leur endettement ; les classes moyennes et populaires, déjà touchées en masse par les licenciements, ont vu les taux d'intérêts de leurs prêts immobiliers monter en flèche, entraînant une hausse des défauts de paiement et une multiplication sans précédent des expulsions dans un pays qui compte désormais plus de 4 millions de logements vides ; enfin, de peur de voir les banques sombrer et les économies des petits épargnants avec, appliquant le remède préconisé par la « troïka »[1], l'État espagnol a sollicité des plans de « sauvetage » auprès de ses partenaires européens pour renflouer les dettes bancaires par des injections massives de fonds publics.

Mais cette « aide » européenne n'a en aucun cas été désintéressée et a été octroyée en échange de l'application de l'agenda politique de l'austérité en Espagne, relayée par le PSOE à partir de 2010 puis par le PP suite à son accession au pouvoir en 2011. Dans un rapport de force déséquilibré entre les bailleurs de fonds représentés par la troïka et les gouvernements espagnols, les plans de sauvetage européen ont transformé des dettes bancaires en dettes publiques et entériné la dépendance de l'État à l'égard de la conditionnalité de ses créanciers extérieurs (Streeck, Shafer, 2013). Comme en Grèce et au Portugal, cette situation de pouvoir a acté un désavantage comparatif durable dans l'accès de l'État et des communautés autonomes aux marchés financiers à travers des primes de risque et des taux d'intérêts pénalisants. Ce chapitre pose ainsi une question simple :

1. Nom informel donné en Europe du Sud à la Commission européenne, à la Banque centrale européenne et au Fonds monétaire international.

quels ont été les effets de l'austérité sur les finances publiques des communautés autonomes en Espagne ? Il montre que les politiques d'austérité ont engendré l'aggravation des déséquilibres existants, réduisant certes les déficits, mais au prix d'une recentralisation, d'une inflation sans précédent des dettes publiques, de la remise en cause de l'accès à de nombreux services publics et du renouveau d'une compétition fiscale entre les communautés autonomes. Par austérité, nous entendons un mécanisme de conditionnalité en chaîne donnant une primauté absolue à la réduction des déficits publics par des coupes budgétaires, une dynamique qui a été imposée par la troïka à l'État espagnol qui a lui-même répercuté cette pression sur les autonomies. Au niveau local, l'austérité agit comme un puissant déstabilisateur des variables partisanes (puisqu'elle se décline à des degrés variables dans tous les gouvernements régionaux de droite et de gauche confondus) et institutionnelle (puisque l'architecture de la décentralisation espagnole, qui place les autonomies au premier rang des dépenses sociales, permet aux agences de notation de les noter indépendamment de l'État et expose leurs finances publiques aux attaques spéculatives et à des taux d'intérêts différenciés). La conjonction de ces deux processus tend à généraliser l'austérité et renforce la compétition fiscale entre les territoires. L'austérité locale ne s'explique toutefois pas seulement dans le cadre des relations centre-périphérie entre l'État et les communautés autonomes, mais également par des mécanismes financiers, notamment le financement de la dette des autonomies, qui exposent les gouvernements locaux à une pression directe des bailleurs et se répercutent par une « intériorisation » de la contrainte qui se matérialise dans sa conséquence ultime par le déclin des solidarités interterritoriales.

I. La spirale de l'austérité : les trois « pressions » institutionnelles sur le local

A. Une chaîne de conditionnalités où l'État relaie la pression de la troïka sur les communautés autonomes

Le tournant austéritaire qui a eu lieu en Espagne à partir du printemps 2010 doit d'abord être appréhendé comme un mécanisme de conditionnalité en chaîne, où l'État a relayé sur les communautés autonomes l'injonction de réduction des déficits publics soutenue par la troïka, qui imposa l'idée que la « dérive » des finances publiques des États était responsable de la crise (Blyth, 2013), alors même qu'il s'agissait d'une crise privée du secteur bancaire[2]. En échange de plans de « sauvetage » sous la forme de prêts, essentiellement pour refinancer les banques, l'État espagnol s'est engagé sur la voie des coupes budgétaires et du gel des investissements, obligeant les communautés autonomes à suivre cet agenda. Au bord de la rupture de paiement au plus fort de la crise et soumises à des attaques spéculatives, elles ne furent plus en mesure de se financer sur les marchés financiers. L'État se porta alors garant de leurs émissions de dette pour leur permettre de se financer, mais imposa en échange des objectifs de réduction des déficits qui se traduisirent par des licenciements et des réductions de salaire dans les fonctions publiques territoriales, l'introduction de franchises limitant l'accès aux soins de santé ou encore l'augmentation des frais d'inscription à l'université.

Au niveau national, la contrainte austéritaire de la troïka a renforcé la dépolitisation des choix de politiques publiques : les coupes budgétaires, le gel des investissements et les hausses d'impôts ont été

2. Après avoir libéralisé le marché hypothécaire en 2007 en facilitant l'accès au « crédit facile » pour les particuliers, le gouvernement socialiste dépense 30 milliards d'euros de 2009 à 2011 pour compenser les pertes des établissements bancaires (par exemple, la Caja Castilla-la-Mancha en mars 2009 ou la CajaSur en mai 2010), sans contreparties sur une plus ferme régulation de leurs prises de risque spéculatives à l'origine de la crise.

soutenus de façon consensuelle par le PSOE et le PP, et appliqués en Catalogne par Convergència i Unio (CiU) malgré ses protestations contre l'État central. En août 2008, le gouvernement socialiste adopta ainsi un plan d'austérité drastique de 24 mesures entraînant un gel des créations de postes dans la fonction publique, des hausses d'impôt et de la TVA, des prix de l'essence, du tabac, de l'électricité et des autoroutes, de même que des privatisations – Loterie nationale et gestion des aéroports (A. Fernández Garcia, M. Petithomme, 2015, p. 22). N'assumant pas encore complètement son ralliement à la nouvelle orthodoxie austéritaire, le PSOE engagea toutefois parallèlement un plan d'inspiration keynésienne, le « plan E » de relance de l'investissement public, qui mobilisa 11 milliards d'euros afin de financer des projets d'infrastructures au sein des municipalités. Mais ni le plan d'austérité, ni les mesures de relance ni le refinancement des banques par l'État, ne produisirent les effets escomptés en 2009, une année marquée par une récession sévère (-3,6 % du PIB), même si les effets d'une combinaison de restrictions budgétaires et de la politique de relance se firent sentir l'année suivante avec une croissance nulle, mais en amélioration (0 %). Mais sous la pression de la troïka et de l'Allemagne, le gouvernement socialiste céda avant même de connaître ces chiffres prometteurs : à l'automne 2010, il prit définitivement le tournant de l'austérité, adoptant un budget prévoyant 15 milliards d'euros de coupes budgétaires n'épargnant plus le local[3]. Il adopta consensuellement avec le PP l'inscription d'une « règle d'or » (article 135) dans la Constitution en septembre 2011 : le déficit public ne pourra plus dépasser la règle budgétaire européenne des 3 %, donnant à l'État central la responsabilité des objectifs de stabilité. La « loi de stabilité financière » d'octobre 2011 donna la « priorité absolue » selon les termes du texte, à la réduction des déficits publics, au remboursement de la dette et au paiement de ses intérêts. Après la plus large défaite du parti socialiste de son histoire

3. N. JUNQUERA, « Las 10 grandes rectificaciones de Zapatero », *El País*, 24 août 2011.

et l'accession au pouvoir du PP en novembre 2011, le même type de politique fut poursuivi. Les effets économiques de ce tournant austéritaire furent désastreux puisque l'Espagne entra à nouveau en récession en 2011 (-1 % du PIB), et beaucoup plus durablement jusqu'en 2014. 374 000 emplois publics furent supprimés durant cette période[4]. Fin 2011, la banque d'Espagne intervint pour sauver la Caisse d'épargne de la Méditerranée, et nationalisa trois banques pour un montant de 7,5 milliards d'euros. Début 2012, la nationalisation temporaire de Bankia coûta 19 milliards. Le 9 juin 2012, le gouvernement conservateur obtint finalement un « plan de sauvetage » de l'UE de 100 milliards d'euros, officiellement pour « assainir le système financier espagnol »[5]. Ces plans de sauvetage alourdirent la dette publique, contrairement à l'un des objectifs affichés des politiques d'austérité de la contenir. Pour compenser ces pertes financières et donner des gages aux créanciers, avec l'appui de CiU, l'impôt sur le revenu fut augmenté et un plan de réduction du déficit public de 13,4 milliards d'euros fut adopté, entraînant des privatisations et une nouvelle hausse de TVA de 18 % à 21 %.

Parallèlement, au niveau local, traduisant en actes la conditionnalité en chaîne, le gouvernement obligea les communautés autonomes à adopter des coupes budgétaires à hauteur de 18 milliards d'euros au nom de leur endettement excessif. Mais l'augmentation de l'endettement des communautés autonomes, qui jouent un rôle de premier plan dans la protection sociale en Espagne, s'explique surtout par la conjonction d'une décentralisation antérieure de la gestion de l'État-providence (Gallego *et al.*, 2005) et d'une hausse des dépenses sociales liées à la crise. L'État et les élites nationales ont eu recours à des stratégies « d'évitement du blâme » afin de mettre en cause les acteurs locaux et les inciter à appliquer eux-mêmes des politiques d'austérité locale. La nouvelle contrainte de désendettement et de

4. Eurostat, « Situación económica en España », 2013.

5. I. DE BARRÓN, « El Estado nacionaliza el grupo de Bankia », *El País*, 10 mai 2012.

maîtrise des dépenses publiques qui s'est appliquée à l'État central par les plans de sauvetage a été mécaniquement reportée sur les communautés autonomes. Compétentes en matière de santé, d'éducation et d'indemnisation du chômage, leurs finances publiques se sont rapidement dégradées puisque les dépenses de protection sociale augmentent tendanciellement en période de crise. Mais au lieu de compenser leur inflation en augmentant ses dotations financières en leur faveur, l'État a répercuté l'injonction des créanciers extérieurs de prioriser la réduction de la dette et des dépenses publiques. Contrairement aux mesures prises rapidement pour renflouer les banques et éviter leurs faillites, l'État a tardé à intervenir pour compenser le manque à gagner dans les budgets des communautés, creusant d'autant plus leurs déficits publics. Acculés par les déficits, les acteurs locaux, de droite, de gauche, ou nationalistes comme en Catalogne, ont donc dû eux-mêmes imposer des plans d'austérité dans les fonctions publiques territoriales pour montrer leur volonté politique de maîtriser l'endettement et les déficits pour pouvoir continuer à bénéficier de la garantie de l'État. Le report de l'austérité du national vers le local s'est donc traduit, malgré des degrés variables, par une généralisation des coupes budgétaires contraintes par l'État central, mais aussi par une « intériorisation » de cet agenda par les acteurs locaux. Parmi les communautés autonomes les plus endettées avant la crise, on trouvait celles de Valence, de Murcie, de Castille-La Manche et des Baléares gouvernées par le PP, mais aussi l'Andalousie dirigée par le PSOE, ou la Catalogne dirigée par CiU de 1980 à 2003 et les îles Canaries dirigées par la Coalition Canaries, un parti régionaliste. On observa une surenchère dans les coupes entre les communautés autonomes dirigées par le PP qui avaient pourtant été les moins bien gérées et où la récurrence des scandales de corruption était la plus forte. Ainsi, à Valence, le gouvernement régional de Francisco Camps approuva en 2012 un plan d'austérité de 1,1 milliard d'euros prévoyant notamment une réduction des dépenses de santé de 440 millions d'euros, des licenciements dans la fonction publique régionale devant faire économiser 379 millions d'euros, une augmentation de la taxe sur l'essence, une révision à la hausse de l'échelle régionale de l'impôt sur le revenu et une réduction de 30 % des subventions à la culture et aux associations.

Les communautés autonomes de gauche appliquèrent également l'austérité, avec comme seule véritable différence, des mesures symboliques sur les frais de représentation des élus et une volonté d'éviter les licenciements des fonctionnaires publics territoriaux et les privatisations. Le cas de l'Andalousie, un bastion du socialisme depuis la transition, est ici emblématique. Certes, la Junte régionale approuva un moratoire sur les expulsions en 2012 pour limiter la capacité des banques à saisir les biens des débiteurs – qui a cependant été débouté ultérieurement par le Tribunal constitutionnel – tout en refusant d'augmenter les frais d'inscription universitaire comme prévu par la loi Wert de 2013. Mais dans le secteur de la santé, elle appliqua les mesures de copaiement des médicaments décidées par le gouvernement national, ce qui entraîna 190 millions d'euros d'économies, mais au prix d'une dégradation de l'accès aux soins. Puis, en 2012, un plan d'austérité de 3,5 milliards d'euros fut adopté par la Junte dirigée par le PSOE et IU, qui prévoyait 2,5 milliards de coupes budgétaires à travers la réduction des salaires publics (777 millions), le gel des investissements d'infrastructures (570 millions), et la non-utilisation des fonds provenant de l'État central, destinés à des dépenses sociales (619 millions, dont 304 destinés aux allocations-chômage), ce qui conduisit à l'abandon de 85 programmes sociaux. Le plan cibla les 261 399 fonctionnaires régionaux[6] et les agents non titulaires de la fonction publique régionale[7], les élus

6. Diminution des salaires de 5 %; diminution des primes (pour un montant de 315 millions); suppression de deux jours de congés annuels et des plans-épargne retraite (136 millions); augmentation de la semaine de travail à 37,5 h, L. LUCIO, « Andalucía baja sueldos, sube impuestos y aplaza obras para no reducir servicios », *El País*, 16 mai 2012.

7. Leur journée de travail fut réduite de 15 % et leur salaire amputé du montant équivalent (148 millions).

locaux justifiant ces mesures par un scénario du pire, puisqu'elles permettraient « d'éviter » 30 000 licenciements dans la fonction publique territoriale. Les salaires du président, de ses conseillers et vice-conseillers furent réduits de 5 %, les véhicules de la Junte divisés par deux, et les dépenses de restauration des élus furent limitées. Le plan prévoyait aussi un milliard de recettes supplémentaires, dont la moitié (506 millions) provenait de fonds européens qui, plutôt que d'être utilisés pour des investissements publics, furent directement alloués à la réduction du déficit public. Les autres recettes provenaient de la vente de 76 immeubles des administrations publiques régionales (350 millions), de l'augmentation du taux de la part autonomique de l'impôt sur le revenu (171 millions) de même que de l'impôt sur le patrimoine. Globalement, les élus, les contribuables aisés et le capital furent moins touchés que les fonctionnaires territoriaux et les classes moyennes et populaires.

De même, en Catalogne, dominée par les nationalistes, CiU protesta contre « l'austérité de Rajoy »[8], mais Artur Mas décida aussi d'adopter de nombreuses coupes budgétaires de sa propre initiative dès son accession au pouvoir le 28 novembre 2010. Libéral, son parti partage les orientations de la nouvelle orthodoxie économique. Pour réduire un déficit régional de 4,2 % en 2010 (l'objectif négocié par le gouvernement socialiste avec la troïka étant de 1,5 % du PIB pour les autonomies), il adopta en 2011 des coupes budgétaires dans l'éducation, la santé, les services sociaux et les infrastructures, tout en créant de nouvelles taxes sur le copaiement pharmaceutique et en augmentant les taxes de séjour dans l'hôtellerie. Suite à son accession au pouvoir, le PP adopta en effet en 2012 un plan d'austérité qui prévoyait des coupes budgétaires à hauteur de 10 milliards d'euros dans l'éducation et la santé, obligeant les communautés autonomes qui gèrent ces compétences à appliquer cet agenda[9]. La Generalitat

8. « Mas clama contra la austeridad obsesiva de Rajoy », *El País*, 25 avril 2012.
9. « Montoro apremia a las autonomías a cumplir ya ante la alarma económica » *El País*, 14 avril 2012.

appliqua donc aussi localement le plan d'austérité adopté par le gouvernement national en 2012, ce qui se traduisit à nouveau par un milliard d'euros de coupes budgétaires, 748 millions dans la santé et 320 millions dans l'éducation, entraînant notamment une hausse des frais d'inscription dans les *Masters* et dans la formation professionnelle universitaire. Dans le secteur de la santé, il est intéressant de noter que l'exécutif catalan demanda même au gouvernement national de permettre des mesures plus agressives pour réduire les déficits, comme faire payer 5 euros par jour d'hospitalisation aux patients, ou faire payer l'ensemble du prix des médicaments aux plus aisés[10]. Mais au-delà des mesures d'application des décrets gouvernementaux dans l'éducation et la santé, le plan d'austérité catalan de 2012 prévoyait aussi plus d'un milliard d'euros d'économies supplémentaires à travers la diminution de 5 % des salaires des fonctionnaires de la Généralité (-729 millions d'euros), la mise en œuvre de 1 475 licenciements dans l'administration catalane, principalement dans l'entreprise publique Gisa et l'Agence catalane de l'eau, et la réduction des subventions (-400 millions)[11]. En 2013, l'impôt sur les successions fut rétabli au niveau régional, et le prix des transports publics fut augmenté. Le lissage des dettes sur des projets d'infrastructures publiques fut aussi utilisé, reportant 688 millions d'euros de dépenses jusqu'en 2014.

B. L'austérité comme opportunité spéculative : comment les marchés financiers déstabilisent le local

Au-delà du report de la chaîne de conditionnalité de l'État vers les autonomies et de « l'intériorisation » de l'agenda austéritaire par les élites locales, les marchés financiers ont eux-mêmes exercé une pression institutionnelle déstabilisatrice sur les finances publiques des autonomies. L'adoption de plans d'austérité constitua en effet

---

10. « Cataluña suprime subvenciones y prepara más despidos en empresas públicas », *El País*, 15 mai 2012.

11. « Los recortes del nuevo plan catalán », *El País*, 3 mars 2012.

une formidable opportunité spéculative pour les agences de notation et les banques, puisque les tradeurs s'empressèrent de spéculer sur la dégradation de la situation financière de l'État et des communautés autonomes. L'État espagnol a ainsi lui-même connu plusieurs vagues spéculatives de 2010 à 2012. Sa prime de risque a augmenté, le pays devant donc mécaniquement emprunter à des taux d'intérêts plus élevés sur les marchés financiers, ce qui a directement contribué à alourdir sa dette publique. La prime de risque ou risque souverain correspond au surcoût que doit payer un pays pour se financer sur les marchés financiers en comparaison avec un autre. Dans la zone euro, le pays de référence est l'Allemagne, de telle sorte que la prime de risque espagnole réfère à la différence entre son bon à dix ans et celui de l'Allemagne. Plus la prime de risque est importante, plus un pays devra rémunérer les investisseurs pour qu'ils achètent sa dette. Mais ce processus a d'autant plus touché l'Espagne que l'existence d'un système institutionnel multiniveaux permet aux marchés financiers de « noter » les perspectives financières de l'État, mais aussi de distinguer celles des communautés autonomes, créant les conditions de vagues spéculatives au détriment de celles dont les notes sont dégradées par les agences de notation.

Le graphique 1 ci-dessous montre que l'Espagne était encore bien notée début 2010 (+59), plus de deux ans après le début de la crise, et que ce fut lors du tournant austéritaire du PSOE entre l'été et l'automne 2010, que sa prime de risque a franchi la barre des 200 points. À l'automne 2011, l'Espagne a connu une nouvelle vague spéculative qui a atteint son point culminant en décembre, au moment des élections législatives (+472), puis à nouveau en 2012, la prime de risque atteignant jusqu'à 637 points le 24 juillet. Le graphique montre aussi très clairement que de 2011 à 2015, les primes de risque de la Catalogne et de la Communauté valencienne, les deux autonomies les plus endettées, mais aussi les plus riches en termes de PIB avec Madrid, ont été systématiquement moins bien notées que l'État central, rendant plus difficile leur accès aux marchés financiers et renchérissant de façon automatique le service de leurs dettes. Enfin, lors de la vague spéculative la plus forte à l'été 2012, le graphique illustre la déconnexion totale de la valeur des primes de risque catalane et valencienne, qui atteignirent respectivement jusqu'à 1 060 et 1 120 points, par rapport à la réalité de la solvabilité économique de ces communautés.

Graphique 1

Évolution des primes de risque de l'Espagne, de la Catalogne et de la Communauté valencienne (1997-2016)

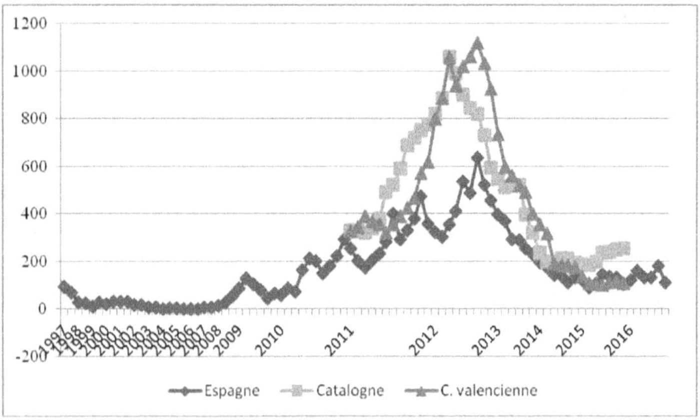

Source : Données économiques de l'Espagne, (Datosmacro.com)*, consulté en septembre 2016.*

Déjà touchées par la chute de leurs ressources fiscales liée à la sortie de l'impôt sur le revenu et des impôts locaux des ménages appauvris et à la hausse des dépenses de protection sociale, les autonomies firent donc face à des vagues spéculatives suite à la dégradation de leurs « notes » par les agences de notation, qui entraînèrent des différentiels de taux croissants entre les communautés autonomes selon leur solvabilité perçue, de même qu'entre elles et l'État central. Des communautés autonomes déjà endettées le devinrent donc de plus en plus sous l'effet conjugué des déséquilibres des mécanismes de compensation de la structure de l'État-providence et de la spéculation des marchés et des créanciers extérieurs. Par exemple, en 2012, la Catalogne devait plus de 50 milliards d'euros aux marchés financiers et la Communauté valencienne 32 milliards (33 % de son PIB régional). De même pour les municipalités, la dette de la ville de Madrid a triplé entre 2007 et 2012, atteignant alors plus de 7 milliards d'euros, soit 2 193 euros par habitant (Baron, Loyer, 2015, p. 18). Au plus fort de la crise en 2011-2012, certaines villes ne pouvaient plus payer leurs fonctionnaires et assurer les services municipaux (Jerez de la Frontera, Jaén, Cadix). Pour assurer la continuité des services publics, le gouvernement conservateur créa alors un « Fonds de liquidité autonomique » qui accorda aux communautés autonomes et aux municipalités des crédits leur permettant d'emprunter au même taux que l'État central, et non aux taux plus élevés qu'elles auraient dû payer si elles avaient emprunté elles-mêmes sur les marchés financiers. L'État s'est aussi porté garant des émissions de dette de certaines communautés autonomes. Mais cet appui financier de l'État aux exécutifs des communautés autonomes, visant à maintenir leur capacité d'emprunt et à compenser les effets des vagues spéculatives, donna lieu en retour à d'importantes pressions politiques. *Via* la garantie de l'État central, la Generalitat de Catalogne a ainsi emprunté 14 milliards et la Junte d'Andalousie 5 milliards en 2012 et en 2013 (*ibid.*, p. 39). Dans le contexte de la poussée du mouvement indépendantiste, les spéculateurs ont saisi l'opportunité pour renchérir les taux d'intérêts de la dette catalane ou encore de celle de la Communauté valencienne. L'important pour notre discussion est qu'en propageant un discours sur « l'endettement insoutenable » de certaines autonomies et par le jeu des notations, les marchés créèrent artificiellement des brèches spéculatives qui renforcèrent les déséquilibres des finances publiques locales : la spéculation financière joua un rôle majeur dans l'aggravation des dettes publiques des gouvernements locaux dans une spirale allant de la dégradation de leurs notes, l'augmentation de leurs primes de risques, des taux d'intérêts de leurs emprunts jusqu'à un renchérissement automatique de l'encours de leurs dettes.

C. De la décentralisation au démantèlement de l'État-providence

L'agenda de l'austérité a aussi constitué un formidable outil de démantèlement de l'État-providence, particulièrement remarquable dans les communautés autonomes. En Espagne, comme en Grèce et au Portugal, l'État-providence s'est développé plus tardivement, à partir de la transition démocratique en 1975. Il est donc moins développé, tant en termes de la diversité des prestations sociales que de leur étendue[12]. Depuis 2008, alors même que les Espagnols ont été fortement touchés par la crise entraînant une hausse du chômage et un appauvrissement des classes populaires, on a assisté à une remise en cause de certains droits sociaux, contribuant à aggraver les effets de la crise au nom de la primauté du contrôle des déficits publics. Par exemple, le « chèque-bébé » adopté par le PSOE en 2006 afin de favoriser la natalité a été abandonné. Les aides aux familles pour financer la dépendance ont été réduites. À travers la non-utilisation d'une partie des fonds de l'État destinés à la protection sociale, le plan d'austérité de la Junte d'Andalousie de 2012 affecta les garderies publiques, supprima les livres scolaires gratuits et certaines mesures de soutien à l'emploi. En Galice et aux Baléares, les contribuables doivent désormais payer dix euros uniquement pour renouveler leur carte sanitaire. Ce qui est important de comprendre est que la Constitution de 1978 confère aux communautés autonomes des compétences (couverture sociale, éducation, santé, gestion des allocations-chômage), dont les dépenses s'accroissent tendanciellement en période de récession. Les autonomies sont censées autofinancer deux tiers des dépenses de santé et d'éducation. Elles doivent assurer la gestion de compétences régaliennes avec une certaine autosuffisance financière régionale, en bénéficiant toutefois du

---

12. L. MORENO, « The Spanish development of southern European welfare », *in* S. KUHLE (dir.), *Survival of the European Welfare State*, London, Routledge, 2000, p. 146-165.

transfert par l'État d'une proportion de ses recettes en proportion de leur population. Mais la crise a eu pour effet d'amenuiser leurs ressources fiscales traditionnelles, comme par exemple les taxes sur les transactions immobilières. L'appauvrissement des classes moyennes et populaires a aussi limité le volume de l'impôt sur le revenu (IRPF) prélevé par les communautés (dont l'État leur a cédé un pourcentage). Le dilemme est qu'en ayant transféré la gestion de la protection sociale aux régions dans un contexte de croissance sous couvert « d'autonomie » locale, l'État a régionalisé la gestion de la protection sociale, sans pour autant prévoir de mécanismes de transferts de recettes additionnelles en période de récession. Conséquence de la création de « régions-providence », l'État ne joue plus autant son rôle de compensation au nom du fédéralisme et de l'autosuffisance financière, obligeant ainsi les autonomies, par le simple cadre institutionnel, à compenser elles-mêmes le manque à gagner, soit en maintenant des prestations, mais en augmentant l'endettement, soit par l'austérité.

Le secteur de la santé est emblématique de cette tendance. Toutes les autonomies ont entrepris des politiques d'austérité à travers trois moyens : des réformes légales (copaiement des médicaments, limitation de l'accès au système de santé aux non-résidents, augmentation du prix des consultations), des mesures de privatisation et des décisions de restrictions budgétaires (diminution du budget, gel des investissements pour l'accessibilité à la médecine générale ou spécialisée). Une étude détaillée d'Amaia Bacigalupe et de ses coauteurs montre que les réformes légales ont été importantes dans l'ensemble des communautés, avec cependant des différences de degrés : les Baléares, les deux Castilles, Madrid, la Rioja et Murcia, toutes dominées par des gouvernements conservateurs ont été celles adoptant le plus de changements légaux suivant l'objectif d'économies de moyens ; Valence, l'Estrémadure et la Galice ont occupé une position intermédiaire ; tandis que le Pays basque et l'Andalousie ont effectué le moins de changements (Bacigalupe *et al.*, 2016). Les privatisations ont été marquées par des différences plus importantes, avec des stratégies austéritaires orthodoxes aux Baléares, à Madrid, à la Rioja, en Cantabrie et en Navarre, et à l'inverse un refus de cette voie au Pays basque et en Aragon. La mise en œuvre de restrictions budgétaires a été la mesure la plus suivie, forte quasiment partout, hormis au Pays basque, en Catalogne et en Cantabrie où les coupes budgétaires ont été importantes, mais plus modérées. De manière générale, les politiques d'austérité ont été généralisées, même si La Rioja, les Baléares, Madrid et Castille-et-León gouvernées par le PP ont été les communautés qui ont le plus suivi cet agenda dans le secteur de la santé, à l'inverse de la Catalogne et du Pays basque[13]. Ainsi, dans la mesure où les communautés autonomes assurent directement la gestion de l'éducation et de la protection sociale, on voit bien comment les politiques d'austérité nationales et régionales ont conduit à un appauvrissement de l'offre de services publics.

II. Les conséquences de l'austérité sur les rapports centre-périphérie

A. Un vecteur de recentralisation

De plus, l'austérité en Espagne a constitué un puissant mécanisme de recentralisation. Alistair Cole et ses coauteurs évoquent une « rationalisation financière centripète » déclenchant une réactivation des tensions centre-périphérie (Cole *et al.*, 2015). Les vagues spéculatives, en dégradant encore plus la situation financière et en faisant dériver l'endettement des autonomies, ont débouché sur l'intervention de l'État qui se porta garant de leurs dettes. Mais en échange de ces « faveurs », les pressions politiques du gouvernement se sont accentuées pour que les autonomies maintiennent le cap de la réduction des

13. Des facteurs locaux expliquent ces différences : en Andalousie et en Catalogne, l'austérité a été moins forte dans le secteur de la santé, car assez sévère dans la fonction publique territoriale et par les hausses d'impôts ; au Pays basque, le système spécifique des *fors* hérités de la transition donne un avantage fiscal asymétrique à la région expliquant à la fois sa richesse et le fait que ses prestations sociales soient les mieux financées et les plus étendues.

déficits et des coupes budgétaires. Cet interventionnisme étatique a été vécu comme une grande injustice par les élus locaux. Cas extrême, le budget 2013 de la Communauté valencienne fut amendé par le ministre des Finances avant d'être présenté au Parlement régional. Parallèlement, le gel du transfert de nouvelles compétences vers les autonomies illustre la volonté des conservateurs au pouvoir de mettre fin à la décentralisation politique et administrative. Ce processus rompt avec la trajectoire institutionnelle de l'État espagnol depuis la transition, marquée par une décentralisation progressive et une autonomie croissante des communautés autonomes dans la gestion de leurs propres ressources financières. La Constitution de 1978 définit 32 compétences exclusives de l'État central, mais n'a pas organisé un système fédéral dans lequel les compétences des autonomies seraient figées et reconnues par tous, ce qui a eu pour effet de créer un espace de négociation permanent donnant une grande flexibilité, mais favorisant aussi des fuites en avant potentielles. Pour Nacima Baron et Barbara Loyer (2015, p. 18), « l'action politique des élus et des électeurs de certains territoires a eu un effet d'entraînement aboutissant à la généralisation d'une décentralisation allant bien au-delà de ce qui était prévu par les auteurs de la Constitution ». Le tableau 1 montre comment, sous l'effet des pressions des élus régionaux et de l'accord conjoint des élites gouvernementales, les principales réformes du système de financement autonomique entre 1993 et 2009 ont conduit à la cession par l'État d'une part croissante de ses ressources fiscales, et à la progression de celles des autonomies[14].

14. Pour une analyse détaillée de l'évolution du système du financement autonomique jusqu'en 2009, voir PETITHOMME, 2009.

Tableau 1

Les étapes d'évolution du financement autonomique

	1993	1996	2001	2009
Impôts cédés par l'État aux communautés autonomes	15 % de l'impôt sur le revenu (IRPF)	30 % IRPF	33 % IRPF	50 % IRPF
			20 % TVA	35 % TVA
			40 % impôts spéciaux (alcool/essence/tabac)	58 % impôts spéciaux

Source : Élaboration propre de l'auteur à partir des évolutions législatives.

Les transferts progressifs de compétences et de moyens financiers vers les autonomies eurent lieu à six reprises, en 1983, 1987, 1992, 1997, 2002 et en 2009. Par exemple, en 1992, un pacte entre le PP et le PSOE permit le transfert de 32 compétences, dont l'éducation, pour harmoniser les différences entre les communautés ayant choisi la « voie lente » et celles bénéficiant de la « voie rapide » vers plus d'autonomie. En 1996, en l'absence de majorité absolue, le PP accepta d'augmenter la part de l'impôt sur le revenu géré par la Catalogne en échange du soutien de CiU au gouvernement, ce qui fut ensuite généralisé aux autres communautés. On observe un élargissement progressif des compétences et des ressources fiscales des communautés qui gèrent désormais la formation professionnelle (2000) et la santé (2002) et s'autofinancent « à partir de ressources fiscales qu'elles prélèvent elles-mêmes à hauteur des deux tiers de leurs besoins budgétaires » (Petithomme, 2009, p. 20). En l'absence de modèle figé, les conflits de compétences et les recours en inconstitutionnalité sont récurrents : entre 1999 et 2013, l'État a ainsi eu 110 litiges juridiques avec la Generalitat, 61 avec la Junte d'Andalousie et 45 avec celles d'Aragon. Il existe des pressions contradictoires où chaque autonomie veut faire prévaloir ses intérêts : la Catalogne veut obtenir le même système fiscal que le Pays basque et la Navarre ; certaines communautés désirent obtenir plus de compétences et de financement ; là ou d'autres acteurs veulent « blinder les compétences » et maintenir la primauté de l'État central. Le 13 septembre 2009, une nouvelle loi de financement autonomique (LOFCA) fut adoptée cherchant à satisfaire tous les camps suivant le processus du « café pour tous » (généralisation des avantages) observé depuis la transition : l'État céda 11 milliards d'euros supplémentaires aux autonomies, leur octroyant la gestion de 50 % de l'impôt sur le revenu, de 35 % de la TVA et de 58 % des impôts spéciaux. Mais depuis lors, le « modèle » autonomique est en panne par rupture du compromis fragile, tant les options privilégiées par les acteurs sont distinctes : le Forum annuel des présidents des autonomies, chargé de coordonner les politiques financières, ne s'est plus réuni ; les élus catalans parlent désormais ouvertement de « déconnexion », pratiquent la désobéissance civile et adoptent des résolutions censurées par le Tribunal constitutionnel ; enfin, les conservateurs au pouvoir et le nouveau parti libéral Ciudadanos cherchent à imposer l'idée que la « dérive » vers plus d'autonomie serait à l'origine de la crise en proposant un programme de recentralisation et en utilisant la contrainte européenne pour justifier cet agenda, illustrant une imbrication entre conditionnalité macroéconomique et tensions centre-périphérie.

La loi de stabilité financière de 2011 impose désormais un encadrement de la dette publique des autonomies qui ne doit pas dépasser le seuil de 13 % de leur PIB. Seule Madrid, la plus riche, le Pays basque, les îles Canaries et la Navarre (qui bénéficient de privilèges fiscaux) s'approchaient de ce seuil en 2015. Les exécutifs des autonomies se plaignent de l'interventionnisme de l'État dans le contrôle de leurs budgets, restreignant tant les moyens que les choix de politiques publiques. Il s'est installé une sorte de « chantage permanent » pour la réduction de leurs dettes publiques, puisque la loi a instauré des « mécanismes de surveillance » : en cas d'inaccomplissement des objectifs, elles peuvent se voir refuser des subventions, des crédits ou même infliger des amendes et pénalités. Un Conseil de politique fiscale et financière (CPFF) dirigé par le ministère des Finances a d'ailleurs été créé, auprès duquel les exécutifs régionaux doivent désormais rendre des comptes et soumettre leur projet de budget annuel pour obtenir l'aval du gouvernement, ce qui suscite d'intenses batailles politiques. Le fait que l'État assume une surveillance et un encadrement croissant des finances publiques locales est vécu par les élus comme contraire à l'esprit fédéralisant de la Constitution.

B. Le déclin des solidarités régionales : l'enjeu des « balances fiscales »

Parallèlement à la mise en œuvre des politiques de restrictions budgétaires, les élites régionales qui se considèrent flouées par le financement autonomique, un système institutionnel d'ailleurs ouvert et soumis à des marchandages politiques récurrents, ont remis la question des « balances fiscales » sur le devant de la scène publique. Outils comptables établis sur la base de critères territoriaux, les balances fiscales visent à mesurer les flux financiers interterritoriaux afin de jauger les transferts de ressources entre l'État et les autonomies pour orienter les choix budgétaires de l'action publique en conciliant les deux principes constitutionnels d'autonomie régionale et d'égalité entre les territoires et les citoyens. Le premier volet de cet instrument d'évaluation des dépenses et des recettes budgétaires présente « l'activité financière du secteur public dans un territoire déterminé » (dépenses des administrations publiques nationales, de sécurité sociale comme les pensions de retraite, etc.), en donnant une vision sectorielle, mais aussi territoriale du budget de l'État, alors que le second volet « ventile régionalement les ressources financières qui reviennent à l'État par le biais de l'imposition » (Baron, Loyer, 2015, p. 49). Le rapport pour chaque communauté autonome entre les ressources prélevées à travers les impôts nationaux (« participation aux revenus de l'État », PIE) et les dépenses de l'État, débouche sur un solde excédentaire ou déficitaire : les communautés « excédentaires » reçoivent plus d'argent de l'État qu'elles ne contribuent à son budget par les prélèvements obligatoires ; celles qui sont « déficitaires » apportent plus au budget national que les bénéfices que leurs citoyens reçoivent sous forme de dépenses de services et d'investissements publics. Si l'État dépense plus qu'il ne récupère d'argent dans une communauté autonome « excédentaire », il « transfère » de fait une partie de la richesse nationale d'un lieu à un autre.

Le calcul de ces balances fiscales ne fait pas consensus et donne lieu à la propagation de nombreuses contrevérités, simplifications et surenchères en fonction des intérêts politiques en lutte. Les élites des autonomies « déficitaires » crient à l'injustice en considérant que leurs administrés paient pour les autres, alors que celles des autonomies « excédentaires » mettent en avant leur manque historique d'infrastructures, leur faible tissu industriel et leur plus grande pauvreté. Selon les données du ministère des Finances, on note que les communautés autonomes « excédentaires » sont les mêmes avant et après la crise : Ceuta et Melilla, l'Estrémadure, les Asturies, la Galice, les deux Castilles, l'Andalousie, les îles Canaries et la Cantabrie. À l'inverse, la Communauté valencienne, Madrid, la Catalogne et les îles Baléares sont systématiquement « déficitaires ». Les situations de Murcie, la Rioja, l'Aragon, mais aussi du Pays basque et de la Navarre sont plus équilibrées. Une telle situation amène en fait à deux types de réponses distinctes en fonction des intérêts régionaux : sur les 17 communautés autonomes, les 13 qui sont excédentaires ou bénéficient de privilèges fiscaux veulent maintenir le système existant (plus les deux villes autonomes de Ceuta et Melilla), alors que les élites de Madrid, mais surtout de la Communauté valencienne, des îles Baléares et de la Catalogne veulent limiter la solidarité interterritoriale en réduisant le Fonds de compensation (FCI).

Graphique 2

« Balances fiscales » des communautés autonomes en % du PIB (2008)

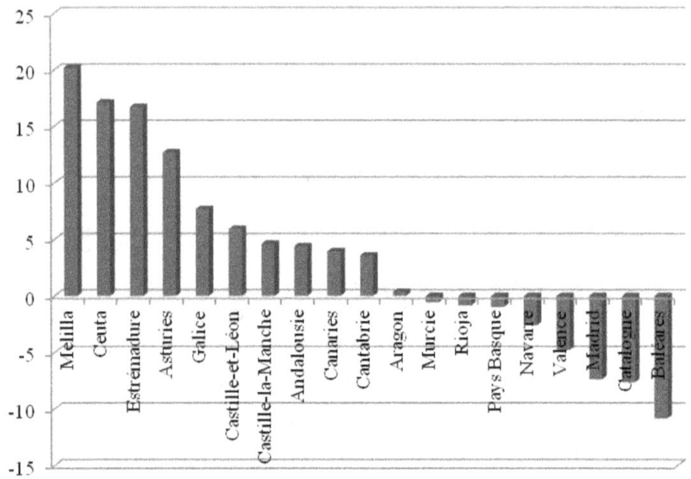

Source : Ministère des Finances espagnol (2008).

La contribution inégale à l'impôt des territoires est, dans une large mesure, le reflet des inégalités de développement du tissu industriel, commercial et du niveau de richesse de leurs habitants. Ce différentiel entre les communautés autonomes justifie donc une fonction redistributive automatique de l'État *via* la sécurité sociale notamment, dans la mesure où les communautés autonomes « excédentaires » sont aussi celles où se concentrent les proportions les plus fortes de populations âgées dans des territoires subissant l'émigration vers les grandes métropoles urbaines (Estrémadure, Asturies, Aragon, Galice, les deux Castilles), et où les taux de chômage sont les plus importants (Andalousie). Cette logique redistributive suppose que les régions les plus riches (Madrid, Catalogne, Valence), où le chômage et le vieillissement sont moins élevés et les populations plus jeunes, contribuent proportionnellement plus à soutenir le budget de l'État central et de la sécurité sociale et perçoivent des flux financiers moindres. Dans les années 1990-2000, les conflits sur le financement autonomique furent toujours résolus en augmentant la quantité des ressources affectées : le principe de distinction voulu par les nationalistes a conduit à un renforcement progressif de l'autonomie fiscale des communautés et à une généralisation des avantages. Mais l'augmentation de la distribution des ressources n'est plus possible en période de récession. Sous le double effet de la crise (diminution des recettes fiscales) et de l'imposition de l'agenda de l'austérité (injonction à la réduction des déficits publics), on assiste donc depuis 2008 à l'essor d'un « nouvel égoïsme fiscal » marqué par la remise en cause croissante du système du financement autonomique par les élites des communautés « déficitaires », notamment en Catalogne et dans la Communauté valencienne.

C. Un impact mitigé sur les finances publiques locales et une aggravation des disparités territoriales

L'austérité a eu un impact mitigé sur les finances publiques locales, aggravant puis restaurant les déficits, mais au prix d'un alourdissement des dettes publiques locales. D'abord, après de fortes augmentations en 2010 (-2,94 %) et 2011 (-3,35 %), on observe certes une tendance à la réduction des déficits publics sous l'effet des coupes budgétaires, mais le déficit de 2015 (-1,66 %) est seulement un peu moins élevé qu'en 2009 (-2 %). Toutefois, les politiques d'austérité n'ont pas réduit, mais ont au contraire aggravé les dettes publiques régionales. Le tableau 2 montre de plus comment le principal déficit public en 2009 était celui de l'État, qui a diminué en 2010 et 2011, mais a augmenté à nouveau en 2012 malgré l'austérité, avant de diminuer plus durablement depuis le retour de la croissance économique. Les municipalités et les comarques[15] présentent les situations financières les plus saines. Si l'on étudie l'évolution du

15. Échelon local secondaire qui équivaut à des communautés de communes.

déficit pour chacune des communautés autonomes, on s'aperçoit qu'en plus de la Catalogne (3,86 % du PIB), les plus endettées en 2010 furent toutes gouvernées par le PP : la Communauté valencienne (-3,47 %), les Baléares (-4,16 %), mais aussi Murcie (-4,16 %) et Castille-La Manche (-6,47 %)[16]. Tant en 2010 qu'en 2015, des différences importantes existent entre les autonomies, illustrant un maintien des inégalités existantes (le Pays basque, la Galice et les Canaries demeurent celles dont les déficits sont les moins importants, contrairement à la Catalogne, la Communauté valencienne et Murcie). On observe clairement une trajectoire de réduction des déficits publics sous l'effet des politiques de restrictions budgétaires pour 15 des 17 communautés autonomes (seules Madrid et l'Estrémadure présentent un déficit plus important en 2015).

Tableau 2

Évolution du déficit des administrations publiques, 2009-2015 (en % du PIB)

	2009	2010	2011	2012	2013	2014	2015
Administration centrale	-9,40	-5,72	-5,60	-7,92	-4,77	-3,67	-2,76
Communautés autonomes	-2,00	-2,94	-3,35	-1,86	-1,57	-1,75	-1,66
Municipalités et comarques	-0,60	-0,48	-0,40	0,32	0,55	0,57	0,44
Fonds de la Sécurité sociale et mutuelles	0,80	-0,20	-0,10	-0,98	-1,12	-1,04	-1,26
Total	-11,20	-9,3	-9,13	-6,77	-6,62	-5,79	-5,15

Source : Ministère des administrations publiques (2009-2015).

16. *Ministère des Administrations publiques, 2010 et 2015.*

Mais si la réduction des déficits est bien évidemment souhaitable, il faut souligner que l'« objectif » à atteindre a sans cesse été revu à la hausse par l'État : de -2,8 % en 2010, il a évolué à -1,5 % en 2013 puis à -0,7 % en 2015, de telle sorte que neuf communautés autonomes, le même nombre, ne respectaient pas ces critères en 2010 et en 2015, justifiant selon le gouvernement de maintenir la pression sur le contrôle de leurs dépenses publiques. Mais la réussite relative de la réduction des déficits s'est faite au prix d'une augmentation très forte des dettes publiques pour l'ensemble des communautés et d'une dégradation de l'accès aux services publics. En moyenne, les dettes publiques ont été assez stables jusqu'en 2009, autour de 7-8 % du PIB. En 2010, elles n'étaient encore que de 11,4 %, mais ont bondi en seulement deux ans jusqu'à 18,1 % en 2012, au plus fort des mesures de restrictions budgétaires, et atteignaient 23,6 % au troisième trimestre de 2015[17]. On observe d'ailleurs que les dettes ont particulièrement progressé durant cette conjoncture critique entre 2010 et 2012, lorsque la spéculation financière a atteint des sommets : +12,4 % en Castille-La Manche par exemple et +10 % à Murcie. Mais au-delà de l'inflation généralisée, l'évolution est contre-intuitive : les autonomies qui ont le plus procédé à des politiques d'austérité dans les administrations sont aussi celles dont les dettes publiques ont le plus augmenté, remettant en cause la pertinence du remède austéritaire poursuivi[18].

Finalement, la conjonction de la diminution des recettes fiscales et de l'injonction à la réduction des déficits explique pourquoi l'austérité constitue un facteur de déclin des solidarités entre les communautés autonomes. L'austérité a renforcé le mécontentement des élites locales à l'égard de l'État central et du système de financement

17. Source : Banque d'Espagne, 2010-2015.

18. De 7,5 % à 27,5 % à Murcie de 2010 à 2015 ; de 17 % à 29,9 % aux Baléares durant la même période ; de 17,5 % à 33,6 % en Catalogne ; ou encore de 15,6 % à 34,9 % en Castille-La Manche et de 19,7 % à 40,2 % dans la Communauté valencienne.

autonomique, tout en renouvelant les tensions et la compétition fiscale entre les régions. De 2011 à 2015, le gouvernement conservateur a d'ailleurs refusé de publier les balances fiscales de peur de conforter les arguments des nationalistes catalans. En janvier 2014, le ministre des Finances, Cristobal Montoro, a même lancé une nouvelle « méthode » de mesure des balances fiscales en ayant recours à des experts en économie, et en cherchant à présenter les chiffres dans le cadre de débats académiques afin de mieux botter en touche et dépolitiser cette question sensible. Le choix a été fait de ne pas renégocier la Loi de financement autonomique (LOFCA) et de maintenir les critères de répartition décidés en 2009. Mais la crise a profondément déséquilibré tous les systèmes de financements publics. Malgré l'encadrement national des budgets des autonomies, ceux-ci dépassent désormais ceux des entités fédérées de certains États fédéraux, illustrant bien la progressive fédéralisation de l'Espagne contemporaine (Moreno, 2009). Mais le fonctionnement ne répond plus véritablement à des critères unanimement acceptés d'équité territoriale. De 1978 à 2008, la conciliation entre les principes d'autonomie financière et de solidarité interterritoriale a permis une convergence des profils de richesse entre les régions et une hausse continue des dépenses publiques financées grâce à la croissance économique. Mais aujourd'hui, les inégalités intraterritoriales se creusent de nouveau entre les zones urbaines et rurales. On voit de plus se déliter le principe de la redistribution interterritoriale : les élites locales cherchent ainsi à renégocier les modalités du financement autonomique avec l'État en fonction des critères qui leur sont les plus favorables (celui de la jeunesse pour l'Andalousie ; de la démographie pour Valence ; de la dispersion de la population pour l'Estrémadure et la Galice, etc.).

La conjonction du « sauvetage » financier des banques et de la conditionnalité en chaîne, de la recentralisation et de la surveillance croissante des budgets des autonomies par l'État central n'est d'ailleurs pas du tout étrangère à la volonté d'émancipation fiscale de certaines communautés autonomes, dont l'exemple de la Catalogne est paradigmatique. La Catalogne est l'une des autonomies qui contribue le plus au budget national (puisque sa population est proportionnellement plus riche), ce qui débouche sur une balance fiscale déficitaire. Comme les autres communautés, ses dépenses de protection sociale ont fortement augmenté depuis 2008 sans compensation suffisante par l'État central. La problématique du « manque à gagner » pour la région, traduite par le slogan nationaliste « l'Espagne nous vole », est donc devenue un enjeu politique central qui touche aussi la Communauté valencienne. Déjà, lors de la version préalable du statut d'autonomie de 2005, les élites régionales s'étaient prononcées en faveur de la création d'un Trésor public catalan qui recouvrirait la plupart des impôts, en fixerait le taux et l'assiette, puis reverserait une quote-part à l'État en fonction des services qu'il apporte à la communauté, sur le modèle du système foral du Pays basque et de la Navarre. Les élites catalanes estiment également qu'étant l'une des communautés autonomes dont la croissance démographique est la plus forte, ses dépenses sociales s'accroissent sans être compensées par l'État. Ne pouvant plus faire appel au marché pour se financer à partir de 2010, la Generalitat de Catalogne demanda le « sauvetage » de l'État le jour même où le Parlement vota une résolution symbolique en faveur d'un nouveau pacte fiscal qui donnerait à la région la capacité de gérer directement ses ressources fiscales.

Pour les élites catalanes, le fait que l'État central ait été obligé d'intervenir et de venir au secours des finances publiques locales a été vécu comme un symbole des « déséquilibres » et de « l'injustice » du modèle. À cela s'ajoute le sentiment des élites locales d'avoir consenti des efforts importants dès le début de la crise, puisque le gouvernement de CiU a fait adopter un plan d'austérité régional drastique dès 2010, impliquant aujourd'hui un déclin du soutien à la solidarité interterritoriale parmi les élites, mais aussi dans l'opinion publique catalane. La politisation de la question fiscale a ainsi joué un rôle central dans la campagne du référendum symbolique sur l'indépendance du 9 novembre 2014, et demeure plus que jamais un enjeu central de la multiplication des projets législatifs régionaux censurés par le Tribunal constitutionnel. Dans un ouvrage-programme réunissant 35 contributions d'élites politiques nationalistes, *What's Up with Catalonia?*, Artur Mas mettait très clairement cette question fiscale au cœur de la volonté d'émancipation politique de la Catalogne à travers le processus indépendantiste : pour lui, le déficit annuel « immuable » et cumulatif de la région serait dû à un manque à gagner, la différence entre l'impôt prélevé par l'État central dans le territoire régional et les financements qu'il accorde à la région (Castro, 2013). Les nationalistes mettent en avant un déficit d'environ 15 milliards, et associent le renchérissement de la dette catalane à ce transfert annuel de richesses vers d'autres régions espagnoles, mais la question est hautement politique. L'ancien dirigeant socialiste Josep Borrell évoque ainsi seulement 800 millions (Borrell, Llorach, 2015, p. 13). Les indépendantistes défendent l'idée que l'émancipation fiscale permettrait d'élargir les services publics et de redistribuer les richesses au profit des Catalans (et non des Espagnols d'autres régions) en usant un argument d'autochtonie.

***
*

IIII. Conclusion : recentralisation, intériorisation et déséquilibre, trois effets distincts d'une même politique

Pour conclure, l'analyse comparée des plans d'austérité régionaux à Valence, en Catalogne et en Andalousie notamment montre d'abord l'impact de la conditionnalité en chaîne – de la troïka vers l'État, puis de l'État vers les autonomies – et la généralisation, malgré des degrés variables, de la diffusion du nouvel impératif de réduction des déficits publics au sein des communautés autonomes dirigées par des gouvernements de droite, de gauche ou nationaliste. La forme institutionnelle de la décentralisation espagnole, donnant aux autonomies la gestion de la protection sociale, de l'éducation et de la santé, explique le report de la contrainte austéritaire nationale sur le local. L'austérité a facilité une recentralisation silencieuse en renforçant le droit de regard législatif et institutionnel de l'État sur le budget des communautés autonomes. Cette première dynamique, où les exécutifs locaux jouent le rôle d'exécutants de politiques décidées nationalement, a été utilisée politiquement par les élus locaux dans des stratégies d'« évitement du blâme » afin d'imputer la responsabilité de l'austérité au gouvernement central. L'État et les gouvernements nationaux ont, à l'inverse, cherché à responsabiliser les autonomies de leur endettement et des « excès du passé » pour les rendre responsables de politiques d'austérité présentées comme inéluctables. Mais nous avons aussi observé une seconde dynamique « d'intériorisation » de l'austérité, particulièrement vraie en Catalogne, où les acteurs politiques locaux ont non seulement appliqué, mais ont aussi souvent activement soutenu voire même devancé cet agenda, donnant parfois lieu à des surenchères, notamment dans les communautés autonomes dirigées par les conservateurs. Le facteur politique fut prééminent dans ce cas, les gouvernements conservateurs locaux ayant fait le plus de zèle (Valence, Castille-La Manche, Baléares), ayant été dominés par des élites locales cherchant à se faire bien voir du gouvernement national du PP. Enfin, la troisième dynamique qui a été observée est celle du renforcement des déséquilibres existants, d'abord à travers les effets locaux de la spéculation financière puisque les marchés ont directement contribué à dégrader les finances, notamment les dettes et les capacités d'emprunt de certaines communautés autonomes. Et ensuite, parce que la conjonction de la recentralisation et de la généralisation de l'austérité a finalement sapé le compromis historiquement fragile autour des mécanismes du financement autonomique, renforçant la compétition entre les territoires, le déclin de la solidarité et l'essor d'un nouvel égoïsme fiscal dans les autonomies les plus riches.

Bibliographie

– BACIGALUPE A., MARTIN U., FONT R., GONZALEZ-RABAGO Y. et BERGANTINOS N., « Austeridad y privatización sanitaria en época de crisis : existen diferencias entre comunidades autonomas », *Gaceta Sanitaria*, 30 (1), 2016, p. 47-51.

- BARON N. et LOYER B., *L'Espagne en crise(s)*, Paris Armand Colin, 2015.
- BLYTH M., *Austerity. The History of a Dangerous Idea*, Oxford, Oxford University Press, p. 12.
- BORRELL J. et LLORACH J., *Las cuentas y los cuentos de la independencia*, Madrid, La Catarata, 2015.
- CASTRO E., *What's up with Catalonia? The Causes which Impel them to the Separation*, Barcelona, Catalonia Press, 2013, p. 7-15.
- COLE A., HARGUINDEGUY J.-B. et PASQUIER R., « La gouvernance territoriale espagnole à l'épreuve de la crise économique : vers la recentralisation ? », *Critique Internationale*, 67, 2015, p. 103-122.
- FERNÁNDEZ GARCÍA A. et PETITHOMME M., « La crise démocratique espagnole et le renouveau de la contestation sociale », *in* A. FERNÁNDEZ GARCÍA et M. PETITHOMME (dir.), *Contester en Espagne. Crise démocratique et mouvements sociaux*, Paris, Demopolis, 2015, p. 9-43.
- GALLEGO R., GOMA R. et SUBIRATS J., « Spain, from state welfare to regional welfare? », N. MCEWEN et L. MORENO (dir.), *The Territorial Politics of Welfare*, Londres, Routledge/ECPR, 2005, p. 103-126.
- MORENO L., *La federalización de España*, Madrid, Tecnos, 2009.
- MORENO L., « The Spanish development of southern European welfare », *in* S. KUHLE (dir.), *Survival of the European Welfare State*, London, Routledge, 2000, p. 146-165.
- PETITHOMME M., « L'État espagnol et le financement autonomique : le dilemme de la conciliation entre autonomie régionale et solidarité nationale dans un contexte de fédéralisation asymétrique (1980-2009) », *Fédéralisme et Régionalisme*, 9 (2), 2009, p. 75-101.
- PETITHOMME M., « Le droit au logement et la lutte contre les expulsions : la Plataforma de Afectados por la Hipoteca », *in* A. FERNÁNDEZ GARCÍA et M. PETITHOMME (dir.), *Contester en Espagne. Crise démocratique et mouvements sociaux*, Paris, Demopolis, 2015, p. 219-245.
- STREECK W. et SCHÄFER A. (dir.), *Politics in the Age of Austerity*, Londres, Polity Press, 2013.

Partie III

L'AUSTÉRITÉ DANS LA FABRIQUE DE LA VILLE

Chapitre 7

LA CAPACITÉ DE MISE EN ŒUVRE DES ACTEURS ÉCONOMIQUES PRIVÉS : MOBILISER LES PROMOTEURS IMMOBILIERS DANS UN CONTEXTE D'AUSTÉRITÉ

Julie POLLARD
Maître d'enseignement et de recherche en science politique
Université de Lausanne, Institut d'études politiques, historiques et internationales

L'une des caractéristiques de l'austérité, telle que décrite notamment par Paul Pierson, suivi par Armin Schäfer et Wolfgang Streeck, réside dans la tension entre une crise fiscale, affectant la capacité des gouvernements nationaux à collecter l'impôt, et un accroissement constant des dépenses publiques (Pierson, 2001a, 2001b ; Schäfer et Streeck, 2013). P. Pierson souligne ainsi que le contexte d'« austérité permanente » auquel sont confrontés les États-Providence des pays occidentaux tient à plusieurs facteurs :

> « Changes in the global economy, the sharp slowdown in economic growth, the maturation of governmental commitments, and population ageing all generate considerable fiscal stress »[1] (Pierson, 2001a, p. 411).

1. « Les changements de l'économie globale, le ralentissement net de la croissance économique, la maturation des engagements gouvernementaux et le vieillissement de la population génèrent, tous ensemble, une tension fiscale considérable » [Traduction de l'auteur].

Le corollaire de cette détérioration des dépenses publiques est le fait que les dépenses obligatoires tendent à consommer la quasi-totalité des budgets, réduisant drastiquement la marge de manœuvre des gouvernements et leur capacité à mener des politiques différenciées (Schäfer et Streeck, 2013).

Le secteur du logement en France peut être considéré comme un cas exemplaire de ce poids des dépenses obligatoires. La dépense publique est en effet fortement contrainte par des aides à la personne[2], lesquelles pèsent près de 20 milliards d'euros en 2013[3], ce qui rend difficile la production de politiques différenciées par les gouvernements. Dans ce secteur, l'ambition d'une réduction de la dépense budgétaire émerge dès les années 1970. Pierre Bourdieu et Rosine Christin montrent ainsi qu'à cette période, les politiques du logement comptent parmi les premiers terrains de confrontation entre défenseurs d'une politique sociale, et partisans d'une dérégulation (Bourdieu et Christin, 1990). Mais la « pétrification » des dépenses publiques (Siné, 2006), liée au poids de la dette et à la reconduction quasi automatique des dépenses budgétaires d'une année sur l'autre n'empêche pas l'affichage d'objectifs politiques ambitieux. Ces contraintes coexistent en effet avec un discours volontariste sur les objectifs des politiques du logement. Ces politiques viseraient à la fois à promouvoir une « France de propriétaires », à atteindre des objectifs quantitatifs de construction (produire 500 000 logements par an), à mettre en œuvre le droit au logement, à obliger les communes des principales agglomérations à se doter de 20 à 25 %

2. Cela renvoie notamment aux aides suivantes : allocation de logement familiale, aide personnalisée au logement, allocation de logement sociale ; aide sociale à l'hébergement.

3. En 2013, les diverses aides financières représentent environ 40,8 milliards d'euros, soit 1,9 % du PIB (*Compte du logement 2013*, février 2015). Cet ensemble hétérogène regroupe des aides directes et des aides indirectes, des aides orientées vers l'offre et d'autres vers la demande. On distingue ainsi des aides personnelles au logement, des subventions (subventions d'investissement ou d'exploitation), des aides fiscales et des avantages de taux.

de logements sociaux, etc. Les politiques du logement se voient donc mobilisées tour à tour pour soutenir l'activité économique du pays, satisfaire à des problématiques sociales (et à un besoin fondamental des citoyens), et répondre à des enjeux territoriaux et notamment urbains (voir par exemple : Driant, 2014, 2015).

Pour résoudre cette tension entre contrainte budgétaire et volontarisme politique, pour continuer à produire de l'action publique dans un contexte d'austérité, l'implication accrue des acteurs économiques privés (ici les promoteurs immobiliers) apparaît comme une solution. Ce chapitre propose de documenter ce constat et d'en analyser les conséquences, à la fois au niveau national et au niveau local. Cette idée fait écho à une large littérature assez hétérogène sur les recompositions de l'action publique, au prisme des relations État/marché, dans un contexte de libéralisation[4]. Dans une perspective néo-institutionnaliste historique, une pluralité de travaux sur l'évolution des variétés de capitalisme conduisent à nourrir les réflexions sur le changement institutionnel, et de possibles « trajectoires » de libéralisation (Hall et Thelen, 2009 ; Streeck et Thelen, 2005 ; Thelen, 2012). Le rôle (renouvelé) de l'État et du politique apparaît central dans une

4. La notion de libéralisation est protéiforme et renvoie à des dynamiques diverses : « Efforts to decentralize collective bargaining, neutralize unions, dismantle tripartism, privatize industry, cut back social benefits, reduce employment protection, promote equity investments, encourage part-time employment and lower minimum wages », HALL et THELEN, 2009, p. 22, (« Les efforts pour décentraliser les négociations collectives, neutraliser les syndicats, démanteler le tripartisme, privatiser l'industrie, réduire les bénéfices sociaux et la protection de l'emploi, promouvoir les investissements de fonds propres, encourager l'emploi à temps partiel et abaisser les salaires minimums » [Traduction de l'auteur]). Cette notion peut être décrite « both as an inevitable economic adjustment in organized political economies to growing internal and external market pressures, and as a political strategy of either governments overwhelmed by unsatisfiable political demands or of business extricating itself through internationalization from the profit squeeze imposed on it by labor at the height of its postwar power in the early 1970s » (STREECK et THELEN, 2005, p. 4).

part importante de ces travaux[5]. Certains s'attachent à montrer que la libéralisation des marchés implique un renouveau réglementaire (Majone, 1994; Vogel, 1996), voire entraîne le développement de nouvelles missions et de nouvelles modalités d'intervention pour l'État (Levy, 2006). D'autres analysent les fondements des rapports de pouvoir entre l'État et les firmes, et le renouveau de l'action étatique suite à la crise de la fin des années 2000 (Woll, 2014). Dans la lignée de ces réflexions, nous interrogeons le discours dominant sur le « retrait » de l'État du secteur du logement et son repli sur des versants sociaux des politiques du logement, notamment traduit par la notion de « résidualisation » (Driant et Li, 2012; Harloe, 1995). Le rôle croissant des acteurs économiques privés va-t-il de pair avec une réduction de la marge de manœuvre les acteurs politiques nationaux? Quelles en sont les répercussions pour les collectivités territoriales? Celles-ci sont-elles parties prenantes des recompositions à l'œuvre ou sont-elles plutôt condamnées à en subir les effets?

Empiriquement, deux dynamiques importantes visant à comprendre l'évolution du rôle des promoteurs immobiliers dans la mise en œuvre des politiques du logement sont observées[6]. L'analyse porte tout d'abord sur l'essor des dispositifs fiscaux d'incitation à l'investissement locatif, visant à encourager la construction de logements par des acteurs privés. On s'attache ensuite au développement de l'intervention des promoteurs immobiliers dans la construction de logements sociaux[7]. La comparaison de ces deux dynamiques du secteur du logement, que nous avons analysées séparément dans des travaux

---

5. Certains travaux sont axés sur l'influence et la diffusion des idées néolibérales et montrent comment le néolibéralisme produit des formes de réaffirmation du politique et se traduit par des politiques publiques qui varient en fonction des configurations nationales (Jobert, 1994).

6. Ces dynamiques ont fait l'objet d'analyses séparées dans les textes suivants : (GIMAT et POLLARD, 2016; POLLARD, 2011.)

7. Cette deuxième dynamique s'inscrit dans une tendance plus large à l'intervention d'acteurs économiques privés dans des domaines jusqu'alors réservés à des acteurs publics ou fortement contrôlés par des acteurs publics. Il en va ainsi

antérieurs (Pollard, 2011 ; Gimat et Pollard, 2016), invite à observer à la fois les rapports entre acteurs publics et acteurs économiques privés et les rapports entre acteurs publics nationaux et locaux. Elle permet de complexifier le schéma d'une austérité sectorielle subie par les acteurs locaux. Autour de chaque dynamique, des jeux différenciés se mettent en place. Les acteurs politiques locaux parviennent à conserver une marge d'action ; voire même peuvent être moteurs dans l'implication des acteurs économiques privés dans l'action publique et dans les réorientations de la régulation sectorielle.

Ce chapitre montre donc que l'essor de missions déléguées aux acteurs économiques privés, s'il correspond bien à une évolution des relations entre acteurs publics et privés dans le secteur, ne permet pas de conclure de manière univoque à la montée en puissance des acteurs économiques privés. Il témoigne plutôt d'une réorientation des modalités d'intervention des acteurs publics. Dans le secteur du logement, les politiques d'austérité conduisent à mettre en place de nouveaux modes d'action qui impliquent davantage les acteurs économiques privés pour satisfaire les objectifs de l'État, mais aussi des collectivités territoriales. Une régulation fondée sur la capacité de mise en œuvre des acteurs privés se développe. Celle-ci soulève d'importantes questions sur la nature du pilotage politique et sur les effets sociaux, politiques et territoriaux de ces évolutions. Dans les deux premières parties du texte, la démonstration s'attache successivement aux deux dynamiques étudiées. Puis, dans un troisième temps, elle s'interroge sur les effets, pour l'action publique, de ces évolutions.

également de l'extension des activités des promoteurs immobiliers vers l'aménagement, suite à la mise en concurrence des aménageurs dans le cadre de concessions d'aménagement à partir de 2009 (CITRON, 2017 [à paraître]).

I. Les politiques d'incitations fiscales à l'investissement locatif : une privatisation de la mise en œuvre impulsée par l'État central

La première dynamique sectorielle observée est le développement des dispositifs fiscaux d'incitation à l'investissement locatif, à partir de la fin des années 1990. Introduits à la marge de l'action publique sectorielle par l'État central, ces instruments ont pris une place croissante au cours des années 2000. De fait, leur mise en œuvre repose largement sur des acteurs économiques privés. L'inadaptation de ces dispositifs aux réalités des marchés locaux a été abondamment décriée par les responsables politiques de nombreuses collectivités territoriales, dès le milieu des années 2000. Les communes ont ainsi été conduites à mettre en place, plus ou moins rapidement, et avec plus ou moins de succès, selon les communes, des modalités leur permettant de réguler – voire dans certains cas de bloquer – la construction de logements défiscalisés sur leur territoire.

A. Les dispositifs d'incitation à l'investissement locatif, un instrument national

Ces dispositifs combinent deux objectifs d'action publique : l'encouragement de l'offre de logements locatifs et l'appui à la construction de logements. Concrètement, leur principe de fonctionnement est le suivant : l'acquisition d'un logement neuf permet à un contribuable de déduire de ses impôts un amortissement correspondant à un pourcentage du prix d'acquisition du logement, à condition de s'engager à mettre ce logement en location pendant un certain nombre d'années[8]. Mis en place et réorientés par les gouvernements nationaux successifs, ils confèrent un poids important aux acteurs privés, et notamment aux promoteurs immobiliers, dans la phase de mise en œuvre.

---

8. Selon les dispositifs, des conditions variables sont ajoutées. Des montants plafonds de loyers peuvent être fixés ou certaines conditions relatives aux ressources maxima des locataires peuvent être stipulées.

Le développement de cet instrument s'inscrit dans un contexte plus large de développement des dépenses fiscales dans le secteur du logement. Les dépenses fiscales représentent moins de 5 milliards d'euros en 1998 et 14,5 milliards en 2013. S'il est compliqué de comparer dépenses budgétaires et dépenses fiscales – ces dépenses ne sont pas de même nature –, on peut toutefois noter une tendance au rapprochement des dépenses fiscales (en forte augmentation) et des dépenses budgétaires (en relative stagnation). La plupart des dépenses fiscales en vigueur ont été mises en place depuis le début des années 2000[9]. Sans revenir ici en détail sur l'ensemble des raisons politiques de cet essor (voir : Pollard, 2011), nous retenons deux éléments :

- les dépenses fiscales constituent un moyen d'agir à court terme dans un secteur dont les dépenses budgétaires sont largement contraintes par des engagements de long terme ;
- elles sont un instrument aux mains de l'État central, dans un contexte de décentralisation des compétences afférentes au logement et d'essor des communes et intercommunalités.

L'activité des promoteurs est fortement sensible à ces dispositifs. En moyenne, depuis le début des années 2000, un logement sur deux construit par les promoteurs immobiliers est acheté par des particuliers bénéficiant de ces dispositifs (tableau 1). On observe des « pics » à 60 % lors de la mise en place de dispositifs particulièrement avantageux, comme en 1998 avec le Périssol ou en 2009-2010 avec la mise en place du dispositif Scellier. On atteint alors environ 70 000 logements bénéficiant de ce dispositif, vendus annuellement. Si ces éléments permettent d'envisager l'importance de ces dispositifs pour les promoteurs, il reste à comprendre comment ces derniers interviennent concrètement dans leur mise en œuvre.

9. Si l'on considère les douze dépenses fiscales les plus importantes dans le secteur du logement, neuf d'entre elles ont été introduites après 1995 et, parmi celles-ci, six ont été mises en place depuis 2003.

Tableau 1

Évolution du nombre de logements vendus bénéficiant des dispositifs d'incitation à l'investissement locatif

	Total des ventes brutes	Vente à des investisseurs	Ventes en accession à la propriété	Part des investisseurs	Dispositif fiscal en vigueur
1995	63017	25837	37180	41 %	Quilès/ Méhaignerie
1996	72647	35593	37054	49 %	
1997	80531	42686	37845	53 %	Périssol
1998	94140	55544	38596	59 %	
1999	101515	52788	48727	52 %	
2000	75243	24074	51169	32 %	Besson
2001	80195	29668	50527	37 %	
2002	85488	35045	50443	41 %	
2003	103462	53800	49662	52 %	
2004	112191	61705	50486	55 %	Robien/ Borloo
2005	121423	69214	52209	57 %	
2006	125964	66761	59203	53 %	
2007	127017	62238	64779	49 %	
2008	78507	34543	43964	44 %	
2009	105802	67711	38091	64 %	Scellier
2010	115285	72631	42654	63 %	
2011	105000	59846	45154	57 %	
2012	88904	37868	51036	43 %	
2013	89313	35913	53400	40 %	Duflot
2014	86950	38144	48806	44 %	Pinel
2015 (estimation)	100000	53000	47000	53 %	

N.B. Chiffres concernant les ventes brutes au détail (réservations à la vente avec dépôts d'arrhes ; ne tiennent pas compte des désistements).

Source : « Les chiffres du logement neuf : 4e trimestre 2015 et bilan annuel », Observatoire de l'immobilier de la FPI.

B. Une mise en œuvre par les acteurs économiques privés

Le rôle des promoteurs, et des autres intermédiaires économiques privés intervenant pour favoriser le déploiement des dispositifs fiscaux d'incitation à l'investissement locatif (conseillers financiers, conseillers en patrimoine, réseaux de commercialisation, etc.), tient aux conditions d'implantation sociale de ces dispositifs : pour être mobilisés par les particuliers, ils doivent non seulement être fiscalement attractifs, mais également activement promus. D'où l'importance des stratégies de communication visant à valoriser ces dispositifs : affichage sur les sites web des promoteurs, renforcement des pratiques de démarchage *via* mails ou courrier, adaptation des formations dispensées aux commerciaux afin de prendre en charge spécifiquement cette clientèle, etc.

Le rôle des promoteurs dans la diffusion de ces dispositifs s'appuie sur leurs efforts déployés pour adapter leur offre afin de proposer des solutions permettant aux particuliers d'exploiter ces dispositifs. Ainsi par exemple, ils développent des projets dans des zones géographiques où les prix de marché permettent une optimisation de l'avantage fiscal, ou encore ils privilégient la construction de petits logements, particulièrement prisés par les investisseurs. Dans leur rapport d'information de 2008, les députés François Scellier et Jean-Yves le Bouillonnec[10] mettent en évidence le développement de l'offre dans des zones où les promoteurs étaient peu présents auparavant : villes petites et moyennes, départements ruraux (Corrèze, Landes, Gers, etc.).

Pour Patrice Vergriete, certains promoteurs, qu'il qualifie de « promoteurs défiscalisateurs », émergent à partir de la fin des années 1990 et (re)déploient leur activité en se spécialisant dans la vente et la gestion d'un produit fiscal :

10. F. SCELLIER, J.-Y. LE BOUILLONNEC, *Rapport d'information sur l'évaluation des dispositifs fiscaux d'encouragement à l'investissement locatif*, juill. 2008.

> « Le produit vendu est en fait un *package global* permettant une défiscalisation et intégrant le plus souvent la production du logement (localisation, suivi de la construction, formalités juridiques…), sa gestion, la garantie locative (en cas d'échec dans la recherche d'un locataire) voire même parfois le prêt immobilier et l'assurance du prêt. […] À travers cette organisation, le propriétaire peut donc n'avoir aucun rapport physique avec son bien immobilier, il peut ne jamais le voir » (Vergriete, 2013, p. 150).

Ces dispositifs ont non seulement fait émerger de nouveaux acteurs (les « promoteurs défiscalisateurs »), mais ont également transformé les grands groupes de promotion immobilière « traditionnels », en conduisant à la naissance d'un nouveau modèle de production, caractérisé par « l'intrusion d'une culture financière, en l'occurrence fiscale, dans les logiques de production du logement » (Vergriete, 2013, p. 180). Or, la piètre qualité de ce type d'opérations, en termes de programme et de construction, est dénoncée de manière récurrente par les élus locaux et les associations départementales d'information sur le Logement (ADIL), ce qui nous amène à interroger les capacités des acteurs locaux à intervenir dans la mise en œuvre de cette politique sectorielle.

C. Des modalités de régulation locale contrastées

Ces dépenses fiscales forment donc un dispositif mis au point par l'État central, dont la mise en œuvre repose largement sur des acteurs économiques privés. La question de la régulation, par les communes, de la construction de logements défiscalisés se pose alors avec acuité. Dans quelle mesure, celles-ci ont-elles les moyens de contrôler ou d'encadrer la production de ce type de logements ? Quels sont les rapports de pouvoir qui s'établissent, avec les promoteurs, autour de cette production ? La réponse n'est pas univoque. Les situations apparaissent contrastées et évolutives dans le temps, en fonction des caractéristiques et ressources des communes (localisation, taille, possession de foncier, expertise, stabilité du gouvernement local, etc.), et de leurs priorités en matière de logement. Dans l'ensemble toutefois, ces communes ont eu tendance à développer des modalités de régulation locale leur permettant de gérer les effets, éventuellement pervers ou non souhaités, de ces dispositifs.

Le cas de la commune de Saint-Denis (93) illustre bien cette spécificité des configurations locales. Un système de régulation assez fortement structuré y est mis en place au cours des années 2000, en parallèle de l'essor de ces dispositifs. L'investissement locatif y est observé avec méfiance par les élus et les acteurs administratifs en charge de l'urbanisme et du logement. L'un des enjeux prégnants des politiques locales de l'habitat tient à la gestion des copropriétés dégradées. Ces difficultés sont évoquées par les acteurs pour justifier leurs réticences au développement de programmes d'investissement locatif :

> « Le "Robien", ça a tout débridé. On a essayé de comprendre ces évolutions et de se prémunir. [...] On voyait bien qu'il fallait favoriser des programmes neufs majoritairement occupés par des propriétaires occupants. Parce qu'on a aussi été en butte à des problèmes dans des copropriétés relativement importantes, des années 1960-1970, où on s'est retrouvé avec des difficultés de vie de ces copropriétés... On a assez vite compris les dangers que les systèmes de défiscalisation faisaient peser sur la pérennité des immeubles et sur leurs évolutions ultérieures » (*Entretien du 23 mars 2007*).

Des dispositifs de contrôle ont donc été mis en place pour éviter des concentrations de logements aux mains d'investisseurs et pour favoriser les propriétaires occupants. Cette initiative dépasse le seul cas de Saint-Denis, puisque l'ensemble du territoire de Plaine Commune a été par la suite encadré par une charte relative à la construction par les promoteurs immobiliers privés. Portant sur différents aspects de réalisation des opérations[11], elle pose aussi une série de contraintes pour la phase de commercialisation des opéra-

11. Notamment : insertion du projet dans son environnement urbain, typologies et surfaces moyennes des logements, etc.

tions, visant à privilégier les ménages qui vivent et/ou travaillent sur le territoire de l'intercommunalité. Il est ainsi exigé que certaines informations sur les acheteurs soient communiquées à la collectivité territoriale responsable ; et/ou que la vente se fasse prioritairement *via* des bulles de vente installées sur place. Malgré leur statut juridique flou, ces chartes pèsent fortement sur les comportements des promoteurs. En cas de non-respect, ils savent qu'ils risquent d'être bannis du territoire intercommunal, ce qui menace le développement potentiel de futures opérations.

Le cas de Saint-Denis fait écho à ce que démontre Patrice Vergriete (2013) : l'essor de ces dispositifs a eu pour effet de renforcer la régulation politique locale en matière de construction de logements privés dans les communes où elle était déjà en place. C'est notamment le cas à Lyon, mais également à Marseille, où cette régulation a été longtemps plutôt faible. Ce faisant, ces collectivités locales ont encadré les effets de ces dispositifs nationaux sur leur territoire afin de limiter le nombre de logements de petite taille, identifiés comme destinés prioritairement à une clientèle d'investisseurs, entraînant une forte réticence à l'égard des promoteurs catalogués comme « défiscalisateurs ». Cette régulation politique locale prend des formes différentes, allant de l'intégration de nouvelles règles dans les documents d'urbanisme locaux (cas de Lyon), à des règles plus informelles, non écrites (cas de Marseille).

Ces positionnements des collectivités territoriales autour de la maîtrise du déploiement des dispositifs fiscaux ne doivent pourtant pas occulter des situations moins favorables aux acteurs publics, qui ont parfois été médiatisées. Ainsi « l'emballement » du dispositif Robien, et après lui (et dans une moindre mesure) du dispositif Scellier, a été dénoncé dans les médias[12] : décalage entre les prix plafonds de loyers

12. Par exemple, dans le journal *Le Monde* : « Défiscalisation à haut risque », *Le Monde Argent*, lundi 1er octobre 2007, p. ARG3 ; « Les avantages fiscaux pour les acquéreurs de logements neufs sont critiqués », *Le Monde Économie*, vendredi

prévus et la diversité des marchés locaux, risque de déséquilibrage des marchés immobiliers des villes petites et moyennes dans certaines régions. Les débats houleux autour du projet de la loi dite de « mobilisation pour le logement et la lutte contre l'exclusion » en décembre 2008 sont également révélateurs des problèmes posés, notamment aux petites communes, par ces dispositifs. Les débats au Sénat, lors de la séance du 20 octobre 2008[13], en sont révélateurs. Les sénateurs ont défendu alors l'idée que les maires puissent limiter la proportion d'appartements vendus dans le cadre des dispositifs d'incitation à l'investissement locatif dans leur commune et réclamé la mise en place d'instruments leur permettant de maîtriser ces dispositifs sur leurs territoires. L'intervention de Thierry Repentin (sénateur PS), qui interpelle vivement Christine Boutin alors ministre du Logement, met en exergue les problèmes qui se posent pour les élus locaux[14] :

> « Depuis longtemps, nous vous mettons en garde contre les effets pervers de ces dispositifs [...] les dispositifs d'aide à l'investissement locatif continuent de provoquer de nombreux dégâts, comme en témoignent les investisseurs se considérant "victimes du Robien", qui ne cessent de nous faire part de leur désarroi et ont tenu à nous rencontrer avant l'examen de ce projet de loi par le Sénat. [...] Malheureusement, l'article 15 ne comporte aucune disposition permettant de lutter contre les pratiques de certains réseaux de commercialisation peu scrupuleux, qui ont systématiquement séparé de plusieurs centaines de kilomètres les constructions et les acheteurs, tout en vantant à ces derniers les qualités d'un marché local du logement qu'ils ne pouvaient pas eux-mêmes connaître. [...] Si vous aviez eu l'ambition de mener une véritable réforme redéfinissant de fond en comble

11 janvier 2008, p. 17 ; et plus récemment : « La machine à surproduire des logements vides », *Le Monde France*, mercredi 23 mars 2016, p. 13.

13. Sénat, Séance du 20 octobre 2008, compte rendu intégral des débats, p. 5718-5719.

14. Ces problèmes sont déjà pointés dans le rapport rendu par les députés François Scellier et Jean-Yves le Bouillonnec : F. SCELLIER, J.-Y. LE BOUILLONNEC, *Rapport d'information sur l'évaluation des dispositifs fiscaux d'encouragement à l'investissement locatif*, juillet 2008.

> les dispositifs d'aide à l'investissement locatif, vous nous auriez proposé des outils permettant de prendre en compte les besoins locaux, et ainsi de passer du "prêt-à-porter" au "sur-mesure". »

Ces réticences sont également perceptibles dans les questions parlementaires récurrentes, posées sur ces dispositifs, par les sénateurs, qui pointent l'inadaptation du zonage des dispositifs en faveur de l'investissement locatif sur leurs territoires respectifs.

Comme l'attestent des études telles que celles produites par l'Observateur de l'immobilier du Crédit foncier[15], les communes les moins dotées en ressources permettant une régulation politique locale des activités de construction de logements sur leur territoire (en termes d'expertise et de capacité technique notamment) ont du mal à intervenir dans l'activité des promoteurs qui les considèrent comme attractives. Les dispositifs fiscaux agissent ainsi comme des « électrochocs » : les villes faiblement dotées de régulation politique locale, comme à Saint-Étienne ou à Bailleul, « bricolent » des mécanismes de contrôle des opérations des promoteurs, tentent d'instaurer un dialogue avec eux (Vergriete, 2013). Les acteurs locaux changent donc de posture face aux acteurs privés de la mise en œuvre.

II. La construction de logements sociaux par les promoteurs immobiliers : une privatisation impulsée par les communes

La première dynamique étudiée a conduit à placer l'accent sur la capacité d'adaptation et de repositionnement des collectivités territoriales face à l'évolution des politiques nationales du logement. Si elles ne sont pas parties prenantes dans les décisions, elles développent toutefois des outils pour en réguler les effets, jugés problématiques, sur leur territoire. La deuxième dynamique a trait à l'essor de la

15. Le caractère sensible de ce sujet a ainsi transparu dans les débats suscités par une enquête du Crédit foncier sur les risques locatifs de ces dispositifs, publiée en juillet 2009. Cette enquête mettait en lumière les zones géographiques « à risque » (demande locative faible) pour les investisseurs potentiels. Les vives réactions qu'elle a suscitées se sont soldées par le départ du Crédit foncier des deux auteurs.

construction de logements sociaux par les promoteurs immobiliers. Elle donne à voir un tout autre rapport de force : ici les acteurs locaux ne subissent pas les réorientations sectorielles, mais les impulsent.

A. Les VEFA : la réinterprétation locale d'un instrument national

La dynamique étudiée ici tient à la réorientation d'un dispositif existant : la procédure de vente en état futur d'achèvement (VEFA), utilisé depuis les années 1960 par les promoteurs pour vendre leurs logements à des particuliers. Le Code civil le définit comme un contrat

> « par lequel le vendeur transfère immédiatement à l'acquéreur ses droits sur le sol ainsi que la propriété des constructions existantes. Les ouvrages à venir deviennent la propriété de l'acquéreur au fur et à mesure de leur exécution ; l'acquéreur est tenu d'en payer le prix à mesure de l'avancement des travaux. Le vendeur conserve les pouvoirs de maître de l'ouvrage jusqu'à la réception des travaux »[16].

À partir des années 1990, dans le cadre des relations entre promoteurs immobiliers et bailleurs sociaux, une utilisation nouvelle est faite de ce dispositif. Ce contrat permet aux promoteurs de vendre aux bailleurs sociaux une partie des logements qu'ils construisent au sein d'une opération. La vente des logements sociaux doit intervenir tôt dans le processus de promotion et peut favoriser le lancement de l'opération. L'adaptation de ce contrat à la vente de logements aux bailleurs sociaux s'est faite progressivement[17], et prend son essor dans les années 2000. Le recours à la VEFA monte alors en puissance, parallèlement au renforcement des injonctions à la construction de logements sociaux. La réglementation nationale s'est ainsi adaptée par étapes aux initiatives ayant émané des élus locaux : les contraintes

16. Code civil, art. 1601-3.

17. À partir du vote de la Loi d'orientation pour la ville (loi n° 91-662 du 13 juillet 1991), l'acquéreur des biens réalisés par un promoteur peut être un organisme HLM.

limitant le recours au dispositif[18] sont partiellement ou totalement levées à la fin des années 2000, tant et si bien qu'aujourd'hui, une proportion importante des logements sociaux est construite par les promoteurs immobiliers. Cette proportion est évaluée à plus d'un tiers des logements sociaux construits en 2013[19], et concerne un logement social sur deux en Île-de-France (Jourdheuil, 2017 [à paraître]). Alors que la construction de logements en France était traditionnellement fortement structurée autour d'une différenciation entre les acteurs de l'offre (organismes HLM *vs* promoteurs immobiliers), cette évolution constitue l'un des versants de l'atténuation des frontières entre ces acteurs. Cette évolution peut d'ailleurs être inscrite dans une tendance plus large à la redéfinition des frontières[20].

Le développement des VEFA-HLM est une évolution peu visible et graduelle, mais néanmoins structurante à l'échelle du secteur. Dans le cadre de leur analyse des processus de libéralisation des économies occidentales, Wolfgang Streeck et Kathleen Thelen (2005) proposent de concevoir des modes de changement institutionnel dans le temps long. Ils attirent l'attention sur la nécessité de distinguer les processus de changements, qui peuvent être incrémentaux ou brutaux, et les résultats du changement qui peuvent être considérés sur le mode de la continuité ou de la rupture. Des changements graduels d'instruments peuvent, tout comme l'introduction de nouveaux instruments, produire des discontinuités significatives. Parmi les cinq idéaux-types

18. En particulier : les logements sociaux doivent représenter une part minoritaire de l'opération, le prix de vente doit être inférieur aux prix du marché.

19. D'après la Direction générale du logement, de l'aménagement et de la nature, 32,10 % des logements locatifs sociaux neufs ont été réalisés en VEFA en 2013. Si l'on ne considère que les logements sociaux ordinaires, destinés aux ménages, ce chiffre atteint 37 %.

20. Pour d'autres aspects de la remise en cause de cette frontière, voir par exemple : BONNET, 2013 ; DEMOULIN, 2014 ; GIMAT, (en cours) ; STEINMETZ, 2013.

de changement qu'envisagent W. Streeck et K. Thelen[21], celui de la *conversion* retient notre attention. Caractérisé par l'évolution des objectifs ou des fonctions d'une institution qui reste stable au plan formel (voir aussi Thelen, 2003), cet idéal-type s'applique parfaitement au cas des VEFA-HLM. En effet, sa trajectoire correspond à une réinterprétation d'un dispositif préexistant, assumant alors un nouveau rôle dans la production de logements sociaux. Cette réinterprétation conduit à faire changer l'importance de cet instrument dans le système et à lui conférer un sens nouveau au sein de la politique de construction de logements sociaux. La *conversion* se fait de manière « discrète » par un dispositif souvent vu comme secondaire.

B. Un essor sous contrainte politique

La dynamique d'extension des activités des promoteurs immobiliers *via* le développement des VEFA aux organismes HLM peut à première vue s'inscrire dans une logique de *néolibéralisation* des politiques du logement, qui serait impulsée par les acteurs économiques privés pour favoriser le développement de leurs activités (Brenner et Theodore, 2002 ; Harvey, 1989 ; Peck et Tickell, 2002). Mais l'analyse des négociations entre acteurs publics et opérateurs conduit plutôt à pointer le rôle clé des acteurs politiques locaux dans l'introduction des dynamiques à l'œuvre (Halpern et Pollard, 2013 ; Theurillat, Rérat, et Crevoisier, 2014). Pour ces derniers, l'encouragement de ce mécanisme constitue un moyen de continuer à mener des politiques de production de logements sociaux, dans un contexte contraint aux plans économique et réglementaire (Gimat et Pollard, 2016). Plusieurs indices témoignent du caractère très politique de cet essor.

21. Ces modes de changement sont : le changement par *displacement* (déplacement) ; *layering* (sédimentation) ; *drift* (dérive) ; *conversion* (conversion) ; *exhaustion* (dépérissement).

Premièrement, on constate des réticences initiales parmi les promoteurs face au dispositif, dans les années 2000. Leur association professionnelle dénonce à plusieurs reprises le développement des VEFA comme une contrainte imposée. La Fédération des promoteurs immobiliers de France (FPI) nourrit ainsi une opposition au principe même des VEFA-HLM jusqu'à la fin des années 2000. Jean-François Gabilla, président de la Fédération des promoteurs immobiliers jusqu'en juin 2009, attaque ainsi la légalité des chartes locales visant à formaliser les relations entre bailleurs sociaux et promoteurs :

> « Ces chartes sont tout simplement illicites : tout d'abord, au regard du droit de l'urbanisme puisque tacitement ou explicitement, elles soumettent l'octroi des permis de construire aux obligations qu'elles font aux promoteurs, et non plus seulement aux règles, procédures et documents d'urbanisme prévus par la loi. [...] Elles ne sont pas davantage compatibles avec les droits de propriété et de la concurrence » (*Le Moniteur*, 3 août 2007).

Individuellement, les promoteurs expriment également de fortes réserves. Un promoteur, également ancien président de la Fédération des promoteurs immobiliers, formule ainsi ses réticences :

> « Les élus veulent imposer du logement social et ne pas en payer le prix. Pour le moment, qui est-ce qui paye le prix ? Pour le moment, c'est la péréquation qui paye le prix et ça, c'est scandaleux ! C'est facile de faire de la politique sociale à bon compte, et de dire : je ne mets pas un sou et j'impose. Mais, le jour où le particulier s'en apercevra, ça va leur péter à la gueule. Alors, moi, les relations avec le logement social... » (*Entretien du 25 juill. 2007*).

À les écouter, les promoteurs seraient donc totalement contraints par les décisions des acteurs politiques. La question de la péréquation constitue, de ce point de vue, un enjeu particulièrement vif. Pour les promoteurs, les VEFA-HLM induisent finalement un nouveau mode de financement du logement social, particulièrement discutable, dans lequel les accédants à la propriété payent pour les logements sociaux. S'ajoutent à cette critique de fond d'autres problèmes : exigences jugées excessives des organismes d'HLM sur les logements livrés, dégradation de l'image de marque des logements vendus du fait de la proximité immédiate de logements sociaux[22], etc. Certains interlocuteurs soulignent ainsi que le terme de « logement social » est parfois remplacé par celui de « logement aidé » pour ne pas effrayer les acquéreurs potentiels. Mais les promoteurs ne sont pas les seuls acteurs à se montrer réticents. Au moment du développement de ces VEFA, l'Union sociale pour l'habitat (USH), qui représente les organismes HLM, adopte également une posture défensive. Pour les organismes d'HLM, ce dispositif ferait courir deux types de risques : tout d'abord, il les soumet à un acteur extérieur dans la réalisation des opérations de promotion/construction ; ensuite, à plus long terme, le développement des VEFA constitue une menace pour la sauvegarde de l'une des compétences des organismes d'HLM, à savoir la promotion.

Deuxièmement, l'intérêt que les élus locaux affichent pour les VEFA constitue un autre indice du caractère politique de cette évolution. Pour ces derniers, la baisse effective des crédits étatiques, le renchérissement des opérations de construction de logements sociaux (augmentation des coûts de construction et du foncier), la complexité des procédures de marché public et les difficultés croissantes pour rassembler les financements nécessaires au montage d'une opération de construction sont autant d'entraves à la construction de logements

22. Selon ce promoteur, la VEFA peut avoir un impact négatif sur l'image de marque d'un promoteur en cela qu'elle le rend partiellement responsable de la gestion ultérieure qui sera faite de ces logements sociaux : « Quand je fais 30 logements sociaux, je ne veux pas pourrir mon ensemble par des gens qui se foutent de la manière dont c'est habité. Ça me pose un souci, parce que les gros opérateurs, ils s'en foutent, ils font une opération et après tout… Mais moi, je fais 30 à 35 % de mes ventes sur des gens qui sont satisfaits, parce qu'ils ont déjà acheté chez moi et qu'ils ont envie de recommencer… Donc, c'est mon fonds de commerce de faire comme cela… Alors, je fais de la vente en VEFA et soit je passe par la Foncière Logement… Mais c'est parce que je connais bien le patron… Et je lui dis : fais gaffe, si c'est mal géré, je râlais… ou alors, je préfère leur vendre un immeuble tout seul, à côté, mais un immeuble tout seul… », (*Entretien du 12 juill. 2007)*.

sociaux. Dans ce contexte, le recours à la VEFA est présenté par les élus locaux comme un moyen permettant de faire face aux difficultés rencontrées (Gimat et Pollard, 2016). Les élus locaux disposent d'un ensemble d'instruments (réglementaires, économiques, fiscaux), leur permettant d'orienter les activités de construction des promoteurs immobiliers sur leur territoire, et donc de contraindre les promoteurs à intégrer un pourcentage de logements sociaux dans leurs opérations. À partir de 2006, la Loi portant engagement national pour le logement[23] a rendu possible l'instauration d'une servitude « de mixité sociale » au sein des plans locaux d'urbanisme. Lors de la négociation des opérations, l'instrument réglementaire le plus important demeure les procédures d'attribution des permis de construire, qui reposent sur la maîtrise de règles informelles proprement locales que les promoteurs doivent intégrer pour favoriser la validation de leurs demandes.

Si la capacité de négociation des communes par rapport à ces critères ainsi que la volonté politique de jouer sur ces critères varient, notamment en fonction de la taille de la commune, et de l'importance de ses services techniques et de son expertise interne, on peut affirmer que la VEFA est bien saisie par les acteurs locaux comme un moyen de maintenir leurs objectifs de construction en période de restriction budgétaire.

III. Quels effets pour l'action publique ?

Les acteurs locaux sont donc loin d'être passifs face aux évolutions qui traversent le secteur du logement. L'essor des acteurs économiques privés s'insère dans une évolution de la régulation politique du secteur, dont les collectivités territoriales sont des acteurs clés. Il reste toutefois à envisager les effets sociaux et politiques de ces réorientations sectorielles.

23. Loi n° 2006-872 du 13 juillet 2006.

A. Les effets des politiques fiscales d'incitation à l'investissement locatif

Les effets des dispositifs fiscaux d'incitation à l'investissement locatif peuvent être observés sur plusieurs plans : territorial, sectoriel et social.

Au plan territorial, nous avons esquissé les effets contrastés et problématiques de ces dispositifs. Les enjeux et difficultés de calibrage de cet instrument, pensé au niveau national, sont saillants. Malgré des réajustements et l'affinement de zonages, censés encourager la production de logements dans les zones les plus tendues, les effets pervers sont récurrents : inadéquation des types de logements produits avec la demande en logement locale, décalage entre les niveaux de loyers et marchés locaux, développement de la construction de logements dans des zones où le marché est peu tendu, etc. Et l'intervention publique développée par ce biais a été dénoncée comme étant largement aveugle aux territoires (Dupuy et Pollard, 2014). Au plan sectoriel, ces dispositifs marquent en outre une évolution de l'action publique : tout d'abord, parce qu'ils s'inscrivent dans une politique plus large de développement des dépenses fiscales ; ensuite parce qu'ils engagent la collectivité sur du long terme, et ce même s'ils produisent des effets sectoriels à court terme. Les coûts sont reportés dans le temps, et diffus.

Au plan social, la question se pose de savoir à qui profitent ces dispositifs. Deux catégories de bénéficiaires peuvent être identifiées. Première catégorie de bénéficiaires, les groupes professionnels et les acteurs économiques privés du secteur du logement qui les utilisent comme un soutien à la construction, à l'instar d'autres dépenses fiscales sectorielles : TVA à taux réduit, mesures fiscales visant à favoriser des travaux d'amélioration des logements, etc. Deuxième catégorie de bénéficiaires, les ménages solvables et plutôt aisés sont en capacité d'acheter un logement, qui ne sera pas leur résidence principale, pour le louer. Même si les évaluations diffèrent sur l'ampleur de ce soutien – voir par exemple (Bouteille, 2010) – l'État apporte par ce biais une forme de soutien à la constitution d'un patrimoine immobilier aux ménages des classes moyennes et supérieures. Cette analyse rejoint le travail de J. Hacker (2002) concernant les politiques sociales aux États-Unis : l'essor de la politique de déductions fiscales, conduite à l'écart des grandes réformes de la Sécurité sociale, profite aujourd'hui aux ménages disposant des revenus les plus élevés et favorise l'accroissement des inégalités sociales.

L'intérêt des acteurs politiques s'explique aisément, et donne à voir l'un des aspects des politiques d'austérité dans le secteur du logement. Pour ces acteurs, privilégier les dépenses fiscales au détriment des dépenses budgétaires permet, dans un même mouvement, de favoriser l'acceptation de l'impôt par les dérogations consenties et de favoriser l'activité économique dans le secteur. On rejoint ici les réflexions de Nicolas Delalande et d'Alexis Spire autour des liens entre l'acceptation de l'impôt et l'opacité du système fiscal. Ils soulignent que la transparence des règles fiscales est censée être un vecteur important du consentement à l'impôt. Mais celui-ci entre en concurrence avec un autre ressort : la mise en place d'un nombre important de dérogations :

> « Pour rendre l'impôt plus acceptable, ils [les gouvernements successifs] n'ont ainsi jamais cessé d'élargir les possibilités de s'y soustraire tout en continuant à accumuler de nouvelles formes de prélèvement. Ce faisant, ils ont aussi rendu le système d'imposition de moins en moins lisible, au risque d'accréditer l'idée que la complexité des prélèvements peut aussi être utilisée comme moyen de mieux les faire accepter » (Delalande et Spire, 2010, p. 88).

En résumé, il semble que le repositionnement des collectivités territoriales dans le secteur du logement ne soit pas un jeu à somme nulle : si l'utilisation des dispositifs de dépenses fiscales permet de maintenir un volontarisme d'ensemble, cette stratégie a des effets non maîtrisés et qui apparaissent indésirables pour les collectivités locales. Les ménages modestes finissent, en somme, par payer le coût du contexte d'austérité.

B. Les effets de l'implication des promoteurs dans la construction de logements sociaux

Largement initié au niveau local, et formalisé ensuite par des adaptations du cadre réglementaire national, le développement des VEFA-HLM constitue une forme d'extension des champs d'activité des promoteurs « sous contrainte politique ». Ce développement a plusieurs conséquences.

Tout d'abord, ces opérations génèrent une réorganisation, dans la ville, du rapport entre logements libres et logements sociaux. À l'échelle des bâtiments, on observe l'imbrication, dans un même ensemble d'immeubles, de logements aux statuts différents. Le logement social devient moins visible, intégré dans un bâtiment aux fonctions diversifiées. Matthieu Gimat (2012) montre toutefois que cette mixité sociale à l'échelle du bâtiment n'a qu'un impact limité sur les interactions entre habitants, les relations sociales apparaissant le plus souvent vécues au niveau des cages d'escalier, lesquelles sont le plus souvent séparées en fonction du statut d'occupation (locataires du logement social *vs* propriétaires).

Le développement des VEFA HLM conduit, ensuite, à un profond renouvellement des interactions entre promoteurs immobiliers et bailleurs sociaux. Ces acteurs étaient précédemment fortement segmentés, et leurs rapports professionnels plutôt marqués par des antagonismes, de la méfiance voire du conflit. On assiste donc à une banalisation des relations et même à l'essor de la coopération entre promoteurs et organismes HLM. Les formes d'acculturation et d'hybridation des pratiques professionnelles entre ces acteurs peuvent être considérées comme une conséquence sectorielle de la sédimentation d'une nouvelle manière de produire du logement social. Pour Anne-Laure Jourdheuil (2017 [à paraître]), le croisement des trajectoires professionnelles, la constitution progressive de systèmes de valeurs communes sont autant de signes et de facteurs de ce processus qui reste toutefois dominé par les normes professionnelles des promoteurs immobiliers sur celles des organismes HLM. Ainsi, le développement des VEFA-HLM participe d'une pénétration accrue des logiques de marché dans le secteur du logement social. Les logements locatifs sociaux produits par ce biais sont désormais soumis aux aléas des cycles immobiliers – puisque la réalisation des opérations de promotion privée n'est lancée que si un nombre suffisant de logements destinés à l'accession à la propriété sont vendus. Ainsi, « les organismes HLM sont passés d'un rôle d'acteur contra-cyclique, observable lors de la crise de 2008, à une place d'acteurs soumis aux cycles de la promotion immobilière » (Jourdheuil, 2017 [à paraître]).

Les politiques d'austérité ne sont pas exclusivement subies par les collectivités locales. Elles peuvent également les impulser, en imposant une extension du champ d'activités des acteurs économiques privés pour limiter l'intervention budgétaire des acteurs publics. Ce sont bien les acteurs politiques locaux, plus que leurs administrés les plus défavorisés, qui bénéficient *in fine* de cette évolution. La combinaison de ce mécanisme avec d'autres mesures fiscales concernant les organismes HLM, nous permet de pointer la convergence entre les deux dynamiques observées dans ce chapitre : les aides directes de l'État à la production de logements sociaux (subventions financées par le budget de l'État) sont devenues largement minoritaires et ne sont plus « qu'un complément aux aides principales que sont la TVA à taux réduit, l'exonération de taxe foncière et les différents prêts réglementés de la Caisse des dépôts et consignations » (Driant, 2015, p. 75). Dans le champ du logement social également, la nature de l'intervention publique évolue, laissant une place croissante à des instruments fiscaux et aux acteurs économiques privés.

***
*

IV. Conclusion : l'émergence d'un nouveau modèle de régulation sectorielle dans un contexte d'austérité

Nous voudrions conclure sur l'intérêt de confronter ces deux dynamiques (essor des dépenses fiscales ; recomposition de la construction de logements sociaux) qui affectent les mêmes acteurs (les promoteurs immobiliers), au sein du même secteur, mais qui apparaissent indépendantes l'une de l'autre. Cette confrontation nous amène à creuser l'idée même de privatisation des politiques publiques. Pour les deux dynamiques observées, le rôle accru conféré aux acteurs privés dans la mise en œuvre de politiques publiques résulte bien d'un choix politique. Dans le premier cas, l'essor des dépenses fiscales tient davantage à des ressorts politiques de l'État central qu'à la mobilisation des acteurs privés auxquels cet essor profite (Pollard, 2010). L'importance des acteurs politiques – ici acteurs politiques locaux – est encore plus nette dans le deuxième cas, puisque la construction de logements sociaux suscite en premier lieu la réticence des acteurs économiques privés.

Pour atteindre leurs objectifs politiques, « faire faire » aux acteurs privés apparaît à l'État et aux collectivités territoriales comme un moyen de produire de l'action publique. Mais cet essor n'est pas de même nature, et n'a pas les mêmes implications. Dans le cas des dispositifs fiscaux d'incitation à l'investissement locatif, l'État agit en contournant les collectivités locales, allant à l'encontre des dynamiques de décentralisation à l'œuvre dans le secteur. Le moteur de l'action sur les promoteurs est d'ordre économique et incitatif. Pour développer leurs activités, l'enjeu pour les promoteurs est de favoriser le développement de ces dispositifs fiscaux. Les collectivités territoriales s'adaptent en créant ou renforçant des modèles de régulation locale pour contrôler l'usage de ces dispositifs. Dans le cas de la construction de logements sociaux par les promoteurs immobiliers, l'initiative est essentiellement locale. Le moteur de l'action sur les promoteurs est largement celui de la contrainte et de la sanction. Pour continuer à intervenir dans une commune, les promoteurs doivent se plier aux exigences des élus locaux. Ici la dimension temporelle est importante, car s'ils subissent cette évolution à ses débuts, les promoteurs y trouvent *in fine* des avantages, puisqu'ils peuvent accroître leurs possibles débouchés, notamment dans une perspective contra-cyclique[24].

Ces observations permettent de caractériser un modèle de régulation sectoriel pris dans un contexte d'austérité, dans lequel la capacité de mise en œuvre des acteurs économiques privés permet d'atteindre des objectifs fixés aussi bien par l'État que par les collectivités locales. Mobiliser, encourager et orienter les acteurs économiques privés permet de produire du logement. Ce modèle est également marqué par une déconnexion (relative) entre les interactions se jouant au niveau local et au niveau national. Autrement dit, ces acteurs mobilisent tous les promoteurs immobiliers, mais de manière autonome et différenciée selon l'échelle. Au niveau de l'État central, les instruments fiscaux de soutien au marché restent peu adaptés à la diversité des marchés locaux, et l'essor de ces instruments engendre des réactions vives du côté des élus locaux. Au niveau local, les collectivités locales disposent de ressources, notamment réglementaires et informelles, qui leur permettent d'orienter les activités des promoteurs dans leur territoire.

Ces dynamiques politiques confèrent de fait une place centrale aux promoteurs immobiliers dans la mise en œuvre de l'action publique sectorielle. Ces acteurs sont renforcés par les évolutions à l'œuvre, qui engendrent des situations de dépendance à leur égard des autres acteurs sectoriels, qu'il s'agisse des acteurs publics ou des organismes HLM. Initiées par les acteurs politiques, ces deux dynamiques

24. Voir programme « 30 000 VEFA » de rachats par des bailleurs sociaux des logements invendus des promoteurs au moment de la crise immobilière de la fin des années 2000.

appellent des formes renouvelées de régulation locale, sous peine de conduire à une perte de contrôle du politique, en particulier dans les contextes où les collectivités locales sont faiblement dotées en ressources.

Bibliographie

- BOUTEILLE A., « Aide fiscale à l'investissement locatif des particuliers pour le logement locatif neuf : un poids pour les finances publiques ? », *Études foncières*, 144, 2010.
- BOURDIEU P. et CHRISTIN R., « La construction du marché », *Actes de la recherche en sciences sociales*, 81-82, 1990, p. 65-85.
- BRENNER N. and NIKOLAS T., *Spaces of Neoliberalism: Urban Restructuring in North America and Western Europe*, Malden, Mass. Oxford, Blackwell, 2002.
- CITRON P., « Produire la ville grâce aux promoteurs immobiliers : quel modèle pour l'aménagement privé en zone dense ? », *Métropoles*, 20, 2017 [à paraître].
- DELALANDE N. et SPIRE A., *Histoire sociale de l'impôt*, Paris, La Découverte, 2010.
- DRIANT J.-C., « Enjeux et débats des politiques du logement en France », *Revue d'économie financière*, 3(115), 2014, p. 189-208.
- DRIANT J.-C., *Les politiques du logement en France*, Paris, La Documentation française, 2015.
- DRIANT J.-C. et MINGYE L., « The ongoing transformation of social housing finance in France: Towards a self-financing system? », *International Journal of Housing Policy*, 12(1), 2012, p. 91-103.
- DUPUY C. and POLLARD J., « A Dethroned King? The Limits of State Infrastructural Power in France », *Public Administration*, 92(2), 2014, p. 359-374.
- GIMAT M., *Comment la mixité sociale renouvelle les modes de production du logement en France. Le cas des opérations immobilières mixtes*, Mémoire de recherche, Master 2, Université Paris-I Panthéon-Sorbonne, 2012.

- GIMAT M. et POLLARD J., « Un tournant discret : la production de logements sociaux par les promoteurs immobiliers », *Géographie, Économie, Société*, 18, 2016, p. 257-282.
- HACKER J. S., *The Divided Welfare State : the Battle over Public and Private Social Benefits in the United States*, New York, Cambridge University Press, 2002.
- HALL P. et THELEN K., « Institutional change in varieties of capitalism », *Socio-Economic Review*, 7, 2009, p. 7-34.
- HALPERN C. et POLLARD J., « Les acteurs de marché font-ils la ville ? », *Espacestemps.net* [en ligne], 2013.
- HARLOE M., *The People's Home? Social Rented Housing in Europe and America*, Oxford, Cambridge, Blackwell, 1995.
- HARVEY D., « From managerialism to entrepreneurialism: the transformation in urban governance in late capitalism », *Geografiska Annaler*, 71(1), 1989.
- JOBERT B., *Le tournant néo-libéral en Europe : idées et recettes dans les pratiques gouvernementales*, Paris, L'Harmattan, 1994.
- JOURDHEUIL A.-L., « Bailleurs sociaux vs promoteurs immobiliers, les coulisses de la négociation », *Métropoles*, 20, 2017 [à paraître].
- LEVY J. D., *The State after Statism: New State Activities in the Age of Liberalization*. Cambridge, London, Harvard University Press, 2006.
- MAJONE G., « The rise of the regulatory state in Europe », *West European Politics*, 17(3), 1994, p. 77-101.
- PECK J. et TICKELL A., « Neoliberalizing space », *Antipode*, 34 (3), 2002.
- PIERSON P., « Coping with permanent austerity: welfare state restructuring in affluent democracies », *in* P. PIERSON (dir.), *The New Politics of the Welfare State*, Oxford, Oxford University Press, (2001a), p. 410-456.
- PIERSON P., « From expansion to austerity. The new politics of taxing and spending », *in* M. A. LEVIN, M. K. LANDY et M. SHAPIRO (dir.), *Seeking the Center: Politics and Policymaking in the New Century*, Washington: DC: Georgetown University Press, (2001b), p. 54-80.
- POLLARD J., « Soutenir le marché : les nouveaux instruments de la politique du logement », *Sociologie du Travail*, 52(3), 2010, p. 323-339.

- POLLARD J., « L'action publique par les niches fiscales. L'exemple du logement », *in* P. BEZES et A. SINÉ (dir.), *Gouverner (par) les finances publiques*, Paris, Presses de Sciences Po, 2011.
- STREECK W. et SCHÄFER A. (dir.), *Politics in the Age of Austerity*, Londres, Polity Press, 2013.
- SINE A., *L'ordre budgétaire : l'économie politique des dépenses de l'État*, Paris, Economica, 2006.
- STREECK W. et THELEN K., *Beyond Continuity: Institutional Change in Advanced Political Economies*, Oxford, Oxford University Press, 2005.
- THELEN K., « Varieties of capitalism: trajectories of liberalization and the new politics of social solidarity », *Annual Review of Political Science*, 15, 2012, p. 137-159.
- THEURILLAT T., RÉRAT P. et CREVOISIER O., « Les marchés immobiliers : acteurs, institutions et territoires », *Géographie Économie Société*, 16(2), 2014, p. 233-254.
- VERGRIETE P., *La ville fiscalisée. Politique d'aide à l'investissement locatif, nouvelle filière de production du logement et recomposition de l'action publique locale en France (1985-2012)*, Thèse d'aménagement, Université Paris-Est, 2013.
- VOGEL S. K., *Freer Markets, more Rules : Regulatory Reform in Advanced Industrial Countries*, Ithaca, Cornell University Press, 1996.
- WOLL C., *The Power of Inaction : Bank Bailouts in Comparison*, Ithaca, Cornell University Press, 2014.

Chapitre 8

AUSTÉRITÉ, POLITIQUES URBAINES ET COALITIONS DE DÉCROISSANCE : DÉTOURS AMÉRICAINS

Vincent BÉAL

Maître de conférences en sociologie
Université de Strasbourg
Sociétés, Acteurs et Gouvernement en Europe (SAGE)

Depuis la crise des *subprimes*, l'austérité est au centre du débat public et des controverses académiques. Dans la plupart des pays occidentaux, les réponses politiques pour faire face à cette crise financière – puis à celle des dettes souveraines dans le cas de l'Europe – ont, en effet, été dominées par ce paradigme, donnant lieu à des tentatives variées de restaurer la compétitivité économique. Dans le champ académique, les questionnements sur l'austérité se sont également multipliés, se concentrant pour l'instant principalement sur la pertinence de telles mesures, leur efficacité et/ou leurs effets délétères aussi bien d'un point de vue social que démocratique (Schafer, Streeck, 2013). Ces travaux ont également souvent privilégié une échelle d'analyse nationale, oubliant parfois que c'est à l'échelle locale, et plus particulièrement à l'échelle des villes – espaces de consommation collective par excellence – que l'austérité produit ses effets les plus nets (Peck, 2012 ; Meegan *et al.*, 2014).

Par conséquent, et à rebours de cette lecture stato-centrée, d'autres travaux ont plus récemment cherché à rendre compte des politiques d'austérité dans les villes. L'économie politique urbaine – marquée par une forte tradition d'analyse critique – a été particulièrement réactive à ce nouvel agenda de recherche. Autour de la notion d'« urbanisme d'austérité » (Peck, 2012 ; Schipper, Schonig, 2016), les travaux se revendiquant de ce courant ont investigué plusieurs dimensions de l'austérité à l'échelle locale : la remise en cause partielle de la fourniture de services dans les domaines de la santé, de l'éducation ou des transports (Donald *et al.*, 2014), la montée du « stress fiscal » des collectivités territoriales (Kim, Warner, 2016), le transfert du blâme – et notamment de la responsabilité de la crise – vers les gouvernements locaux (Peck, 2014), le durcissement de la sélectivité spatiale de l'intervention publique (Aalbers, 2014), etc. Toutefois, malgré leurs apports indéniables, ces travaux laissent encore de nombreuses questions en suspens. Quels sont les liens entre les politiques dites d'austérité et les politiques – souvent qualifiées de « néolibérales » (Brenner *et al.*, 2009 ; Pinson et Morel Journel, 2016) – qui ont cours dans les villes occidentales depuis les années 1980 ? Doit-on considérer l'austérité comme un vecteur de standardisation des politiques urbaines ou au contraire comme un moteur de leur différenciation ? Quelle est l'autonomie des acteurs locaux face à l'imposition ce qui est considéré comme un nouveau « paradigme » des politiques urbaines ?

L'objectif de ce chapitre est de répondre partiellement à ces questions en prenant pour cas d'étude les villes américaines[1]. Ces dernières ont été particulièrement touchées par la *« Great recession »* de 2007-2009. À l'échelle nationale, en l'espace de quelques mois, les valeurs immobilières ont chuté de 30 % et 14 % des prêts immobiliers ont connu des défauts de paiements, faisant entrer les biens

1. Ce chapitre vient donc apporter des éléments d'analyse complémentaire à ceux avancés dans le chapitre de Mathieu Houser, p. 175.

concernés dans le système complexe des saisies (Hyra, Rugh, 2016). L'amélioration de la situation économique à partir de 2010 n'a pas véritablement remédié à cette situation. Si l'emploi a été relancé dans certains secteurs, le contexte d'austérité a considérablement réduit les marges de manœuvre financières des autorités locales, bien souvent amenées à réduire leurs effectifs, opérer des coupes dans des services publics déjà en surchauffe et aussi réorganiser spatialement leur intervention afin de concentrer les investissements dans des espaces où ils sont susceptibles de provoquer des effets d'entraînement. Ces effets de la crise ont d'ailleurs été très inégalement distribués d'un point de vue géographique, puisqu'ils se sont principalement concentrés dans des villes comme Détroit, Saint-Louis, Cleveland, Minneapolis ou Toledo, qui avaient déjà été affaiblies depuis les années 1970 par les puissantes dynamiques de désindustrialisation et de suburbanisation (Beauregard, 2009). C'est dans ces villes en déclin du *Midwest* que les contraintes pesant sur les gouvernements locaux sont aujourd'hui les plus fortes, ce qui en fait des cas particulièrement intéressants pour comprendre les logiques de l'austérité à l'échelle urbaine.

Ce chapitre aborde la question de l'austérité à travers une analyse des politiques de gestion du déclin urbain aux États-Unis[2]. Plus précisément, l'objectif est de se défaire de trois idées reçues sur l'austérité dans les politiques urbaines : sa nouveauté, son caractère généralisé et sa dimension *top-down*. Ainsi, dans un premier temps, ce chapitre souligne que l'austérité – où tout du moins les principes qui l'entourent – n'est pas une idée neuve dans les politiques urbaines, notamment aux États-Unis. La réduction des dépenses publiques,

2. Ce travail a été mené dans le cadre du projet ANR Altergrowth qui porte sur les villes en décroissance en France, en Allemagne et aux États-Unis, et plus particulièrement sur les stratégies mises en place aux échelles nationales et locales pour répondre aux enjeux du déclin démographique et économique. Le cas américain – et notamment l'enquête dans la ville de Cleveland – a fait l'objet d'une trentaine d'entretiens réalisés avec Max Rousseau et Joshua Akers durant l'été 2016. Pour plus d'informations, voir *https://alterpo.hypotheses.org/*.

la pression fiscale ou encore la privatisation de la fourniture des services urbains sont des principes anciens qui émergent dès la première partie du XXe siècle (Aalbers, 2016) et s'institutionnalisent à partir des années 1980 (Gottdiener, 1987 ; Hackworth, 2007). La période récente n'a donc fait que renforcer une tendance déjà existante dans les politiques urbaines américaines. Deuxièmement, ce chapitre montre que loin de s'apparenter à un retrait généralisé de l'État, l'austérité se caractérise par une restructuration sélective de l'intervention publique dont les effets sont particulièrement visibles pour certains territoires et certains secteurs de l'action publique. Cette sélectivité est bien entendu thématique, puisqu'elle touche avant tout au *« local welfare »* (domaines de la santé, de l'éducatif, du social, etc.), mais aussi spatiale, dans la mesure où elle concerne principalement les quartiers paupérisés et ethnicisés des *inner cities* qui font parfois l'objet de stratégies d'abandon partiel. Enfin, ce chapitre réfute l'idée selon laquelle les gouvernements locaux ont subi passivement la cure d'austérité imposée par des États « autoritaires ». Au contraire, dans certaines villes, l'austérité est venue s'imbriquer dans des luttes autour de la définition de l'agenda urbain, contribuant parfois à légitimer des stratégies et politiques urbaines préexistantes. Cette situation ne semble d'ailleurs pas spécifique au contexte américain, puisque des signes d'une évolution similaire – que nous aborderons brièvement en conclusion – sont perceptibles dans certaines villes françaises.

I. L'austérité « avant l'heure » : du redlining *au tournant entrepreneurial*

Si le consensus politique autour de l'austérité s'est considérablement renforcé au cours de la dernière décennie, les recettes proposées par ses promoteurs ne sont pas neuves (Blyth, 2013). À l'échelle des villes, les restrictions budgétaires, les coupes dans les services publics ou plus encore la gestion différenciée de l'espace urbain sont des pratiques anciennes, qui font partie intégrante du répertoire d'action néolibéral :

> « Les mesures d'austérité, appliquées de manière sélective, font depuis longtemps partie du répertoire néolibéral. Les purges fiscales de l'État (et plus particulièrement de l'État social) constituent l'un des principaux moteurs du néolibéralisme : repousser les frontières de l'État » (Peck, 2012: 629).

Dans un pays où la dépense publique a souvent été regardée avec suspicion, ce répertoire d'action a toujours été présent. Toutefois, il a été mobilisé avec plus ou moins d'intensité suivant les périodes. En prenant l'exemple des pratiques de gestion différenciée de l'espace urbain, il est possible d'identifier deux grandes périodes : les années 1960 et le début des années 1970 où les politiques dites de *planned shrinkage* sont expérimentées ; les années 1980 et 1990 où les politiques entrepreneuriales voient le jour.

La gestion différenciée de l'espace urbain est une constante des politiques urbaines qui trouve ses racines aux États-Unis dans le *redlining*, une pratique née après la crise de 1929 aux États-Unis. Dans un contexte de défaut de paiement généralisé, l'administration Roosevelt avait créé la *Home Owners Loan Corporation* (HOLC) dont l'objectif était de soutenir les propriétaires en leur offrant des solutions de refinancement de leurs prêts. Pour mettre en œuvre ce dispositif, la HOLC avait établi une typologie de quartiers – vert (quartiers de la classe moyenne et supérieure), bleu (quartiers stables disposant d'un potentiel de développement), jaune (quartiers en déclin attirant des éléments indésirables), rouge (quartiers marqués par un déclin structurel) – qui fut rapidement reprise par la *Federal Housing Administration* et par les acteurs privés (banques, compagnies d'assurances, etc.), notamment pour évaluer les risques de leurs investissements. Cette pratique a été critiquée pour sa tendance à faire de la race le critère déterminant de la catégorisation et pour ses effets performatifs : les catégorisations accentuant l'investissement ou le désinvestissement des espaces urbains. Toutefois, malgré son interdiction en 1968, elle a durablement façonné les représentations et les hiérarchies des quartiers dans les villes américaines (Aalbers, 2011).

Cette pratique du *redlining* va notamment inspirer certaines politiques urbaines mises en place pour répondre à la crise urbaine des années 1960-1970. Si les tensions raciales de cette période débouchent sur la création du *Department of Housing and Urban Development* (HUD) et des premières politiques urbaines fédérales à vocations redistributive et participative, elles donnent aussi naissance à des politiques beaucoup plus « austères » de *planned shrinkage* (aussi qualifiées de politiques de *benign neglect* ou de *triage planning*). Prenant acte de l'impossibilité de maintenir un niveau de service élevé sur l'ensemble du territoire urbain, ces politiques visent à concentrer les investissements publics (rénovation des logements, mais aussi gestion des réseaux, services de santé, services d'incendie, etc.) dans les zones considérées comme « viables » d'un point de vue économique et, à l'inverse, à abandonner les autres. Mises en place au tournant des années 1970 dans plusieurs villes comme Saint-Louis ou Détroit, elles ont connu leur apogée à New York. Dans cette ville, dès la fin des années 1960, le directeur du service logement, Roger Starr, initia une politique visant à limiter l'investissement dans le logement social dans les quartiers les plus défavorisés. Rapidement abandonnée, cette stratégie fut reprise et généralisée à plusieurs services publics à partir de 1976, l'année de la débâcle fiscale de la ville. L'objectif était d'« accélérer le drainage des quartiers en phase terminale en encourageant "le mouvement de départ naturel des espaces ayant perdu leur attractivité" » (Starr cité par Aalbers, 2014). Les conséquences de cette politique furent dramatiques. Dans certaines zones du Bronx, de Brooklyn ou de Harlem, les coupes drastiques dans les services publics occasionnèrent une dégradation rapide des conditions de vie et du bâti, avec notamment la multiplication des incendies. Elle eut également des conséquences majeures en termes de santé publique puisqu'elle déboucha sur une recrudescence d'épidémies (Wallace, Wallace, 1998).

À partir des années 1980, cette tendance à la néolibéralisation des politiques urbaines s'accentue. À cette période, les villes américaines sont prises dans un double mouvement. D'un côté, les chocs pétroliers et la crise industrielle ont eu raison de la base économique de nombreuses villes du nord-est. Ces dernières connaissent une montée du chômage et des demandes en services sociaux qui s'accompagne d'une baisse sans précédent de leurs recettes fiscales. En raison de l'accroissement des tensions raciales, les habitants les plus favorisés fuient massivement les grandes villes pour aller s'installer en banlieue, amplifiant le mouvement de « *white flight* » amorcé dès les années 1960. De l'autre côté, la dynamique de « décentralisation » – la politique du *new federalism* – initiée dès le début des années 1970 par l'administration Nixon s'approfondit. L'arrivée au pouvoir de Ronald Reagan au début des années 1980 ouvre une période sombre pour les villes qui voient leurs dotations diminuer alors même que leurs dépenses augmentent (Eisinger, 1998). Dans ce contexte, les acteurs locaux des grandes villes vont être le plus souvent contraints de se convertir aux dogmes de l'entrepreneurialisme urbain (Peterson, 1981). Comme le souligne David Harvey :

> « La désindustrialisation, le chômage "apparemment" structurel, l'austérité fiscale aux niveaux national et local, auxquels il faut ajouter la montée du néoconservatisme ainsi que l'attrait (certes plus théorique que pratique) pour le marché et les privatisations, constituent la toile de fond qui explique pourquoi autant de gouvernements urbains, aux orientations politiques différentes et aux compétences et pouvoirs inégaux, ont tous pris la même direction » (Harvey, 1989: 5).

Ce tournant entrepreneurial – qui n'est pas si éloigné de certains des principes de l'austérité – prend une double forme. Il correspond, d'abord, à une refonte des agendas urbains autour d'enjeux liés au développement économique et notamment au développement immobilier des centres-villes. Avec la baisse des crédits fédéraux et le rapprochement entre élites politiques et économiques locales, les gouvernements locaux sont amenés à calquer leurs modes d'action sur ceux en vigueur dans le secteur privé (Logan et Molotch, 1989). Pour maximiser leurs revenus, ils développent des politiques – régénération urbaine, construction de stades ou de musées ou encore politiques de marketing – susceptibles d'élargir l'assiette fiscale de leurs villes en attirant des entreprises et groupes sociaux favorisés (Hackworth, 2006). Dans l'obligation de trouver de nouvelles sources de financements, ces acteurs recourent également de plus en plus fréquemment à l'emprunt sur les marchés financiers (Ward et Davidson, 2014). Ce tournant entrepreneurial prend ensuite la forme d'une réduction de l'influence des acteurs publics notamment dans le domaine de la fourniture des services publics, qui commencent à être largement délégués aux *Community Development Corporations* (CDC) créées dans les années 1970. Financées de manière croissante par les gouvernements locaux et les fondations privées, ces dernières voient leur rôle dans la fourniture de services aux populations les plus défavorisées s'institutionnaliser. À côté de la gestion du parc de logements publics dont elles s'occupent depuis les années 1970, elles prennent parfois en charge les crèches, les écoles ou encore les structures de formation et d'aide au retour à l'emploi. Cette professionnalisation des CDC va de pair avec un éloignement des formes d'action plus militantes et contestataires qui sont désormais souvent le monopole des organisations liées au mouvement du *Community Organizing* (Talpin, 2016).

On voit donc que les principes d'action attachés à l'austérité n'ont rien de nouveau dans les politiques urbaines américaines. Ils ont fait leur apparition dans des moments de crise (les années 1930, les années 1970-1980), qui rappellent par certains aspects le contexte actuel. La situation américaine fait d'ailleurs écho avec ce qui se passe à la même période dans les villes britanniques où les politiques mises en place par les gouvernements Thatcher, puis Major, ont considérablement réduit les marges de manœuvre des gouvernements locaux, offrant des pans entiers de la gestion urbaine au secteur privé (Le Galès, 1995 ; Béal et Rousseau, 2008). Ainsi, dans les deux pays, la crise économique et les nouvelles contraintes budgétaires sont mobilisées, dès les années 1980, pour promouvoir de nouvelles formes de gestion urbaine plus « rationnelles », mais également beaucoup plus inégales d'un point de vue sociospatial.

II. L'austérité institutionnalisée : l'ambiguïté des politiques urbaines de l'administration Obama

Les politiques d'austérité qui émergent à la fin des années 2000 peuvent donc être considérées par certains aspects comme les héritières des politiques entrepreneuriales et néolibérales mises en place d'abord dans les années 1960, puis à partir des années 1980. Toutefois, elles n'en sont pas des répliques parfaites, et ce pour deux raisons principales. D'un côté, contrairement aux politiques entrepreneuriales des années 1980 qui étaient portées par l'idéologie des *Reaganomics*, les politiques d'austérité émergent dans un contexte où l'administration Obama cherche à promouvoir une approche de la question urbaine plus sensible aux groupes défavorisés. De l'autre côté, ces politiques s'inscrivent dans des paysages institutionnels déjà néolibéralisés, ce qui va renforcer leur impact et favoriser l'émergence d'un consensus sur la nature des solutions à mettre en œuvre.

L'élection de Barack Obama en 2008 avait suscité de nombreuses attentes dans les grandes villes, aussi bien auprès des minorités ethniques que des acteurs des politiques urbaines. Son arrivée à la présidence symbolisait une rupture nette avec la vision de la ville et des politiques urbaines qui prévalaient jusqu'alors au sein des administrations républicaines. En effet, en tant que démocrate, ayant bénéficié d'une forte mobilisation électorale dans les quartiers pauvres, Obama avait fait des inégalités urbaines un enjeu central de sa campagne et disposait de liens avec les minorités ethniques concentrées dans les ghettos afro-américains. Et puis, en tant que « produit intellectuel » de Boston, New York et Chicago, et en tant qu'ancien *community organizer*, Obama était le premier président « urbain » que l'Amérique connaissait depuis plusieurs décennies (DeFilippis, 2014). Si les premières réformes ont donné des gages d'une revalorisation de la question urbaine dans les politiques fédérales, leur portée va s'avérer finalement très limitée notamment pour gérer les effets de la crise des *subprimes* qui, si elle était déjà visible à l'état embryonnaire depuis le début des années 2000, éclate au moment où cette administration se constitue.

En effet, alors que l'économie américaine était habituée à croître en moyenne de 2,5 % par an, l'année 2008, avec une croissance de 0,3 %, marque un net fléchissement, qui se confirme en 2009, avec une décroissance de 3,1 %. Face à cette récession, la réponse du gouvernement américain ne se fait pas attendre. En 2009, le *American Recovery and Reinvestment Act* (ARRA) est voté, avec pour l'objectif principal l'injection de 797 millions de dollars pour stimuler l'économie et produire un effet contra-cyclique. Cette posture volontariste se décline dans le domaine de la gestion urbaine. Une des premières mesures de l'administration Obama est de créer, en février 2009, le *Whitehouse Office for Urban Affairs* dans l'objectif de coordonner des politiques urbaines jugées trop fragmentées et de réfléchir à la mise en place de nouveaux programmes. Toutefois, en raison de leur faible dotation, ces programmes – *Strong Cities, Strong Communities, Promise Neighborhoods, Choice Neighborhoods, Immigration Action Roundtable* – constituent avant tout des mesures symboliques, qui ne remettent pas en cause les principaux équilibres financiers : les transferts vers les villes américaines n'augmentant que de 3,9 % entre 2007 et 2008, et de 1,9 % dans les trois années qui suivent[3]. Cette faiblesse des transferts financiers en provenance des niveaux supérieurs de gouvernement constitue d'ailleurs l'une des raisons majeures des coupes dans les services publics et de la diminution des effectifs municipaux. Si l'on se réfère aux données du recensement, le nombre d'emplois dans les administrations locales, (celles des villes, des comtés et des États fédérés) qui s'élève à 19,6 millions en 2011, aurait baissé de 250 000 unités depuis 2009 (U.S. Census Bureau, 2012).

3. Les États fédérés sont également fortement touchés par cette baisse de capacité budgétaire puisqu'entre 2008 et 2012, leurs dotations auraient diminué de 291 millions de dollars. Cette diminution a ensuite été répercutée sur les transferts financiers entre États fédérés et villes (PECK, 2014).

L'exemple du programme *Choice Neighborhoods* est révélateur de cette incapacité à traiter les problèmes auxquels les villes sont confrontées. Lancé en 2008 en remplacement du programme HOPE VI, *Choice Neighborhoods* constitue l'emblème des politiques urbaines de l'administration Obama. Son objectif est d'infléchir les pratiques de rénovation urbaine en prenant en compte les effets ségrégatifs les plus forts des pratiques antérieures. Ce programme est mû par un souci d'équité sociale avec notamment une volonté de préserver le stock de logements sociaux et abordables (restauration de la règle du « un pour un » qui rend obligatoire – à l'exception des territoires où le marché immobilier est détendu – la reconstruction de chaque logement démoli) et de renforcer l'encadrement des pratiques de relogement, qui sont désormais organisées autour du principe du « droit au retour » des anciens habitants. Toutefois, la portée de ce tournant dans les politiques de rénovation urbaine s'avère limitée par le maintien d'une rationalité néolibérale (discours sur la compétitivité territoriale, poids du secteur privé dans les montages financiers et apologie de la mobilité individuelle) et par la faiblesse des dotations budgétaires allouées (Kirszbaum, 2013). En l'absence de majorité au Congrès, Obama n'a jamais pu transformer *Choice Neighborhoods* en véritable programme urbain s'appliquant sur l'ensemble du territoire. Bénéficiant d'une enveloppe dix fois inférieure à celle de HOPE VI (500 millions de dollars), *Choice Neighborhoods* reste un programme expérimental s'appliquant avant tout sur un nombre limité de projets susceptibles ensuite d'être érigés en « bonnes pratiques »[4].

Ainsi, les politiques fédérales mises en place à partir de 2008 ne sont pas parvenues à modifier en profondeur les logiques de la gestion urbaine. Premièrement, comme le souligne Thomas Kirzbaum (2016, 7-8) : « L'intérêt d'Obama et de son administration pour les questions urbaines n'a donc pas été suffisant pour inverser une tendance de fond

4. 18 projets ont été financés à hauteur de 30 millions de dollars au cours des huit dernières années, et 75 autres ont bénéficié de microfinancements pouvant aller jusqu'à 1,5 million de dollars.

à la résidualisation de la politique urbaine fédérale. » La difficulté à faire accepter politiquement la mise en place de grands programmes urbains a conduit l'administration Obama à se rabattre sur des mesures moins coûteuses visant à rendre l'action publique plus transversale ou encore à faire appliquer plus strictement certaines lois portant sur les discriminations raciales. Deuxièmement, les politiques urbaines post-2008 ont été marquées par une très forte continuité. Pour James DeFilippis (2013: 31), « de nombreuses "politiques urbaines" de l'administration Obama ont finalement été plus antiétatiques que celles de ses prédécesseurs, contribuant à accentuer le résultat de trente ans de néolibéralisation et de privatisation ». Cette dépendance au sentier a pris la forme d'un maintien des régulations marchandes dans les politiques urbaines (Lake, 2015), visible aussi bien dans les politiques éducatives qui ont fait la part belle à des logiques de privatisation et d'individualisation par le renforcement du système des *charters schools* et des *vouchers* (Giband, Nafaa, 2016), que dans les politiques de gestion de la vacance urbaine comme le *Neighborhood Stabilization Program*, dont l'objectif principal fut davantage de créer les conditions pour que les investisseurs reviennent dans les quartiers en difficulté que d'aider directement les communautés déjà-là. Enfin, plus généralement, ces politiques urbaines ont poursuivi le processus de dessaisissement des gouvernements locaux en renforçant encore la place des CDC dans l'élaboration et la mise en place des politiques urbaines (Briche, 2016).

Au final, si les politiques fédérales ont créé un climat d'austérité, c'est davantage en maintenant un *statu quo* et en perpétuant certaines logiques néolibérales à l'œuvre depuis les années 1980, qu'en organisant de nouvelles attaques sur les gouvernements locaux. Alors que la crise urbaine aurait nécessité la mise en place de mesures ambitieuses pour soutenir les villes et surtout les ménages endettés, l'action du gouvernement s'est davantage tournée vers l'aide au secteur bancaire. Cette gestion de la crise des *subprimes* qui a été décrite comme étant *« too little, too late, and too timid »* (Immergluck, 2013 : 199) a donc accentué les pressions sur des gouvernements locaux déjà affaiblies par trente ans de réformes néolibérales. Elle a, de ce fait, légitimé la mise en place de politiques locales d'austérité qui semblent être devenues, pour beaucoup d'acteurs locaux, des « évidences » de la gestion urbaine.

III. Des variétés de politiques locales d'austérité : le rôle des coalitions

Les rares travaux qui ont analysé la question de l'austérité dans les politiques locales des villes européennes mettent en avant le rôle clé des États centraux dont les prescriptions et l'influence sur la gestion locale se seraient renforcées au cours des dernières années (Bailey *et al.*, 2015 ; Schipper et Schonig, 2016). Aux États-Unis, la situation est différente. Non seulement les politiques d'austérité ont été construites à différentes échelles de gouvernement (l'État fédéral, les États fédérés, les comtés, les municipalités et même parfois les quartiers), mais surtout leur contenu n'est pas homogène. Ainsi, loin d'être une force de standardisation des politiques urbaines, l'austérité prend des formes différenciées dans les villes américaines et donne lieu à une grande variété de politiques locales, qui se caractérisent avant tout par leur ambiguïté (Béal *et al.*, 2016).

Cette ambiguïté se retrouve dans les politiques menées dans les villes en déclin de la *Rustbelt* américaine. Ces dernières sont confrontées depuis les années 1960 à des processus structurels de déclin liés principalement à la désindustrialisation, à la *suburbanisation* alimentée par les politiques fédérales et les tensions raciales, et également aux migrations régionales qui ont favorisé les États du sud comme la Floride, la Californie, le Texas, mais aussi l'Arizona ou le Nevada. Ainsi, des villes comme Détroit, Cleveland ou Baltimore ont perdu plus de la moitié de leur population entre la fin des années 1950 et le début des années 2000. La crise des *subprimes* a parachevé ce processus et donné naissance à des situations de déclin extrême qui mêlent un niveau élevé de vacance et d'abandon, une paupérisation et une ethnicisation des *inner cities* et des banlieues fragiles, et une érosion sans précédent de la capacité financière des municipalités.

Cette situation a débouché, dans certains cas paradigmatiques comme celui de Détroit, sur des banqueroutes et des mesures autoritaires d'urgence. Elle a plus généralement contribué à une recomposition de l'agenda de certaines coalitions urbaines qui était jusqu'alors dominé par des impératifs de croissance (Logan et Molotch, 1987).

Ces « nouvelles » coalitions sont qualifiées par la littérature de « coalitions de démolition » (Rosenman, Walker, 2015), de « machines de décroissance » (Schindler, 2016) ou même de « coalitions de décroissance » (Béal *et al.*, 2017). Elles se caractérisent par une présence plus forte des acteurs issus des secteurs de l'éducation et de la santé (les *« eds and meds »* qualifiés aussi de *« anchor institutions »*, qui occupent désormais une place centrale dans la gestion urbaine, bien souvent devant les acteurs du monde de la construction et de l'immobilier) et surtout par une orientation vers la croissance moins marquée. Sur cet aspect, l'exemple Youngstown a longtemps fait figure de cas d'école. Dans cette ville moyenne, la municipalité a très tôt reconnu le caractère structurel du déclin. Au milieu des années 2000, elle a élaboré une stratégie de « décroissance planifiée », dont le principal objectif était de redimensionner la ville et de susciter le développement de nouveaux usages du foncier vacant (notamment autour des pratiques d'agriculture urbaine) au sein de la population. Si ce plan a connu des difficultés de mise en œuvre, il a constitué un premier pas vers le dépassement de politiques entrepreneuriales jugées inadaptées à une situation de déclin structurel. À ce titre, il a d'ailleurs été considéré comme l'une des principales sources d'inspiration des stratégies mises en place dans certaines villes comme Détroit ou Cleveland, par les coalitions urbaines qui se sont constituées après la crise des *subprimes*.

Si ces coalitions diffèrent de leurs ancêtres des années 1980, elles n'en sont pas moins marquées par de fortes ambiguïtés qui tiennent au caractère sélectif des politiques qu'elles mettent en œuvre. En effet, dans les villes ayant annoncé la mise en place de stratégies de décroissance planifiée, les ambitions de redéveloppement n'ont pas totalement disparu. Dans ces villes, on voit souvent apparaître un double discours sur les politiques urbaines qui contribue à renforcer la gestion différenciée de l'espace qui prévalait déjà depuis plusieurs décennies. Ainsi, à Détroit, ce sont deux stratégies très différentes qui se côtoient. La première concerne principalement le centre-ville et reste fidèle aux principes de l'entrepreneurialisme urbain (Akers, 2015 ; Briche, 2016). Portée par de puissants intérêts financiers (le milliardaire Dan Gilbert et sa société de crédit Quicken Loans, la famille Ilitch, la fondation Kresge, etc.) qui ont compris que le déclin et l'atonie des marchés immobiliers offraient des opportunités foncières de premier plan, cette stratégie promeut un redéveloppement classique autour de la construction d'immobilier de bureau, de la mise en place de nouvelles infrastructures sportives et culturelles et de la sécurisation/privatisation des espaces publics. La seconde, beaucoup plus modeste, vise le reste de la ville. Elle s'apparente davantage à une gestion minimale du déclin urbain, dans laquelle les quartiers les plus défavorisés font l'objet de démolition et de coupes dans les services publics. Ici, l'austérité et son souci de rationalisation viennent légitimer certaines solutions, les rendre « naturelles », alors qu'elles étaient jusqu'à présent écartées dans la gestion de la ville.

C'est sans doute autour de l'enjeu de la démolition de logements que ce processus de construction du consensus par l'invocation de l'austérité a été le plus net. Cet enjeu a souvent été au centre de l'agenda des coalitions urbaines qui gouvernent les villes américaines en déclin, ne serait-ce qu'en raison de la disponibilité des financements étatiques. Dans un contexte de vacance et d'abandon très important, la démolition de logements est souvent considérée comme une solution « naturelle », s'imposant aux acteurs locaux. En effet, elle permettrait mécaniquement de retendre les marchés immobiliers en créant de la rareté et surtout de déconcentrer la pauvreté (tout en permettant aux grandes institutions médicales et universitaires, qui jouxtent souvent les ghettos noirs, de se développer en étendant un domaine sur lequel elles sont désormais à l'étroit). Par ailleurs, contrairement à la lutte contre le chômage ou les discriminations, les démolitions sont un enjeu symbolique sur lequel les acteurs publics peuvent encore montrer qu'ils ont une capacité de prise en charge des problèmes urbains. Ainsi, dans les années 2000, les financements fédéraux destinés à la démolition – déjà nombreux avec le programme HOPE VI – se sont renforcés et la règle du « un pour un », qui prévalait jusqu'alors pour la reconstruction, a été suspendue dans les villes en déclin. Parallèlement, certains outils opérationnels ont été créés/réactivés pour renforcer les capacités d'action locales. C'est le cas notamment des banques foncières (*landbanks*) qui se sont multipliées dans les années 2010. Si l'étendue de leurs pouvoirs et leurs rationalités varient d'une ville à l'autre (Hackworth, 2014), leur rôle reste le même : prendre possession de parcelles vacantes pour ensuite les remettre sur le marché, soit en rénovant les logements, soit en les démolissant pour proposer d'autres usages du foncier (notamment récréatifs ou agricoles).

Toutefois, ce consensus autour de la démolition vient masquer des biais idéologiques dans la manière dont ces politiques sont mises en œuvre concrètement. C'est le cas par exemple à Cleveland où le contexte de déclin et d'austérité a contraint les acteurs locaux à se tourner vers des instruments qu'ils avaient rejetés jusqu'alors. Ainsi, alors que la ville s'était distinguée au milieu des années 2000 pour ses actions en justice à l'encontre des banques de Wall Street, elle accepte à partir de 2008 la mise en place d'une stratégie de démolition très agressive basée sur une typologie hiérarchisant les différents quartiers en fonction de leur niveau de déclin et de leur potentiel de redéveloppement (Aalbers, 2014). Portée par une *landbank* très puissante, le choix entre rénovation et démolition reprend les contours des anciennes cartes du *redlining* réactualisant ainsi des différences sociospatiales très fortes entre les quartiers est et ouest. Ainsi à l'est, dans des quartiers historiquement dominés par une population afro-américaine, les démolitions ont été quasiment systématiques, contribuant à déstructurer des communautés déjà très fragiles. À l'inverse, dans les quartiers ouest où la mixité est plus importante et qui pour certains ont connu des processus de gentrification à partir du début des années 2000, les saisies de logement ont donné lieu à des rénovations et à une remise sur le marché. Comme l'indiquent Rosenman et Walker (2016, 286) :

> « Confrontés aux limites politiques et matérielles imposées par l'austérité néolibérale, les acteurs locaux à Cleveland se sont unis autour de l'objectif (à la fois intériorisé et imposé par l'État fédéral) de protéger les valeurs immobilières en retirant le "cancer" du déclin (*"cancer" of blight*). »

Ainsi, l'exemple de Cleveland montre à lui seul que la démolition est tout sauf neutre d'un point de vue sociospatial. Le contexte d'austérité contribue clairement à renforcer la légitimité de certaines solutions – il faut intervenir en fonction du retour sur investissement, il faut démolir là où les marchés sont déprimés – sans questionner leur pertinence, ni leurs effets qui semblent pourtant très défavorables aux groupes sociaux et ethniques les plus défavorisés.

***
*

IV. Conclusion : retour dans les villes françaises

Si la situation des villes en déclin américaines fait figure de cas d'école de la mise en place de politiques locales d'austérité, elle n'est pas pour autant si éloignée de celle qui touche certaines villes françaises (Béal *et al.*, 2017). Certes, l'ampleur des problèmes n'est pas comparable en France : les villes n'ont pas autant été touchées par la crise, la question de l'abandon y est résiduelle, la racialisation des rapports sociaux et des politiques urbaines reste plus limitée. Toutefois, dans certaines villes françaises en déclin, les dix dernières années ont vu l'approfondissement des problèmes de distension des marchés locaux de l'habitat, de vacances et de sous-investissement, de spécialisation sociale et surtout de réduction de leurs ressources financières, notamment depuis les récentes réformes de la fiscalité locale. Les débats récents autour des difficultés financières de certains bailleurs sociaux dans ces territoires sont venus rappeler l'écart qu'il existe aujourd'hui entre les plus grandes métropoles françaises et les villes secondaires (Davezies, 2012 ; Estèbe, 2015).

Face à cette situation, les réponses ont été très diversifiées. Dans un premier temps, comme aux États-Unis, les acteurs locaux ont souvent développé des stratégies classiques mêlant politiques d'attractivité et négociations auprès des ministères et de leurs agences pour rendre plus flexibles certaines règles relatives à la rénovation urbaine ou à l'attribution des aides à la pierre. À partir des élections municipales de 2014, l'arrivée de nouvelles équipes semble avoir changé partiellement la donne. Dans des villes comme Saint-Étienne ou Châlons-en-Champagne, le diagnostic de décroissance a donné lieu à des politiques urbaines visant à redimensionner la ville pour l'adapter. Dans un contexte de disette budgétaire, ces politiques ont été particulièrement sélectives se focalisant sur la réduction de l'offre scolaire ou encore du parc de logement social.

Ainsi, comme aux États-Unis, l'austérité est génératrice en France de puissants effets de légitimation de stratégies préexistantes. Comme le montre l'exemple du logement social, elle constitue un registre de justification contribuant à rendre « évidentes » certaines solutions – dont la pertinence n'est pas toujours questionnée – et à agréger des acteurs aux rationalités et aux intérêts pourtant divergents. Ces coalitions qui en France mêlent élus, techniciens, représentants des services de l'État et bailleurs, semblent aujourd'hui principalement porter un agenda néolibéral qui fait du logement social (et donc indirectement des populations qui y résident) un suspect un peu trop idéal de la crise urbaine.

Bibliographie

- AALBERS M., *Place, Exclusion and Mortgage Markets*, Oxford, Wiley-Blackwell, 2011.
- AALBERS M., « Do maps make geography? Part 1: Redlining, planned shrinkage, and the places of decline », *ACME*, 13 (4), 2014, p. 557-882.

- AALBERS M., « The pre-histories of neoliberal urbanism in the United States », *in* C. MOREL JOURNEL, G. PINSON (dir.), *Debating the Neoliberal City*, London, Routledge, 2017 [à paraître].
- AKERS J., « Making markets: Think tank legislation and private property in Detroit », *Urban Geography*, 34 (8), 2013, p. 1070-1095.
- BAILEY N., BRAMLEY G. et HASTINGS A., « Symposium introduction: local responses to « austerity » », *Local Government Studies*, 41 (4), 2015, p. 571-581.
- BÉAL V., FOL S., MIOT Y., et ROUSSEAU M., « Varieties of right-sizing strategies: comparing degrowth coalitions in French shrinking cities », *Urban Geography*, 2017 [à paraître].
- BÉAL V., FOL S. et ROUSSEAU M., « De quoi le "smart shrinkage" est-il le nom ? Les ambiguïtés des politiques de décroissance planifiée dans les villes américaines », *Géographie, économie, société*, 18 (2), 2016, p. 211-234.
- BÉAL V. et ROUSSEAU M., « Néolibéraliser la ville fordiste. Politiques urbaines post-keynésiennes et re-développement économique au Royaume-Uni », *Métropoles*, 4, 2008 [en ligne].
- BEAUREGARD R. A., « Urban population loss in historical perspective: United States, 1820-2000 », *Environment and Planning A*, 41 (3), 2009, p. 514-528.
- BLYTH M., *Austerity: The History of a Dangerous Idea*, Oxford, Oxford University Press, 2013.
- BRENNER N., PECK J. et THEODORE N., « Neoliberal urbanism: Models, moments, mutations », *SAIS Review of International Affairs*, 29 (1), 2009, p. 49-66.
- BRICHE H., « "Urbanisme d'austérité" et marginalisation des acteurs publics d'une ville en déclin : le cas de la rénovation urbaine à Détroit », *Métropoles* [en ligne], 2016.
- DAVEZIES L., *La crise qui vient. La nouvelle fracture territoriale*, Paris, Le Seuil, 2012.
- DAVIDSON M. et WARD K., « "Picking up the pieces": austerity urbanism, California and fiscal crisis », *Cambridge Journal of Regions, Economy and Society*, 7 (1), 2014, p. 81-97.

- DEFILIPPIS J., « Urban policy in the time of Obama: Introduction to the symposium », *Journal of Urban Affairs*, 37 (1), 2015, p. 29-31.
- DONALD B., GLASMEIER A., GRAY M. et LOBAO L., « Austerity in the city: economic crisis and urban service decline? », *Cambridge Journal of Regions, Economy and Society*, 7 (1), 2014, p. 3-15.
- EISINGER P., « City politics in an era of federal devolution », *Urban Affairs Review*, 33 (3), 1998, p. 308-325.
- ESTÈBE P., *L'égalité des territoires. Une passion française*, Paris, PUF, 2015.
- GIBAND D. et NAFAA N., « Obama et l'école : néolibéralisation et marchandisation des districts scolaires urbains », *Urbanités*, 2016 [en ligne].
- GOTTDIENER M., *The Decline of Urban Politics: Political Theory and the Crisis of the Local State*, New York, Sage, 1987.
- HACKWORTH J., *The Neoliberal City: Governance, Ideology, and Development in American Urbanism*, Ithaca, Cornell University Press, 2007.
- HACKWORTH J., « The limits to market-based strategies for addressing land abandonment in shrinking American cities », *Progress in Planning*, 90, 2014, p. 1-37.
- HARVEY D., « From managerialism to entrepreneurialism: the transformation in urban governance in late capitalism », *Geografiska Annaler*, 1989, p. 3-17.
- HYRA D. et RUGH J. S., « The US great recession: Exploring its association with black neighborhood rise, decline and recovery », *Urban Geography*, 37 (5), 2016, p. 1-27.
- IMMERGLUCK D., « "Too little, too late, and too timid": The federal response to the foreclosure crisis at the five-year mark », *Housing Policy Debate*, 23 (1), 2013, p. 199-232.
- KIM Y. et WARNER M. E., « Pragmatic muncipalism: Local service delivery after the great recession », *Public Administration*, 94 (3), 2016, p. 789-805.
- KIRSZBAUM T., *Rénovation urbaine et équité sociale : le programme Choice Neighborhoods aux États-Unis*, Rapport pour le Commissariat général à la stratégie et à la prospective, 2013.
- KIRSZBAUM T., « La rénovation urbaine sous Obama : continuités et changements », *Urbanités*, 2016 [en ligne].

- LAKE R. W., « The financialization of urban policy in the age of Obama », *Journal of Urban Affairs*, 37 (1), 2015, p. 75-78.
- LE GALÈS P., « Du gouvernement des villes à la gouvernance urbaine », *Revue française de science politique*, 45 (1), 1995, p. 57-95.
- LOGAN J. et MOLOTCH H., *Urban Fortunes. The Political Economy of Place.* Berkeley, University of California, 1987.
- MEEGAN R., KENNETT P., JONES G. et CROFT J., « Global economic crisis, austerity and neoliberal urban governance in England », *Cambridge Journal of Regions, Economy and Society*, 7 (1), 2014, p. 137-153.
- PECK J., « Austerity urbanism. American cities under extreme economy » *City*, 16 (6), 2012, p. 626-655.
- PECK J., « Pushing austerity: state failure, municipal bankruptcy and the crises of fiscal federalism in the USA », *Cambridge Journal of Regions, Economy and Society*, 7 (1), 2014, p. 17-44.
- PETERSON P. E., *City limits*, Chicago, University of Chicago Press, 1981.
- PINSON G. et MOREL JOURNEL C., « The Neoliberal City-Theory, Evidence, Debates », *Territory, Politics, Governance*, 4 (2), 2016, p. 137-153.
- ROSENMAN E. et WALKER S., « Tearing down the city to save it? "Backdoor regionalism" and the demolition coalition in Cleveland, Ohio », *Environment and Planning A*, 48 (2), 2016, p. 273-291.
- SCHINDLER S., « Detroit after bankruptcy: A case of degrowth machine politics », *Urban Studies*, 53 (4), 2016, p. 818-836.
- SCHÖNIG B. et SCHIPPER S., *Urban Austerity: Impacts of the Global Financial Crisis on Cities in Europe.* Verlag Theater der Zeit, 2016.
- STREECK W. et SCHÄFER A. (dir.), *Politics in the Age of Austerity*, Londres, Polity Press, 2013.
- TALPIN J., *Community organizing: de l'émeute à l'alliance des classes populaires aux États-Unis*, Paris, Raisons d'agir, 2016.
- WALLACE R. et WALLACE D., *A Plague on your Houses: How New York was Burned Down and National Public Health Crumbled*, New York, Verso, 1998.

Conclusion

RETOUR SUR LE COLLOQUE « LA NOUVELLE ÈRE DES FINANCES LOCALES : DE QUOI LA RIGUEUR EST-ELLE LE NOM ? »

Jean-Luc ALBERT

Professeur des Universités en droit public
Aix-Marseille Université, Centre d'études fiscales et financières (CEFF)

Il est des colloques dont l'intérêt évident est d'éviter d'être répétitifs avec de très nombreuses autres manifestations organisées en France et tournant autour de l'autonomie financière des collectivités locales.

Celui organisé à Besançon, les 3 et 4 mars 2016, mérite ainsi une triple attention : il s'est affirmé pluridisciplinaire et transprofessionnel mêlant à la fois des juristes, politistes, géographes… des élus en charge de dossiers précis, des cadres territoriaux, des gestionnaires de certaines politiques, des représentants de certains organismes fédérateurs (Assemblée des Communautés de France), etc. Il a aussi intégré une dimension comparative non négligeable, ce qui a fait à la fois sa richesse et sa diversité.

Organisé sur quasiment une journée et demie par MM. Houser et Gourgues, ce colloque répondait à une exigence d'actualité marquée par le débat « lancinant » autour de la baisse des dotations de l'État (voire de la crise des finances locales) et en particulier de la dotation globale de fonctionnement, baisse initiée par l'État (Loi de programmation des finances publiques).

Mais existe-t-il une crise des finances locales et celles-ci sont-elles directement ou indirectement responsables des difficultés présentes des finances publiques nationales ? Il fut rappelé en début de ce rapport de synthèse que la place des finances locales demeure modeste au regard des chiffres nationaux tant en matière de dette que de déficit. Les statistiques concernant les administrations publiques locales (APUL), concept plus large que celui de collectivités locales, peuvent en attester : 8,8 % de la dette des administrations publiques en 2014, un besoin de financement de 0,2 % en 2014.

De fait, la question est sans doute d'abord centrée sur les finances de l'État, lequel est cependant directement impacté par les transferts financiers à destination des collectivités locales qui ont longtemps « flirté » avec les 100 milliards d'euros annuels. Les collectivités locales françaises actuelles sont sans doute très loin de la situation qui était la leur lors de la période révolutionnaire, qu'un historien avait décrite en faisant état des « misères des finances locales » (Gabriel Lepointe).

Toutefois, celles-ci paraissent être prises dans une « nasse » institutionnelle, juridique, financière marquant une « globalisation » des finances publiques nationales placées sous la responsabilité générale du gouvernement dans un cadre disciplinaire croissant fondé sur les engagements européens.

L'actualité financière française est cependant marquée par des « signaux » contradictoires : un plan de relance en 2009 qui tentait d'inciter les collectivités locales à plus investir, des lois de programmation des finances publiques traduisant une tendance rigoriste nouvelle, mais non une baisse des dépenses publiques, la création d'un objectif d'évolution de la dépense locale (ODL), la baisse de certaines dotations dont la DGF, mais aussi la création d'un Fonds d'aide à l'investissement public local, la proposition du Premier ministre d'opérer un transfert de compétence en direction de l'État s'agissant du RSA, ou encore la fin, peu perçue, du régime du transfert du droit à déduction en matière de TVA qui induira des changements de stratégie dans la réalisation d'investissements publics, etc.

Or, en même temps, il fallait noter la profonde évolutivité du paysage institutionnel, organique local, le développement abouti de l'intercommunalité à fiscalité propre, l'émergence des métropoles ou encore le développement « dynamique » des communes nouvelles favorisé par des avantages financiers significatifs en cette période (notamment au regard des dotations), montrant bien que la « carotte » financière était toujours un bon instrument pour faire évoluer les choses, *a fortiori* en période de « disette ».

Dans le même temps, on put s'apercevoir des limites de la Charte européenne de l'autonomie locale, mais aussi d'une jurisprudence constitutionnelle plus gardienne vigilante des excès rigoristes de l'État que des « grignotages » constamment réalisés par celui-ci.

En ce sens, la décision du Conseil constitutionnel (n° 2015-725DC du 29 déc. 2015 relative à la loi de finances pour 2016) a parfaitement montré, s'agissant de la baisse de la DGF, que l'argumentation gouvernementale avait parfaitement été intégrée par le Conseil qui avait estimé que le montant de la réduction de la DGF représentait 1,6 % des recettes des collectivités territoriales, cette réduction n'étant pas « d'une ampleur telle qu'elle entraverait la libre administration des collectivités territoriales ».

Or, une analyse plus approfondie permet tout de même de noter que la baisse en question correspondait à 10 % de la DGF 2015 et surtout à près de 30 % de cette dotation en moins de quatre années. Le débat financier paraît alors pouvoir se centrer sur la dualité historique entre financements globaux et financements fléchés, évidemment plus attentatoires à la liberté de gestion locale.

On a pu enfin rappeler qu'il est difficile de vouloir opérer des rapprochements conceptuels entre les finances locales et celles de l'État.

Le droit budgétaire local repose sur des principes, des exigences, que l'on ne retrouve pas concernant l'État, par exemple en matière d'équilibre budgétaire.

Le colloque pouvait être résumé ou synthétisé en quatre points qui furent oralement présentés par le rapporteur à l'occasion du présent rapport de synthèse et qu'il n'a pas modifiés ultérieurement dans la phase de rédaction.

Ces quatre points sont les suivants :

– un débat autour des concepts ;
– une réflexion non seulement sur la dépense, mais aussi sur les recettes ;
– la diversité des approches ;
– les finances locales dans la conjoncture et l'action publique.

Sur le débat autour des concepts, il est clair que les organisateurs du colloque ont choisi deux termes qui n'ont pas forcément le même sens ni la même portée : le titre même du colloque était centré sur le mot « rigueur » tandis que les deux thèmes structurant ce colloque étaient fondés sur celui « d'austérité » (la notion d'austérité, la réception de l'austérité). Guillaume Gourgues a entamé la présentation de ce colloque autour du terme d'austérité qu'il présenta immédiatement comme une « forme de déflation volontaire pour restaurer la compétitivité », tandis que Mathieu Houser allait plus avant, s'interrogeant sur la légitimité et la finalité de la politique gouvernementale et sur ses lignes directrices en matière financière.

Or, les intervenants de la première table ronde ont considéré (dans leur majorité) qu'il n'y avait sans doute pas encore de situation d'austérité (avec des nuances développées concernant la question des fonctionnaires territoriaux), mais une plus grande exigence de rigueur se ralliant alors plutôt au titre général du colloque et mettant l'accent sur le nécessaire développement de stratégies pluriannuelles notamment en matière de dépenses locales (la « nécessité de bouger » sans nécessairement baisser les prestations servies, M. Bianconi), comme ont pu en particulier le signaler Mme Delpech, M. Bianconi, M. Lakjaa mettant cependant l'accent sur la relativité des approches dès lors que l'on intègre la question des recettes fiscales et l'importance des mesures d'exonération, M. Alain Fauré, député, ayant présenté une réflexion générale sur le cadre et les conditions de la baisse des dotations, présentation qui fut quelque peu discutée.

Sur les réflexions relatives aux dépenses et aux recettes locales, et au-delà des contraintes inhérentes à la question de la dette et de la conduite des politiques publiques locales, un certain consensus parut être discernable autour de la question des services rendus aux populations et de la nécessité d'envisager le développement de ressources propres non fiscales tirées d'une meilleure « valorisation » des services publics et des services rendus aux habitants, au regard du coût du service, même si nombre de services, comme les SPIC locaux, relèvent déjà d'une dimension financière significative. M. Baulieu mettait ainsi l'accent sur la réduction de la dépense, sur sa rationalisation (ex. en matière d'ordures ménagères), mais aussi sur les rapports incertains entre budget principal et budgets annexes.

Ce questionnement n'a pas empêché, comme l'a fort justement montré M. Vanier de s'interroger sur la nécessité de créer de nouvelles formes d'imposition au regard des opérateurs de réseaux qui bénéficient essentiellement des services à destination des territoires, tout en ne négligeant pas l'apport financier encore important qui peut être obtenu du budget de l'Union européenne (Mme Schwerdorffer, M. Bianconi).

Dans ce cadre, certaines approches comparatives ont aussi permis de montrer les difficultés inhérentes à la gestion locale dans d'autres États, et les crises marquant certaines entités locales comme aux États-Unis (M. Houser), le concept d'austérité pouvant aussi être la conséquence d'une stratégie étatique (comme au Royaume-Uni, A. Guigue), mais s'entendant parfois de façon plus constitutionnelle (comme en Allemagne, J. Germain) avec sans doute une interrogation majeure sur le système constitutionnel construit et sa fragilité présente face aux revendications financières locales, comme en Espagne (M. Petithomme).

Concernant la diversité des approches, il est clair que celles-ci sont d'abord la conséquence des fondamentaux identitaires structurant chaque intervenant. Les juristes sont à l'évidence plus portés à réfléchir sur le concept d'autonomie et sa portée, sur la clause générale de compétences et les conséquences de sa fin pour les départements et les régions, les gestionnaires sont plus attentifs à une forme nouvelle de gestion dynamique du patrimoine et des services locaux, les politistes sur les politiques publiques elles-mêmes, leur maîtrise, leur conduite et les stratégies mises en œuvre, et les coupes budgétaires réalisées, envisagées…

S'agissant des politiques publiques concernées (dont parfois le caractère dynamique reste très artificiel, car fruit d'un très fort soutien financier local), les organisateurs du colloque ont plus particulièrement mis l'accent sur une politique importante en France, à savoir celle de l'habitat et du logement.

Les professionnels et chercheurs intervenant sur ce thème (en particulier Mmes Pollard, Schwerdorffer et Delpech) ont souligné les contradictions et contraintes pesant sur cette politique et les difficultés inhérentes à sa poursuite. La réflexion fut assez globale et complète.

L'évolution économique, sociale des territoires conduit à des revendications importantes des populations ; or, les réponses ne sont plus nécessairement adaptées en raison des distorsions territoriales et de l'inefficacité partielle de ces politiques, politiques soumises, notamment en matière d'incitations fiscales, aux décisions de l'État, aux normes étatiques qui ont des conséquences financières importantes et non maîtrisées, et qui posent à terme la question de la place des fonds propres des organismes concernés et de leur évolution, celle des cofinancements, des liens entre opérations publiques et privées, des politiques foncières, etc.

Sur le quatrième point, les finances locales dans la conjoncture et l'action publique, il fut rappelé que l'État avait historiquement un rôle contra-cyclique en matière économique et non les finances locales. Pour autant, M. Germain a montré que cette dimension existe en Allemagne, celle-ci ayant même été perçue en France au travers du plan de relance Fillon de 2009. Une intervenante s'est pour sa part interrogée sur le fait que la baisse des dotations pouvait aussi être une forme d'excuse pour abandonner ou sanctionner certaines politiques locales (par ex. culturelles).

Au regard des débats actuels centrés sur la « crise des finances locales ou de l'autonomie locale » on pouvait sans doute rappeler à titre liminaire que la France n'a pas engagé (ou pas encore) de mesures similaires à celles mises en œuvre à certaines périodes de la IIIe République, comme le licenciement massif de fonctionnaires (Comité Bloch avec un « dégraissage » de la fonction publique de près de 50 000 agents) ou tenté une réelle réduction du train de vie de l'État (comme en 1933), certains concepts comme celui de l'État moderne (donc modeste), de rationalisation de l'administration, étant alors déjà mis en avant.

Or, le colloque a aussi permis de s'interroger sur une situation nouvelle ou du moins à présent identifiée, à savoir l'excès d'investissements publics locaux, la surdensité d'équipements et sans doute la nécessité d'une rationalisation de ceux-ci notamment sur le plan intercommunal. Il ne sera sans doute pas nécessaire de dépenser plus dans les années à venir, mais de gérer mieux, quitte à ne pas initier une politique locale de soutien économique par les dépenses d'investissement, ce qu'a pu mettre en avant notamment M. Baulieu, rappelant que tout équipement engendre des coûts de maintenance et d'entretien.

En fin de compte, deux intervenants, Mme Camille Allé, sur le thème un peu « provocateur » du « blâme » financier et M. Martin Vanier sur les territoires et réseaux dans l'économie des biens publics, ont apporté, au terme de la seconde journée de ce colloque, deux formes de réflexions plus générales constitutives d'une double interrogation et dont les textes, présents dans la publication de ce colloque méritent une attention vigilante à la fois autour de la « politisation » des réformes budgétaires et de leur sens et de la question du devenir des territoires pris en tant que tels dans leurs découpages administratifs actuels.

Ces territoires ne sont-ils pas marqués à présent par une incapacité croissante, les conditions d'une efficacité économique, sociale étant à présent largement à un échelon interterritorial ? De plus, les territoires sont confrontés à des opérateurs notamment de réseaux qui occupent une place de plus en plus hégémonique dans l'action publique et dans les économies territoriales avec un « glissement » des services (fondés souvent sur des délégations) hors du champ politique et une imbrication voire intrication croissante entre le public et le privé.

De fait, on peut s'interroger à l'issue de ce colloque sur ce double processus marqué à la fois par l'émergence d'une nouvelle rigueur dans la gestion des finances locales et donc des services publics locaux et par la montée en puissance d'opérateurs dont la stature économique s'impose dans le paysage des territoires français et dans leur gestion.

En somme, si la rigueur peut être considérée comme une forme de comportement fondé sur des principes rigides, voire sévères, l'austérité, telle que présentée en ce début de colloque, ne paraît pas être encore, dans la majorité des cas, à l'ordre du jour (mais pour combien de temps encore ?).

Table des matières

Partie II

PERSPECTIVES FINANCIÈRES COMPARÉES

Partie III

L'AUSTÉRITÉ DANS LA FABRIQUE DE LA VILLE

Politique

aux éditions L'Harmattan

Dernières parutions

RÉFORMER L'ADMINISTRATION ET RÉFORMER L'ÉTAT
Jalons historiques et juridiques
Sous la direction de Sébastien Evrard
Le thème de la réforme est un élément permanent du discours politique et un enjeu essentiel du débat démocratique : ceux qui n'ont pas le pouvoir en font un objectif de leur programme qui justifie leur combat ; ceux qui détiennent l'autorité prônent la réforme et le changement pour justifier leur maintien au pouvoir. Ces contributions traitent des réformes dans le temps et l'espace, réformes rêvées, réformes tentées, inachevées ou réussies de la République romaine aux Révolutions arabes d'aujourd'hui.
(Coll. Questions contemporaines, 26.00 euros, 252 p.)
ISBN : 978-2-343-05789-7, ISBN EBOOK : 978-2-336-37445-1

LE TOURNANT ENVIRONNEMENTAL DE LA POLITIQUE AGRICOLE COMMUNE
Débats et coalitions en France, en Hongrie et au Royaume-Uni
Ansaloni Matthieu
Après avoir retracé, à l'échelle européenne, la définition des mesures agroenvironnementales, l'auteur compare les politiques agroenvironnementales menées dans différents pays d'Europe. L'analyse suggérée repose sur une vaste enquête empirique, conjuguant les méthodes sociologiques et ethnographiques. Cet ouvrage propose une lecture originale d'une politique européenne : il considère ses changements aux échelles européenne, nationale et régionale et les analyse à travers l'examen des débats publics qui les ont générés.
(Coll. Logiques politiques, 37.50 euros, 372 p.)
ISBN : 978-2-343-05906-8, ISBN EBOOK : 978-2-336-37403-1

RENAÎTRE, OU DISPARAÎTRE
Borel Félicien
L'auteur approfondit ici quelques idées sur des sujets majeurs. La nature qui nous entoure est notre seul habitat. Il est important de réfléchir sur les périls qui la menacent. Les responsables qui conduisent leur pays arrivent à des carrefours où il faut choisir les bonnes voies. Il convient aussi de préparer l'avenir par une éducation appropriée et de nous préoccuper de notre langue. Notre civilisation se trouve aujourd'hui face à un avenir incertain : elle peut renaître ou risquera de disparaître.
(Coll. Questions contemporaines, 30.00 euros, 300 p.)
ISBN : 978-2-343-04388-3, ISBN EBOOK : 978-2-336-36094-2

NATION (LA) OU LE CHAOS
Manifeste pour le renouveau
Myard Jacques
Notre pays est-il condamné à voir croître jour après jour le nombre de chômeurs et de ceux qui partent tenter ailleurs leur chance ? Jusqu'à quand acceptera-t-il de laisser à Bruxelles et à l'Amérique le soin de décider à sa place ? Faut-il jeter la Nation aux orties ? L'auteur démasque derrière les maux de la France les renoncements, les pièges et les chimères, qui, de l'euro à la repentance, lacèrent notre pacte social. Il appelle à un renouveau qui partira d'une nation fière et confiante en ses atouts.
(16.50 euros, 160 p.)
ISBN : 978-2-343-04846-8, ISBN EBOOK : 978-2-336-36251-9

DE LA COLÈRE EN L'OCCIDENT FANTÔME
Essai
Teixeira Vincent
L'Occident n'a cessé de bruire de colères, masquant sa volonté de puissance sous la bannière de «la civilisation». Mais son devenir récent inquiète, tant la domination techno-industrielle, l'hyperconsommation, la religion du progrès s'avèrent aussi aventureuses qu'empoisonnées. Aux mutilations de la planète s'ajoutent la domestication des esprits. La colère ne devrait-elle pas renouer avec les pouvoirs de la parole, comme contre-poison et refus de consommer le monde ?
(12.00 euros, 106 p.)
ISBN : 978-2-343-04859-8, ISBN EBOOK : 978-2-336-36192-5

CONTRAT (LE) CITOYEN
Essai sur la réduction des inégalités politiques et socio-économiques pour un monde meilleur
Diouf Lamine Diack
L'auteur préconise la mise en œuvre à l'échelle planétaire d'une politique de concertation et de collaboration entre les peuples pour mettre en place des solutions justes et durables. Seuls les citoyens peuvent ressusciter le droit, la vertu et la solidarité. Ce livre, en plus de rafraîchir la mémoire en revisitant l'histoire de la République de l'Antiquité à nos jours ainsi que les textes des grands penseurs, est fondateur du XXIe siècle et utile pour un futur meilleur.
(24.00 euros, 240 p.)
ISBN : 978-2-296-99887-2, ISBN EBOOK : 978-2-336-36026-3

MISÈRE DE LA DÉMOCRATIE
Pour une réingénierie de la politique
Cognard Alain
Après un siècle de guerres planétaires, un siècle de pillage et d'escroquerie prend racine. Comment les peuples pourront-ils reprendre la main et retrouver un intérêt commun dans la poursuite d'une aventure humaine devenue si fragile ? La réponse tient dans le développement spectaculaire des compétences des individus et des groupes qui peuvent aujourd'hui commencer une réingénierie de la politique et évincer ceux qui profitent du système au lieu de le réformer.
(Coll. Questions contemporaines, 24.00 euros, 230 p.)
ISBN : 978-2-343-04171-1, ISBN EBOOK : 978-2-336-36126-0

C'ÉTAIT LA DÉMOCRATIE
Anthologie commentée de textes sur la démocratie antique, ses réussites et ses dérives
Ségur Philippe
Voici une présentation attractive et commentée de la démocratie athénienne à travers les textes d'historiens, de philosophes, d'orateurs, de tragédiens, de poètes comiques de l'Antiquité : Eschyle, Sophocle, Euripide, Aristophane, Hérodote, Thucydide, Platon, Isocrate, Aristote, Eschine, Démosthène. On comprend combien leur approche de la politique était moderne et à quel point certaines difficultés de l'époque sont proches de celles que nous connaissons aujourd'hui.
(Coll. Logiques Juridiques, 14.00 euros, 140 p.)
ISBN : 978-2-343-04441-5, ISBN EBOOK : 978-2-336-35984-7

POUVOIRS, IMPOSTURES
Du mensonge à l'encontre des peuples
Péruisset-Fache Nicole
Afin d'accepter sa condition, notre espèce a, au cours de sa longue histoire, eu recours aux dieux censés gouverner les affaires humaines. Néanmoins, au fil du temps et des progrès techniques et scientifiques, des substituts matériels tels que l'argent, la consommation, et l'omniprésence des médias de masse les ont remplacés. Recours aux dieux ou à des substituts sont sous-tendus par les pratiques d'imposture des puissants à l'encontre des peuples. Ce sont ces pratiques des puissants que cette analyse tente de mettre en lumière pour, si possible, permettre de les déjouer.
(Coll. Questions contemporaines, 22.00 euros, 224 p.)
ISBN : 978-2-343-04788-1, ISBN EBOOK : 978-2-336-36091-1

MER (LA) ROUGE OU L'ÉPREUVE DU DEUX
Ramond Michèle
Le monde actuel nous alarme par ses divisions intolérables et criminelles. Injustices, inégalités, sexisme, misogynie, homophobie, haine de l'autre, meurtres et guerres tous azimuts imposent jour après jour le fantôme d'un Dieu Deux terrifiant et cruel. Cet essai examine l'état divisé de notre société mais il s'efforce aussi de trouver des remèdes à ses maux : dans ces moments de grâce il rencontre les propositions de la littérature et il se transforme parfois en une rencontre amoureuse sur les bords de la Mer Rouge.
(Coll. Créations au féminin, 16.50 euros, 168 p.)
ISBN : 978-2-343-04738-6, ISBN EBOOK : 978-2-336-36183-3

DES ÉTATS *DE FACTO*
Abkhazie, Somaliland, République turque de Chypre nord...
Bonnot Maurice
Anomalies du système international, les États de facto, autoproclamés, non reconnus, existent malgré le vide juridique dans lequel ils sont relégués, tels l'Abkhazie, le Haut-Karabagh, le Kossovo, l'Ossétie du Sud, la République turque de Chypre nord, la Transnistrie, la RASD (République Arabe Sahraouie Démocratique). Nombre de leurs aspects sont d'une normalité avérée, loin des

clichés de terres laissées à l'anarchie que certains se plaisent à opposer aux États souverains, ordonnés et stables.
(27.00 euros, 264 p.)
ISBN : 978-2-343-04074-5, ISBN EBOOK : 978-2-336-36121-5

PEUPLES AUTOCHTONES ET INDUSTRIES EXTRACTIVES
Mettre en œuvre le consentement, libre, préalable, informé
Sous la direction de Cathal Doyle et Jill Carino.
Trois organisations britanniques de la société civile ont établi, avec des représentants autochtones, un consortium pour le développement d'un projet visant à rendre effectif, dans l'industrie minière, le consentement préalable, libre et informé (FPIC en anglais, CPLI en français). Le présent rapport doit servir de base pour le dialogue. Il comprend à la fois des éléments de droits, le point de vue des autochtones, des études de cas aux Philippines, Canada, Panama et identifie les principaux enjeux et perspectives.
(Coédition GITPA / IWGIA France, Coll. Questions autochtones, 20.00 euros, 186 p.)
ISBN : 978-2-343-04698-3, ISBN EBOOK : 978-2-336-35993-9

OCÉAN ALERTE ROUGE
Chroniques d'un désastre annoncé
de Pompignan Nathalie, Albanel Constance – Préface de Bertrand de Lesquen
L'océan occupe 70% de la surface de notre planète. Vaste, on le croit indestructible. Il ne l'est pas. Désormais nous le savons, sa santé est en péril : immenses zones marines mortes, continent de plastique, disparition de récifs coralliens... A partir de données scientifiques et d'études reconnues, ce livre dresse un état des lieux des menaces, des risques et des actions collectives en cours sur le sujet.
(26.00 euros, 258 p.)
ISBN : 978-2-343-03817-9, ISBN EBOOK : 978-2-336-35675-4

FIN (LA) DU CAPITAL
Pour une société d'émancipation humaine
Prone André – Préface de Samir Amin
L'interventionnisme militaire, l'accaparement par les grandes puissances internationales des terres et des ressources des pays tiers, la montée des néofascismes, la profondeur de la crise généralisée, tout cela mène l'auteur à faire l'hypothèse de la fin du capital et de l'imminence d'une nouvelle phase historique. A partir de cette probabilité signifiante, il approfondit la matrice écomuniste dans le prolongement de la pensée marxienne, tout en recherchant le meilleur moyen d'ouvrir la voie à une société d'émancipation humaine.
(Coll. Questions contemporaines, 15.00 euros, 154 p.)
ISBN : 978-2-343-03950-3, ISBN EBOOK : 978-2-336-35369-2

L'HARMATTAN ITALIA
Via Degli Artisti 15; 10124 Torino
harmattan.italia@gmail.com

L'HARMATTAN HONGRIE
Könyvesbolt ; Kossuth L. u. 14-16
1053 Budapest

L'HARMATTAN KINSHASA
185, avenue Nyangwe
Commune de Lingwala
Kinshasa, R.D. Congo
(00243) 998697603 ou (00243) 999229662

L'HARMATTAN CONGO
67, av. E. P. Lumumba
Bât. – Congo Pharmacie (Bib. Nat.)
BP2874 Brazzaville
harmattan.congo@yahoo.fr

L'HARMATTAN GUINÉE
Almamya Rue KA 028, en face
du restaurant Le Cèdre
OKB agency BP 3470 Conakry
(00224) 657 20 85 08 / 664 28 91 96
harmattanguinee@yahoo.fr

L'HARMATTAN MALI
Rue 73, Porte 536, Niamakoro,
Cité Unicef, Bamako
Tél. 00 (223) 20205724 / +(223) 76378082
poudiougopaul@yahoo.fr
pp.harmattan@gmail.com

L'HARMATTAN CAMEROUN
TSINGA/FECAFOOT
BP 11486 Yaoundé
699198028/675441949
harmattancam@yahoo.com

L'HARMATTAN CÔTE D'IVOIRE
Résidence Karl / cité des arts
Abidjan-Cocody 03 BP 1588 Abidjan 03
(00225) 05 77 87 31
etien_nda@yahoo.fr

L'HARMATTAN BURKINA
Penou Achille Some
Ouagadougou
(+226) 70 26 88 27

L'HARMATTAN SÉNÉGAL
10 VDN en face Mermoz, après le pont de Fann
BP 45034 Dakar Fann
33 825 98 58 / 33 860 9858
senharmattan@gmail.com / senlibraire@gmail.com
www.harmattansenegal.com

www.ingramcontent.com/pod-product-compliance
Lightning Source LLC
LaVergne TN
LVHW011500061026
849535LV00004BA/1158
9782343123714